HISPANIC TEXTS

general editor
Professor Catherine Davies
Department of Hispanic and Latin American Studies
University of Nottingham

series previously edited by
Professor Peter Beardsell, University of Hull
Emeritus Professor Herbert Ramsden

series advisers
Spanish literature: Professor Jeremy Lawrance
Department of Hispanic and Latin American Studies, University of Nottingham
US adviser: Professor Geoffrey Ribbans, Brown University, USA

Hispanic Texts provide important and attractive material in editions with an introduction, notes and vocabulary, and are suitable both for advanced study in schools, colleges and higher education and for use by the general reader. Continuing the tradition established by the previous *Spanish Texts*, the series combines a high standard of scholarship with practical linguistic assistance for English speakers. It aims to respond to recent changes in the kind of text selected for study, or chosen as background reading to support the acquisition of foreign languages, and places an emphasis on modern texts which not only deserve attention in their own right but contribute to a fuller understanding of the societies in which they were written. While many of these works are regarded as modern classics, others are included for their suitability as useful and enjoyable reading material, and may contain colloquial and journalistic as well as literary Spanish. The series will also give fuller representation to the increasing literary, political and economic importance of Latin America.

Sab

Manchester University Press

HISPANIC TEXTS

Gertrudis Gómez de Avellaneda

Sab

edited with introduction, critical analysis, notes and vocabulary by
Catherine Davies

Manchester University Press
Manchester and New York

distributed exclusively in the USA by Palgrave

All editorial matter, in English and Spanish © Catherine Davies 2001
All other material © as acknowledged

The right of Catherine Davies to be identified as the author of this work has been
asserted by her in accordance with the Copyright, Designs and Patents Act 1988.

Published by Manchester University Press
Oxford Road, Manchester M13 9NR, UK
and Room 400, 175 Fifth Avenue, New York, NY 10010, USA
www.manchesteruniversitypress.co.uk

Distributed in the United States exclusively by
Palgrave Macmillan, 175 Fifth Avenue, New York,
NY 10010, USA

Distributed in Canada exclusively by
UBC Press, University of British Columbia, 2029 West Mall,
Vancouver, BC, Canada V6T 1Z2

British Library Cataloguing-in-Publication Data
A catalogue record for this book is available from the British Library

Library of Congress Cataloging-in-Publication Data applied for

ISBN 978 0 7190 5706 9 *paperback*

First published 2001

First reprinted 2005

The publisher has no responsibility for the persistence or accuracy of URLs for external or any
third-party internet websites referred to in this book, and does not guarantee that any content
on such websites is, or will remain, accurate or appropriate.

Printed in Great Britain by Bell & Bain Ltd, Glasgow

Contents

Acknowledgements

I am most grateful to the following friends and colleagues for their invaluable assistance during the preparation of this edition: Barry Taylor (the British Library), Dania Vergara Alfonso (Academia de Ciencias de Cuba, Instituto de Literatura y Lingüística), Zaida Capote, Mary Cruz and Luisa Campuzano (Havana), Luis Alvarez Alvarez (Camagüey), Juan Antonio Fondón (Oviedo), Luis Iglesias Feijoo (Santiago de Compostela), Anthony Lappin, Hilary Owen and Jill McShannock (Manchester) and Verity Smith (London); and Johan Pottier, Louis Brenner, J. D. Y. Peel, at the School of Oriental and African Studies, London, and Stephan Palmier, University of Maryland. I have benefited greatly from their professionalism and expertise. My thanks go also to colleagues in the Department of Hispanic Studies, University College Cork, the Department of Modern Languages, University of Limerick, the Casa de las Américas, Havana, and the Centre of Latin American Studies, University of Cambridge, for their thoughtful responses to my seminar papers on *Sab*. I have been fortunate to have received encouragement and valuable advice from Evelyn Fishburn and Peter Beardsell. Thanks are also due to the staff at the Biblioteca Nacional, Madrid, the Archivo de Indias, Seville, and the John Rylands University Library, Manchester; to Mrs Catherine Lawrence who prepared the map at short notice and to Matthew Frost and Lauren McAllister at MUP. This edition was made possible by a generous research grant awarded by the Spanish Ministerio de Asuntos Exteriores in the summer of 1999. For this I would like to thank the Consejo Cultural in London and Sr D. Ramón Abaroa. As always, a special thank you to Richard and Tom for all their help and patience.

London

'Man was born free and he is everywhere in chains. Those who think themselves masters of men are indeed greater slaves than they.'

(J-J. Rousseau, *The Social Contract*)

'Women may be convenient slaves, but slavery will have its constant effect, degrading the master and the abject dependent.'

(Mary Wollstonecraft, *A Vindication of the Rights of Woman*)

'Cultural forms are hybrid, mixed, impure, and the time has come in cultural analysis to reconnect their analysis with their actuality.'

(E. Said, *Culture and Imperialism*)

Plate. Oil Painting of Gómez de Avellaneda *c*. 1838, by A. Esquivel.
From *Gertrudis Gómez de Avellaneda, Autobiografía y cartas* (ed.),
Lorenzo Cruz-Fuentes, Huelva, Diputación Provincial de Huelva, 1996,
p. 78. Reproduced with permission from the Departamento de Publica-
ciones y Biblioteca, Diputación Provincial de Huelva.

Introduction

Sab (Madrid 1841) is the only feminist–abolitionist novel published by a woman in nineteenth-century Spain or its slaveholding colony Cuba. This is a remarkable fact. Women in Britain and the United States, and not a few in France, published dozens of abolitionist novels at the time. As has been shown in the numerous studies dedicated to the genre, the authors of these narratives were often more interested in the question of women's rights than colonial slavery and used abolitionism as a reputable platform from which to present their views. *Sab* clearly falls into this category. Yet, despite its significance, there has been relatively little attempt to answer the most obvious questions about this novel. Why is it the only example of the genre written in Spanish? What were the circumstances that led to the novel being written by a young Cuban woman (barely twenty-two when she started it), who apparently had no contact with any organized group (abolitionist or otherwise) in Cuba, and who, on account of her gender, was barred from the kinds of clubs and societies where this highly sensitive political issue might be discussed. Indeed, she would not be expected to have opinions at all, much less write about them. In short, why was this novel written and published by this young woman at this particular time?

Just as astounding is the lack of critical interest in the novel, certainly until the 1970s. It was not considered important for almost a century and a half. Menéndez y Pelayo believed that *Sab* 'no tiene grandes probabilidades de llegar a la posteridad' (Cotarelo 1930: 379). Much of this has to do with petty wrangling over whether Avellaneda is a Cuban or a Spanish author. Until recently it was virtually impossible to get hold of a modern edition. José Servera's edition (1997) has remedied the situation, but earlier editions by Luis Martul Tobío (1993), Carmen Bravo-Villasante (1970) and Mary Cruz (1976; 1983) are still rare. Less surprising, perhaps, is the fact that the novel was banned in Cuba, and that the author omitted it from her complete Works (1869–71), never returning to the topic again.

Sab was Avellaneda's first published book. After it appeared she went on to live a full and successful life, primarily as a dramatist and poet; she is one of half a dozen women writers whose works form part of the nineteenth-century Spanish literary canon. Several synopses of her life are available, and she herself contributed with four short autobiographies or memoirs (written in 1838, 1839, 1846, and 1850): a brief biographical résumé is offered here in an appendix. Until recently, critics had concentrated overwhelmingly on her poetry; only in the last decade has interest shifted to the drama and narrative. Again, this is partly due to the unavailability of texts, but also to the propensity in the first half of the nineteenth century to consider women to be naturally emotional and sensitive souls, and particularly suited to the lyrical genre. Avellaneda is still widely viewed as the epitome of the Romantic poet, the tragic heroine who rises to public acclaim yet, in private, is bitterly unhappy. This self-image of the misunderstood, superior individual chafing in an unforgiving materialistic world was actively encouraged by the author and prolonged, retrospectively, by her many influential critics and admirers. Following the posthumous publication of her love letters to Ignacio de Cepeda (by Cepeda's wife, after his death) and to other luminaries (for example, the politician Antonio Romero Ortiz) much ink has been spilt about Avellaneda's love-life and much of her work read from a biographical perspective. Authors' private lives may be important for understanding their work, especially if they are women, whose public lives were often non-existent, but an excess of biographical trivia has merely obfuscated the wider cultural significance of Avellaneda's literary production. *Sab* was published before the public persona took shape and before Avellaneda had accumulated her more scandalous life experiences (for example, her relationship with the Seville poet Gabriel García Tassara and the birth of her illegitimate daughter, who died soon after). In many ways, the publication of a feminist–abolitionist novel in 1841 was one of Avellaneda's most dangerously subversive acts, and it is for this reason that the work was deliberately withdrawn from public view.

Puerto Príncipe

Although published in Madrid, *Sab* is a Cuban novel. It was conceived and started before Avellaneda left for Spain, and continued during the crossing to Europe. It is set in a precise geographical location, on a sugar plantation sited half-way between the city of Santa María de Puerto Príncipe, now named Camagüey (capital of the central region Camagüey) and the village of Cubitas (see the map, and Turnbull's description of the city, Appendix 3). Part of the action takes place in the city itself, in the Cubitas Mountains, and in the northern port of Guanaja. The fertile plains, suited to cattle grazing as well as sugar, tobacco and coffee plantations, the rivers, the indigenous flora and fauna, the crops and the weather, are all described by the author in detail. The novel presents a limited, though fairly accurate account of local customs, legends, and social behaviour, and in this sense it belongs to the popular *costumbrista* (novels of

2

manners) genre. Avellaneda wrote about the countryside in which she spent the first twenty-two years of her life, and about the customs of a typical Creole land-owning family such as her mother's.

To date we know little about Avellaneda's years in Puerto Príncipe. Carmen Bravo-Villasante's biography (1967) is unhelpful as the twenty pages dedicated to these years are largely copied from Avellaneda's own memoirs. The most complete and evocative description of what it might have been like to have lived in Puerto Príncipe in the 1820s and 1830s is without doubt Mary Cruz's novel *Niña Tula* (1998) (Tula was the name given to Avellaneda at home). Unfortunately, Cruz gives no indication of the historical accuracy of her version although she had clearly researched the topic for the preparation of her edition of *Sab*. Cruz's novel may be predominantly fictitious or partly based on documentation. Certainly the dates and names are correct and proven details, such as the existence of an older half-brother and half-sister (Manuel and Gertrudis), whom Avellaneda never mentioned in her memoirs, are central to the plot. However, it would be interesting to know if there is any truth in Cruz's story that Emilio was not Avellaneda's youngest brother, as is commonly assumed, but her son, fathered by Francisco Loynaz, and secretly adopted by her mother. In her memoirs, Avellaneda portrays Loynaz as a close friend with whom she went riding on excursions such as the one to Cubitas described in *Sab* (in fact, Cruz believes he is the model for Enrique Otway). The friendship came to an abrupt end, but Avellaneda gave no explanation. Cruz (from Camagüey) insists that her novel is fiction but her historical knowledge of the period is undeniable.

We do know that Avellaneda's father was a Spanish naval officer, born near Seville, stationed in Puerto Príncipe since 1809 and, at the time when she was born, commander in the newly modernized port of Nuevitas. After losing his ship in battle against the British in the Napoleonic Wars he was imprisoned in Jamaica. Later, in 1812, he took part in suppressing the Aponte slave rebellion. Avellaneda's mother's family, the Arteaga y Betancourt, was one of the most distinguished and well connected in the area. Puerto Príncipe, situated in the centre of the island, far removed from the control of Havana, had long been a centre of contraband trade, and abolitionist and independence activity, and remained so throughout the century. Two local families, the Agüero and the Betancourt, were especially prominent. Francisco Agüero was hanged in 1826 for conspiring in favour of Cuban independence. Later, when Avellaneda was in Spain, José Agüero Agüero, the President of the Sociedad Libertadora de Camagüey, freed his slaves and was executed in 1851 with his collaborator José Tomás Betancourt. During the War of Cuban Independence (1868–78) Gaspar and Diego Agüero Betancourt were garotted (1870),

3

and Salvador Cisneros Betancourt established a centre of revolutionary activity in the Tínima Masonic Lodge. Ignacio Agramonte, the hero of the Independence War, was a Camagüeyan.

In the 1830s, during Avellaneda's youth, the pro-abolition journalist and revolutionary Gaspar Betancourt Cisneros, a friend of the abolitionist Del Monte circle (see below, p. 10), published numerous articles in the Puerto Príncipe press that divulged, albeit indirectly, separatist ideas (de la Cruz 1924: 155–74). In the attempt to establish a distinctive local identity articles were published on the history, customs and superstitions of the area. In Chapter 9 of *Sab*, Avellaneda refers to one such article written by a 'sujeto de talento', entitled 'Adición a los apuntes para la historia de Puerto Príncipe'. It is inconceivable that Avellaneda was not aware of this long tradition that associated Camagüey with Cuban independence and abolitionism, particularly as it may have involved members of her maternal grandmother's family. At the time, there were only some 30,000 white creoles living in the province of Camagüey, and this was declining (see Appendix 1). These early years have been largely overlooked by biographers, who have relied too heavily on Avellaneda's own account, written in Seville in July 1839 for a specific purpose (to present herself in a favourable light to Cepeda)

As she explains in her *Autobiography*, Avellaneda was especially close to her maternal grandfather. She was pampered as a child; the slaves carried out the domestic chores. Taking advantage of her ample leisure time, she was an assiduous reader. Her education was privileged, 'the most brilliant education possible' (Scott 1993: 3). She and her friends read and wrote poetry and took part in plays (for example, by Racine, Corneille, and Hugo). One of her acquaintances (possibly her tutor) was the distinguished pro-independence poet José María Heredia, who is quoted in several epigraphs in *Sab* (Cotarelo 1928: 591). In the Camagüey province there was only one state school for every 1,051 white girls (Salas y Quiroga 1840: 159). Her family was well-connected and their soirées among the most lavish in the area, 'the cream of the young men and the most outstanding young ladies' met there; 'all strangers of note who came to Puerto Príncipe vied to be introduced into our group' (Scott 1993: 5). Avellaneda's father died when she was nine years old, and, months later (November 1823) her mother married a Spanish colonel, Gaspar de Escalada, whom Avellaneda profoundly disliked. Her stepfather, now her legal guardian, controlled her movements and her finances. She refers to a 'Real orden inicua y arbitraria que nos obligaba a permanecer bajo su tutela' (*Diario íntimo* 1945: 22). Life was more bearable when he was stationed away from home. Between the ages of nine and seventeen Avellaneda saw her stepfather only two or three months each year. By 1836, however, Escalada was increasingly anxious about the mounting political tension in Cuba and persuaded his wife to leave Cuba for Spain. Avellaneda, keen to seek out her father's relations in Andalusia, supported the idea.

At that time her immediate family consisted of two elder half-siblings from her father's first marriage (Manuel and Gertrudis), who lived separately and of whom little is known; herself and her favourite younger brother, Manuel; and three younger half-siblings (Felipe, Josefa, Emilio), whose father was Escalada. This domestic arrangement (the older sister in charge of younger siblings, aged fourteen, twelve and eight in 1840) is echoed in *Sab*, though idealized so that the caring father has been restored and the mother (and the stepfather) omitted. A further autobiographical occurrence has some bearing on the novel. When she was fifteen Avellaneda defied her family and broke off her engagement to a distant relative, ' the wealthiest bachelor in Puerto Príncipe' (Scott 1993: 4). As a result she was cut out of her grandfather's will. In the novel, Carlota defies her family who oppose her match to Enrique Otway, and is consequently disinherited by her uncle. Judging from her *Autobiography*, this was a traumatic experience for the young Avellaneda, who was betrothed to this man from the age of 13. This, and her cousin's unhappy marriage ('Her husband, that tender suitor, had changed into a tyrant. How that poor victim suffered!', Scott 1993: 12) undoubtedly fuelled Avellaneda's abhorrence of arranged marriages and patriarchal authority ('my aversion to marriage was born and grew rapidly', Scott 1993: 12), and her conviction that married women were in law and in practice hardly better off than slaves.

Cuba 1800–40

Cuba was a Spanish possession for five hundred years, from 1492 when the island was discovered by Columbus, to 1898 when it gained its independence. In the nineteenth century it had the status of a Spanish overseas province ('provincia de ultramar') although for many years Cuba had no parliamentary representation. The novel is set on a sugar plantation during the summer of c.1818 with flashbacks to c. 1800, to the childhood of the protagonists. The action takes place during the reign of Ferdinand VII (1784–1833), the last absolutist King. It was written in the 1830s and published in 1841. During these first four decades of the nineteenth century, Cuba witnessed great economic changes that provide the background to the story and partly explain why the villains of the novel are English.

The 1791 slave uprising in St Domingue, hitherto the richest sugar producing colony in the Caribbean, and the subsequent creation of the Republic of Haiti (1804), brought an end to the sugar industry in the

French colony. Many French planters fled to Cuba, where the oligarchy was the main beneficiary. A sugar boom ensued, the first of its type. Cuba, especially Havana, was launched as the new centre of capitalist expansion for merchants from the nearby United States and for Europeans fleeing the Napoleonic Wars. The mercantilist restrictions traditionally imposed by the Spanish Crown in the New World had already been abandoned in Havana in the wake of the British occupation of the city in 1762. Free trade policies were extended to all Cuban ports by 1818. By the 1830s, Cuban sugar production had overtaken that of Jamaica, but continued expansion depended on a supply of slaves. Tens of thousands of slaves were imported into Cuba in the early nineteenth century, with sugar exports reaching in excess of 40,000 tons in 1802 (Blackburn 1997: 498).

Economic expansion brought disadvantages. First, free trade ensured colonial dependency, not on Spain but on Britain and, later, the United States. Spain had no national slave-trade with which to stock the Cuban plantations (Blackburn 1997: 498). Britain was one of the nations that carried out this task (until 1807) in exchange for Cuban sugar and primary materials, which were then sold back to the islanders as manufactured goods. The wealthy Cuban families were avid consumers. Second, expansion in the Cuban sugar industry was hampered by Spain's abolitionist treaties with Britain (1817 and 1835); none were put into effect. The Cuban slave trade continued well into the 1860s and the Spanish authorities on the island not only turned a blind eye but actively benefited from backhanders. The irony was that Cuba needed slaves just when the abolitionist policies of Britain were taking effect and, as the Spanish and Cubans were quick to point out, when sugar production in Jamaica was in decline due to the replacement of slavery by waged labour; for many Cubans, abolitionism was yet another perfidious Albion ploy. Third, the horrific violence of the St Domingue rebellions and massacres caused fear and alarm among Cuban planters, so much so that they were willing to depend on the protection of the Spanish armed forces. (Three of Avellaneda's closest childhood friends were the daughters of a St Domingue emigré.) While the rest of Spanish America fought for and, by the early 1820s, had achieved independence from Spain, Cuba remained the 'ever-faithful isle'. The United States President, Thomas Jefferson had offered to purchase Cuba from Spain in 1808 (after purchasing Louisiana from France). Many Cuban planters preferred annexation to the slaveholding southern United States rather than abandon the system. In fact, English and US rivalries ensured that Cuba remained Spanish. A series of tough Spanish Military Governors with absolute authority on the island squashed all activities in favour of Cuban independence and slave rebellions were stamped out brutally. Dionisio Vives (1823–32), Miguel Tacón (1834–38) and Leopoldo O'Donnell

6

(1843–48) were the most ferocious governors; others, including Mariano Ricafort (1832–34), whose son, Francisco, Avellaneda met later in Galicia and almost married (see Scott 1993: 15–17; Cotarelo 1928: 602), were less draconian.

This dramatic scenario provides the background to the novel. The narrator's diatribes are not targeted primarily at the Spanish, though the cruel treatment of the native Americans is certainly condemned, but at the crass materialism represented here by the English. She also makes explicit reference to events in Haiti and their effect on the Cuban landowners. Just as important is her accurate depiction of the economic decline that beset the Puerto Príncipe region in the 1820s.

Sab traces the demise of the Cuban oligarchy, especially in the Central region, due to foreign commercial interests. Sab himself explains this economic decline in some detail to Enrique Otway. In 1820, the Bellavista plantation is running at half its previous capacity. Instead of a hundred slaves producing 12,000 'arrobas' (138,000 kg) of sugar, as in the past, by 1818 half this amount is produced by fifty slaves. As Sosa has shown, these figures indicate that Bellavista was one of the largest plantations in the area. Its decline was not due to a lack of labour supply or to mis-management (according to Sab the slaves have not died but been sold off, and Don Carlos praises Sab's management skills), but to the recession experienced across the Central region at the time (Sosa 1978: 18–24, 155–7). Low sugar prices and, above all, soaring transport costs resulted in low profits and reduced investment. Nuevitas was a free port but, until the construction of a railway in 1842, Puerto Príncipe was still too far from Havana and from the coast to make trading cost-effective. Communication is definitely a problem in *Sab*; both Sab and Otway spend most of their time galloping between Bellavista, Puerto Príncipe and Guanaja. The plot hinges on difficult journeys and delayed letters. Indeed, it could be argued that Sab's final dash from the plantation to the port of Guanaja causes his death; it certainly kills his horse.

The novel also faithfully reflects the commercial priorities of foreign traders, less interested in the value of the land or agricultural production than quick cash profits made by moneylending, and by importing and selling manufactured goods (in this case, cloth, the most lucrative merchandise). There was no bank in Cuba until the 1850s and the planters had no alternative than to borrow from the commercial classes, the richest of whom owned plantations of their own. The merchants imposed extortionate interest rates forcing the planters into increasingly deeper debt. This is the aim of the Otways. Roland Ely provides a detailed description of the kinds of deals plausibly undertaken by the Otways, stating 'El comerciante no fue nunca una figura muy popular en Cuba y menos aun con los hacendados' (1961: 35). He quotes Sir James Alexander who in his *Transatlantic Sketches* (1833) wrote 'los comerciantes de allí [Havana] se componen de vagabundos de todas partes del mundo, y no pocos de nuestro propio país'. In Alexander's view only three of the English merchants in Havana were respectable (Ely 1961: 40).

By focusing on one family and one marriage, the novel records a plausibly realistic example of how foreign commercial interests take control of the Cuban economy. These economic developments, of crucial national and international importance, are shown to function at the level of the family and involve the feelings and emotions of individual men and women. The strategies of the market may lead to prosperity for some, but they lead to tragedy and heartbreak for others. In short, domestic affairs (centring on women) form an integral part of public life and have serious political and economic consequences.

Slavery and abolitionism in Cuba

By 1810, 40 per cent of the Cuban population were slaves (Blackburn 1988: 383), and by the 1840s the greater part of the Cuban population (60 per cent) was non-white (Thomas 1971: 168). Some 325,000 slaves were brought to Cuba between 1790 and 1820; some 60,000 of these were unregistered – that is, brought in illegally (Blackburn 1997: 498). A third of the slaves were destined to sugar and coffee plantations. The conditions endured by these field slaves were much harder than those of the domestic or urban slaves. Field slaves worked twenty hours a day during the sugar harvest (five months of the year) and were often treated cruelly. They were often flogged or condemned for long periods to the stocks. Women were usually separated from their children. The slave child mortality rate reached 20 per cent. Some slaves were killed in horrendous circumstances. Although Spanish legislation was meant to protect them, in practice these laws were not enforced. Nevertheless, 'coartación', that is, the system whereby a slave had the right to purchase his or her freedom, or that of their children, was observed to an extent, though less so in the nineteenth century. In 1817 free blacks and mulattos accounted for 21 per cent of the total Cuban population; by the 1860s this had decreased to about 15 per cent (Thomas 1971: 171). They worked mainly in the cities, many as artisans, and – whether light or dark skinned – were constantly confronted with racial discrimination. As far the novel is concerned, Sab's account of the life of the slaves in Chapter 1 is accurate. However, it is understated, and his role in enforcing this regime is not made explicit.

The British slave trade was abolished in 1807. (The French did not abolish colonial slavery until 1849.) The Abolition of Slavery Act was passed in London in 1833, the result of commercial considerations, enlightened public opinion and non-conformist religious sentiment (mainly Quakers and Methodists). It took effect in the colonies (British West Indies) in August 1834. The following year, the Spanish liberal government of Martínez de la Rosa signed an abolition treaty with Britain that ratified earlier agreements following the Congress of Vienna. Slavery in the British West Indies was replaced by a six-year apprenticeship, but several islands, such as Antigua and Trinidad, had ended the apprenticeship system by 1838. Over the next four years half of the Jamaican plantations had gone over to waged labour and the other half were out of production (Blackburn 1988: 458–62). Compensation of over twenty million pounds was paid to West Indies planters, over half the British government's annual budget (Drescher and Engerman: 1–12). Jamaica is less than one hundred miles south of Cuba and developments there were extremely worrying to the Spanish authorities and Cuban planters.

From 1838 on, the British attempted to stop other nations, including the United States, from trading in slaves. They took to patrolling the oceans, requisitioning ships and freeing the captives. Courts were set up (in Havana, Sierra Leone, Rio and other slave ports) to judge the seized vessels and cargoes. The flagrant abuse perpetrated by the Spanish authorities in Cuba was denounced repeatedly by the British magistrate in Havana, Richard Madden who had supervised the abolition of slavery in Jamaica. In Cuba he was the Superintendent of Liberated Africans in Havana and Judge-Arbitrator in the International Court for the suppression of the slave trade. Madden's report, *The Island of Cuba* (London, 1849), covering the years 1836 to 1839, when *Sab* was being written, is a mine of information. Madden translated into English an autobiography written by the freed Cuban slave Juan Francisco Manzano (published in London), and was a key figure in the infamous 'Amistad' case in 1839. Not unreasonably, the vast majority of Spanish and Cubans regarded British activity on the high seas and in Havana as tiresome meddling in their domestic affairs by a self-appointed imperial bully. The Spanish press of the 1830s and 1840s is full of news about events in the British West Indies, and replete with diatribes denouncing British interference. A typical letter published in *El Conservador* 16 January 1842 ends: 'por esto queremos salvar con tiempo la independencia de nuestra administración colonial y el derecho […] de lavar nuestra ropa sucia en nuestra propia casa'. In fact, despite Moret's 'Preparatory' abolition law of 1870, and the ending of slavery in Puerto Rico in 1873, the slave trade was not abolished in Cuba until 1886. Popular insurgence in Cuba would prove more effective than an abolitionist campaign in Spain.

The most vociferous group of Cuban abolitionists (who, concerned about the increasing number of black and mulatto people on the island, wanted to end the slave trade but not slavery) were grouped around

9

Domingo Del Monte in the Matanzas area (east of Havana). Del Monte had bought and freed the poet-slave Juan Francisco Manzano who wrote his autobiography in 1839. This was circulated among the group, translated into English by Madden, and published in London in 1840. At the time that Avellaneda was putting the final touches to *Sab* in Europe, three abolitionist texts, the first of their kind, were being written in Cuba but on account of severe censorship in Cuba (a censorship that *Sab* escaped in Spain) were not published until years later. The novel *Francisco: el ingenio o las delicias del campo* completed in 1838–39 by Anselmo Suárez y Romero (commissioned by Del Monte, encouraged by Richard Madden, and based on Manzano's life story) was not published in its entirety until 1880. Fragments appeared in 1839, and hand written copies were later circulated in Europe and the Americas. Morillas's short narrative about a slave hunter, *El ranchador* (1856), was finished in 1839, and Felix Tanco y Bosmoniel's novella *Petrona y Rosalía* (1925), in which two slave women are raped by their masters, in 1838. Cirilo Villaverde completed the first part of his monumental novel *Cecilia Valdés* in 1839 and published a short story with the same title in a newspaper, but the novel did not appear until 1882. Indeed, *Sab* was not published in Cuba until 1883, in the review *El Museo*, although it had appeared previously in the New York journal *La América* in 1871. Interestingly, all the above male-authored texts except Suárez y Romero's (where their mistress thwarts a marriage between slaves) centre on a white man's sexual desire for a slave woman. In *Sab* the situation is reversed (a slave loves a white woman, and a white woman offers herself to a slave). Moreover, as Picon Garfield (1993: 62) has shown, in the male-authored anti-slavery texts the white woman (usually the mother of the family) assumes the dominant position. She is given the part of cruel monster, while the white man escapes all blame.

Why, then, was there a spate of abolitionist narratives written around 1838, including *Sab*? Possibly because the tough Military Governor Miguel Tacón left Cuba that year. Also in 1838 Pope Gregory XVI prohibited Christians from participating in the slave trade, under threat of excommunication (this news was published in the *Gaceta de Madrid* in 1840, but not in Cuba). And, of course, events in Jamaica were fresh in the Cubans' minds.

Although no direct contact with, or even knowledge of, the Del Monte group and their activities has been established, it may be naive to suggest that Avellaneda was unaware of these shifts in political opinion, despite her youth and (as a woman) cultural isolation. It is unlikely that a women's political culture existed in Cuba at the time. The fact that she greatly admired and quoted Cuban patriot José María Heredia, who spent most of his life in exile, is a possible indication of her allegiances. According to

Cotarelo (1928: 591) Heredia was her tutor. She starred in a performance of his translation of Ducis's play *Abufar* and had read his translation of Sir Walter Scott's *Waverley*. Another key contact with the Cuban abolitionists may have been her older half-brother Manuel who was studying in Havana in the early 1820s as they were.

The writing and publication of *Sab* (1836–41)

Avellaneda told her friend, the Galician poet and journalist Nicomedes Pastor Díaz , that the novel was sketched before she left Cuba in 1836 (*El Conservador*, 19 December 1841). She told Antonio Neira y Mosquera that she had written it 'desaliñadamente', in her spare time (Cotarelo 1930: 429). She continued writing during the two-month voyage to Europe (April–June 1836), the eighteen-day stay-over in Bordeaux, and in La Coruña, Galicia, where she lived for two years with her step-father's family. It was taken up again in Lisbon, and completed in Seville 1838, three years before publication. In 1840 she moved to Madrid. These dates establish that *Sab* was the first anti-slavery novel and among the first abolitionist narratives written in Cuba. It was written while the author was travelling, possibly crossing the Middle Passage itself (from Santiago de Cuba, to Bordeaux, Galicia, Lisbon, and Seville). It was composed in a state of transition between two cultures, as the author passed from the New World to the Old, from the colony to the metropolis, and as she was coming of age. The novel appeared as soon as she gained legal independence, at the age of twenty-five (the trip from Galicia to Seville was her first without her family). This transitional state is reflected in the structure and style of the novel, which becomes increasingly radical towards the end.

Little is known about Avellaneda's two years in La Coruña but she must have made important contacts there, including Pastor Díaz who wrote the first review of *Sab*, and Neira de Mosquera, who published her first biographical synopsis in *El Arlequín*, 1844. Interestingly, the Galicians with whom she made contact and whose friendship she continued to cultivate in Andalusia were all progressives and provincialists, involved in the incipient Galician regionalist movement (and, in the case of Neira de Mosqueira, plotting the 1846 Galician uprising). In Galicia Avellaneda moved in distinguished circles, as demonstrated by her relationship with the soldier son of Mariano Ricafort, the erstwhile Military Governor of Cuba, and in 1837 Captain-General of Galicia. Avellaneda would not marry Ricafort until she was economically independent; her stepfather withheld her inheritance, 'thanks to my stepfather, my property was all tied up' (Scott 1993: 16). She wrote, 'Solicité de la Corte el derecho de mayoría' (*Diario íntimo* 1945: 39). When Ricafort was sent to fight in the

Carlist Wars, Avellaneda left Galicia for Seville with her brother and never saw Ricafort again.

In Seville there was unexpected interest in her unpublished novel. In the summer of 1839 she gave the first ten chapters (describing events up to the departure from Cubitas) to a Cuban living in Cadiz who wanted to publish it in the Cadiz newspaper *La Aureola*. Subscriptions funding publication were healthy; in Granada all the members of the Liceo subscribed and in Malaga there were a further thirty subscribers, eighteen of whom were women. The book appeared in Madrid, in the last months of 1841. Pastor Díaz published a lengthy review of it in *El Conservador* (19 December: 14), referring to slavery as an 'espectáculo horrible! tan humillante para el siervo, como para su señor; espectáculo que subleva hondamente el corazón del hombre'. The novel's dedicatee was the liberal Alberto Lista, previously Dean of Philosophy in Seville University and liberal exile. Avellaneda sent him a copy of the novel for which he acknowledged receipt in March 1842. He did not mention the slavery question but referred to the novel as a story about unrequited love (Figarola-Caneda 1992: 150–2). *Sab* was an unknown Cuban woman's first book, and yet it managed to create a stir. It was recognised in liberal circles as a political cultural event, an anti-slavery novel written in Spanish and published in Spain where no other existed (Pastor Díaz emphasises that the novel is original and not a translation).

Publication in Spain was made possible by the Progressive electoral victory of 1841, following the defeat of the right-wing Carlists in 1839. A small window of opportunity opened under liberal Regent, General Espartero (1841–3). The aged liberal Argüelles, who had spoken in favour of abolition in the 1812 Cortes of Cadiz, was appointed tutor to Princess Isabel (future Queen Isabel II). But such moments did not last long in nineteenth-century Spain. *Sab* might have provided a more effective rallying-point for the abolitionists had events not taken a turn for the worse in Cuba.

In the spring of 1844 the Spanish initiated reprisals against an alleged conspiracy whereby the abolitionists, slave rebels, and the outspoken British Consul, David Turnbull, were thought to be planning to liberate Cuba and establish a black Republic similar to that in Haiti (Thomas 1971: 207). This resulted in one of the most barbaric episodes in Cuban history. Four thousand people were arrested in Matanzas and some hundred slaves were tied to posts and whipped to death. The free mulatto poet, 'Plácido' (Gabriel de la Concepción Valdés), was executed in June 1844; the poet Juan Francisco Manzano never wrote again. In July 1844 a trunk containing 84 copies of *Sab* imported to Cuba from Spain was requisitioned by the Customs Officials in the port of Santiago de Cuba, on orders from the Royal Censor 'por contener [...] doctrinas subvercivas [*sic*] del sistema de esclavitud de esta Ysla y contrarias a la moral y buenas costumbres (Kelly: 350). The books were not destroyed because they were not obscene, but shipped back to Cadiz in January 1845. This episode no doubt caused immense problems for Avellaneda's younger brother, Manuel, among whose baggage the offending books were found. By 1844 a novel of this type was dangerously subversive. But by then Avellaneda's literary reputation had been firmly established, by her poetry and drama. Her first volume of lyrical poetry, *Poesías* (Madrid, 1841), appeared shortly after *Sab*, dedicated to her mother, with a prologue written by her mentor Juan Nicasio Gallego. The historical drama *Alfonso Munio* opened in Madrid in June 1844. *Sab* was conveniently put to one side.

It is difficult to assess the extent to which Avellaneda's prefatory disclaimer 'Dos palabras al lector', written presumably in 1841, was a true reflection of her ideas. Had her views really changed so much since 1838? Did she really believe her youthful anti-slavery feelings, and the strength of her convictions, were exaggerated and misplaced? Was she persuaded by the pro-slavery views of the Condesa de Merlín? She certainly did not return to the subject of colonial slavery, and only visited Cuba for a brief period (from 1859 to 1864) in the company of the new Spanish Military Governor, Francisco Serrano. She was much criticised for sitting on the fence with regard to Cuban independence. However, most women writers prefaced their work in apologetic tones at the time and, in view of the tense situation, the young Avellaneda was probably wise to be prudent. On the strength of her subsequent writings, particularly the essays vindicating women's rights, it is fair to say that women's liberation remained a major preoccupation for Avellaneda. There is no doubt that she considered herself to be Cuban and, in a letter published in the Cuban press in 1868, spoke up for young Cuban writers, 'esa juventud generosa y brillante de nuestra Patria, que defiende por la prensa periodística tanto allá como acá mismo, los intereses del país' at the outbreak of the Cuban Wars of Independence (Loynaz: 278). Her denunciation of colonial injustice continued, especially in her rewriting of Spanish history from the perspective of the conquered. The Indian hero replaced the slave in works such as 'El cacique de Turmequé' (1869) and *Guatimozín* (1846). (This was a general trend, known as 'siboneísmo', in Cuban narrative after 1844.) Avellaneda's concern with the colonial and feminine subaltern, her 'afirmación de la alteridad' (Picon Garfield 1993: 173), her subversion of centralist discourse and criticism of religious intolerance were features that remained consistent in her work.

Nevertheless, although it has been argued that Avellaneda omitted *Sab* from her complete works (1869–71) because these years coincided with the outbreak of the first Cuban Wars of Independence (1868–78), the six-

13

year period following the Revolution of 1868 was one of the most progressive (republican and democratic) in nineteenth-century Spain. It also marks the founding of the Spanish Abolitionist movement (1868) and the passing of Moret's anti-slavery law which, though seriously limited in scope (in that it introduced a harsh apprenticeship system) was the first step towards total abolition (in 1886). These were the years of mass abolitionist demonstrations of, for example, between ten and sixteen thousand people in Madrid in 1873 (Schmidt-Nowara 1999: 152). Avellaneda did not grasp the opportunity and perhaps for these very reasons *Sab* was not revived.

Literary context

Sab was published in the *annus mirabilis* of Spanish Romanticism, in the same year as José de Espronceda's *Diablo mundo* and the Duque de Rivas's *Romances históricos*. Like so many Romantic heroes, including Don Alvaro in the Duque de Rivas's tragedy of the same name staged in 1835, fate and birth thwart Sab, and chance plays a large part in his downfall. Although in many ways a typically Romantic Latin American novel (for its sensibility, idealization, melodrama and fatalistic determinism) the structure and style of the novel may be associated more closely with the 'costumbrista' genre, the novel of manners. *Sab* includes few outrageously Gothic scenes, the accuracy of topographical observation is almost scientific, the novel is set in real surroundings in the near past, and the characters – though a touch neurotic – are believable. The novels of Cecilia Böhl de Faber (Fernán Caballero), a contemporary Spanish novelist of German origins who lived in Seville at the time and who later befriended Avellaneda, share these features. Fernán Caballero's novels had been written many years previously but were not published until 1849. Caballero, influenced by Balzac, is not a Romantic but a 'costumbrista' novelist and is credited with laying the groundwork for the Spanish realist novel. However, it is within the parameters of the sentimental novel that *Sab* is most productively read.

France

There is little doubt that Avellaneda, like the major part of the Latin American intelligentsia, was attracted to French Enlightenment thought. She wrote, 'The days I spent in Bordeaux now seem like a lovely dream. My soul unfolded in that land of reason and enlightenment' (Scott 1993: 15). She describes herself wandering around Bordeaux, itching to get away from polite society in order to read a hefty tome of the works of Montesquieu, most probably the *Esprit des Lois* (1748) in which Montesquieu attacks slavery. Avellaneda's stepfather's Galician family

14

criticised her for reading Rousseau, and said she was an atheist (Scott 1993, 17). Several scholars have referred to the possible influence of Victor Hugo's *Bug Jargal* (published in its definitive version in 1826) (see Araújo 1998). Hugo's novel is set in St Domingue during the slave rebellion of 1791, and was definitely read by other Cuban abolitionist writers such as Del Monte and Tanco. Here the hero slave-rebel falls in love with the white Marie (to whom he sings in Spanish) and saves her and her white fiancé/his half brother from death. But *Sab* is not an adventure story of this type. It is a sentimental love story, informed most notably by the ideas of Rousseau as developed in *The Social Contract* (1762) (man is naturally good but corrupted by society) and the *Discourse on Inequality* (1755), where an unnaturally ordered society is said to result in the separation of truth and appearance. In *Sab* Avellaneda made good use of the kinds of narrative strategies employed by Rousseau in *Julie, ou La Nouvelle Héloïse* (1761), foregrounding subjectivity and the creation of excessive, unrestrained sentiment. Chateaubriand's *Atala* and *René*, Bernardin de Saint-Pierre's *Paul et Virginie* are the novels she read and rewrote to suit the imperatives of her particular context.

The sentimentalism of *Sab* is not merely emotional indulgence, despite the rapturous love letters, sighs and tears. As with Rousseau, the purpose was to privilege feelings and emotion over reason and calculation, to postulate the spiritual nature of inner experience, and to show the rustic savage as noble and the moneyed noble as base. In *Sab*, as in the sentimental novel, nature reflects the emotional state of the superior man of feeling, and the hero's moral guidance is his heart. Sentiment becomes a moral prerogative; virtue is predicated on the capacity for feeling. The close parallels between the triangular plot and domestic setting of *Sab* and Goethe's epistolary sentimental novel *Werther* (1774) have also been noted. Werther commits suicide because he loves Charlotte who, like Carlota, loves and marries another. Charlotte and Carlota are both identified with goodness and domestic harmony. Werther falls in love with Charlotte after seeing her minister to her little brothers and sisters, taking the place of the dead mother. Carlota plays a similar role. Sophie, Charlotte's sister, loves Werther too and is perhaps echoed in the figure of Teresa. In *Sab*, as in *Werther* and *Julie*, the emotional state reached by the hero approaches the sublime. But *Julie* and *Sab* are about controlling excessive passion, and marriage takes precedence over romantic love; domestic morality governs sexual passion. Crucially, in Avellaneda's novel the Romantic hero, the Werther, the Saint-Preux, is a mulatto slave. As in all sentimental novels, the writer invites the reader to identify the protagonist (mulatto slave) with the (female) author. This strategy enabled Avellaneda, a white woman, to project herself through the persona of a slave, to adopt his voice, and to internalise this self-conception and identity.

United States

In *Sab*, the antagonists are English, and Anglo-American identities are conflated. By the time *Sab* was completed, the United States had been independent for fifty-five years (1783). Slavery exploitation in the Southern states was comparable to that in Cuba, and annexation to the United States an attractive option for some Cuban planters. As in Cuba, abolitionist groups first operated in the United States in the 1830s (for example, the American Anti-Slavery Society in 1833), and the press (*The National Reformer* and the *Mirror of Liberty*, 1838) divulged their ideas. Dozens of abolitionist books, essays and articles were published in the US press in the 1830s including the *Confessions of Nat Turner* (1831), the rebel slave, and the *Memoirs* (1836) of the slave Archy Moore. The texts that had the greatest repercussion were Frederick Douglass's *Narrative* (1845) (published four years after *Sab*) and Harriet Beecher Stowe's *Uncle Tom's Cabin* (1852) (where Southern slaves find refuge in the British dominion of Canada). Slavery and abolition was the fuse that sparked the American Civil War (1861–65). With respect to slavery, Cuba bore more resemblance to the United States than to the new South American republics which, by 1830, with the exception of Paraguay, possessed advanced anti-slavery legislation (Blackburn 1988: 375). The First National Women's Rights Convention was called by US antislavery women at the World Anti-slavery Convention held in London in 1840. The women who first spoke in favour of women's rights were abolitionists and often affiliated to Moral Reform societies and Evangelical sects. The followers of William Garrison (for example the Grimké sisters) were especially vociferous in their denunciation of slavery in the 1830s (Du Bois 1979). This, then, was the context in which Avellaneda wrote and published her novel, a novel that is a crucial but neglected contribution to the trans-Atlantic network of texts that challenged colonial slavery in the early nineteenth century.

Feminist–abolitionist narrative

Women wrote the majority of abolitionist narratives. *Sab*, a sentimental narrative that advocates both the liberation of the slave and of married women, is possibly the only Spanish language example of the feminist–abolitionist genre published in the nineteenth century. Although abolitionist texts by British women date back to the seventeenth century (Avellaneda mentions having read one such founding fiction, Aphra Behn's *Oroonoko* (1688, translated into French in 1745)), the boom in British feminist–abolitionist writing occurred in the 1820s and played a major part in the passing of the Abolition Act. Hannah More, Elizabeth

Heyrick, Harriet Martineau all wrote and/or published in the 1830s. In the United States, Lydia Maria Childs and Fanny Kemble (who, like Avellaneda, had first-hand experience of slavery) were writing and publishing in the press from the 1830s on. The landmark contributions were *The History of Mary Prince, a West Indian Slave, related by herself* (London, 1831) and Phillis Wheatley's *Memoirs and Poems* (Boston, 1838). It is likely that Richard Madden knew about these texts, and encouraged the Del Monte circle to make public similar fiction and testimonies set in Cuba. However, Avellaneda's novel differs from the majority of the Anglophone women's writings in that she did not present the slave as an objectified stereotype, but as a unique individual. Avellaneda's approach is more in tune with that of Mary Wollstonecraft who, in the 1790s, was the first white British woman to attack slavery from a philosophical and economic point of view. Wollstonecraft's work, like Avellaneda's, was in turn informed by French revolutionary thought and focused on the principle of human equality, human rights, freedom and justice. French abolitionist activity was strongest between 1780 and 1790, as demonstrated in the work of Madame de Staël, Olympe de Gouges and other women writers, but tailed off after events in Saint Domingue in 1791. *Sab* is not only an abolitionist and anti-slavery novel; it is a novel that condemns racial discrimination and affirms the universal right to self-determination.

Sentimental novels, in vogue throughout the second half of the eighteenth century in Britain and France, and through to the mid-nineteenth in the United States, were powerful texts. They had the power to move the reader. Sensibility is related to the development of moral philosophy, civic humanism, evangelical or non-conformist religion, and philanthropy, and is predicated on the concept of natural virtue (established in man by God) and sympathy, the principle by which feelings are communicated and shared. These narratives focused on the subjectivity of an individual, inviting the reader to empathise with that person, to imagine what it would be like to be in that predicament. The sentimental novel is thus identified by its humanitarian interest and for its predilection for refined feeling, for emotion rather than rationality, for the private rather than the public. It works as a complement and corrective to public-centred liberal thought.

The structure of these novels tended to be digressive, privileging romantic love plots and what has been referred to as the 'rhetoric of tears' (Ellis 1996: 4). The genre was popular among a wide audience (mainly women and young people of the middle classes) and was thought of a means of self-improvement. Sensibility had long been considered an especially feminine characteristic (Ellis 1996: 1–23). That women should write and read such novels was perfectly appropriate. Indeed, the narratives deliberately played on so-called feminine attributes. As Ferguson writes, 'Everyone but utter villains – certainly slaves and ex-slaves – are feminized, suggesting strong though unsystematic support for a gynocentric quasi-utopian world' (Ferguson 1992: 246). This description fits the novel *Sab*, where the only entirely unfeminized character is the English usurer George Otway. However, women's gain in moral status did not mean their inclusion in the legal, commercial and political arena (see Kirkpatrick 1989). As Ellis writes, the sentimental novel is 'an attempt to reformulate social attitudes to inequality through the development of a new humanitarian sensibility' (Ellis 1996: 48).

Sentimental narrative as reform literature examined abolition and commerce through the prism of domesticity and the meanings attributed to the human body. The body takes centre-stage because it was precisely on the basis of bodily identification that racial and sexual discrimination was practised and justified. Detailed analyses of feminist–abolitionist discourse in the United States have shown that a central preoccupation was the interpretation of the 'over-defined' human body. Feminist–abolitionist discourse recognised that it was physical differences from the norm that obstructed claims to personhood. The problem would be how to inscribe concepts of personhood into black and/or female bodies. It was commonly assumed at the time that women were biologically designed to reproduce and blacks to be subservient, and on this deterministic basis both were subjected to and excluded from power. So, to claim a body and to assign to it an identity entailed the risk of being silenced or deprived of personhood by that same body. For this reason, feminist–abolitionist writers often separated the body from notions of identity, thus divesting it of moral significance, while at the same time presenting the body as an ambivalent signifier.

The slave-protagonist was often a mulatto, an equivocal embodiment inviting misrecognition (that is, a white body that is genealogically and legally 'black'). Sab fits this schema perfectly. Another strategy was to transcend the body, to erase it from representative discourse. Sensibility was particularly useful in this respect 'because of the privilege it accords to the feelings and to the heart, rather than the scopic typologies of complexion and race. Sentimentalism wants to believe that all humanity is capable of feeling and that this equality of feeling is not determined or prejudiced by appearance or skin colour' (Ellis 1996: 86). The formation of a moral conscience and the state of the soul, albeit the soul of a no-body, is of utmost significance, hence the recurrent trope contrasting appearance and reality, exteriors and interiors. Again, *Sab* fits the description. Most sentimental novelists separated blackness from bodily features that signified revulsion, not only because these did not meet white standards of beauty, but also because the genre simply would not work, that is, the (white) reader could not empathise with the slave-protagonist.

18

The black had to be 'whitened' for sentimental consumption and presented as a mulatto employed in the house rather than a field slave. As a consequence, 'the very effort to depict goodness in black involves the obliterating of blackness' (Samuels 1992: 102). Ironically, foregrounding the mulatto suggested that social harmony could only be gained by the absence of black bodies. In consonance with Rousseau's view that an unnatural society divorces truth from appearance, in *Sab* physical appearance belies both biological and spiritual reality. In Barreda's terms, there is a conflict 'between a black ethnos and a white ego' (1979: 80). The novel nevertheless contests the racist ideology of the day, according to which a white (mulatto) body nevertheless signifies a black (biological) reality, by switching the values of the colour codes. Sab is an individual whose 'black' body belies a 'white' soul, while Enrique Otway's 'white' body belies a 'black' soul.

Feminist–abolitionist writers exploited the representation of the mulatto slave for their own purposes, by portraying the institutions of slavery and marriage as coextensive and by employing the narrative strategies of domestic fiction. Again, *Sab* fits the description. Claiming the right to speak on behalf of slaves gave women access to political discourse, but the woman writer tended to absorb and annul the slave as she presented these distinct modes of exploitation as one. In *Sab,* too, the author invites the reader to identify the woman–author with the protagonist-slave, hence the numerous biographical readings of *Sab*. Doris Sommer, for example, argues that the slave represents the novelist because both 'vent their passions by writing' subversive texts, and by taking control of their story. Sab is 'heroic to the extent that he is feminized' (Sommer 1998: 111, 116). In this way, it is argued, racial oppression functions as a metaphor for sexual oppression.

Despite the shared emphasis on miscegenation, there is nevertheless an important difference between the North American narratives and *Sab*. The plots of the overwhelming majority of feminist–abolitionist novels published in the United States before the Civil War centre on sexual relationships between a mulatto slave-woman (usually the unwilling partner) and a white man (usually her master), and the havoc this wreaks on the domestic scene (and family lineage) from the point of view of both the slave-woman and and the white man's white wife and family. This is not the pattern of *Sab*, although miscegenation is the founding motif there too.

Sab is mulatto; his body bears witness to miscegenation. Sab's mother is a first generation slave and his father is Don Luis, his master's brother. Thus Sab and Carlota are cousins. (It has also been suggested by Bravo-Villasante (1970: 20) that Don Carlos is Sab's father, thus introducing the incest motif found in, for example, *René*). Furthermore, Sab loves Carlota. Many novels of the time disguise the taboo subject of a black man's desire

19

for a white woman in the figure of the loyal slave devoted to his white mistress. In some ways Sab fits this pattern, though his devotion may not be entirely asexual. Carlota feels no desire for Sab. On the other hand, Teresa, Carlota's white cousin, meets Sab alone at midnight, holds his hands tightly, and pledges to be his 'amiga, compañera, hermana'. In Cuba a wife or partner is often referred to as 'compañera'. This scene was extremely transgressive for the 1830s and certainly more radical than the feminist–abolitionist fiction published elsewhere. In no comparable anti-slavery novels published in the United States did a white woman marry or love a black man (Samuels 1992: 107). The mere suggestion of this irregular union between a white woman and 'black' man points not only to solidarity among the oppressed but also constitutes an explicit recognition of miscegenation as a founding motif of Cuban national identity (Picon Garfield 1993: 66).

In her seminal study, Verena Martínez-Alier demonstrates that interracial marriages were exceptional in nineteenth-century Cuba (1974: 73). She found only 250 applications for permission to marry during the century, and most of these were between a white man and a 'parda' (mulatto) woman, of the working or possibly the professional classes. Official authorisation, obligatory since 1805, was given if there were mitigating circumstances, for example, if the white partner was of low standing (an orphan, a debtor, or the child of unmarried parents). This amounted to 'mutual compensation of status' (Martínez-Alier 1974: 22–6). Teresa and Sab are one such couple, and no doubt would have obtained permission. But Martínez-Alier found no applications for interracial marriage for members of the nobility (between 1800 and 1830) (1974: 14). The frequent liaisons between black and mulatto women (slaves or freed slaves) and the white masters of the household were strictly irregular.

Notes on the novel

Setting

The novel is set in the house and gardens of the Bellavista sugar plantation, located roughly half-way between the village of Cubitas and provincial capital of the central region, Puerto Príncipe (Camagüey). Some scenes are set in Puerto Príncipe, in the small port of Guanaja, and in the Cubitas area. The action of the novel takes place between 1 June and 16 June in the year 1818 or thereabouts (depending on when the novel was written). There are flashbacks to the turn of the century, to the childhood of Sab (aged twenty-three) and Carlota (aged seventeen), and a five-year flashforward. The novel therefore covers the period 1795–1823, more or less.

20

Plot

The plot is simple. Carlota de B…, the daughter of a Cuban plantation owner, loves Enrique Otway, the son of an English merchant, to whom she is engaged. Enrique, who is marrying her for her wealth, finds out that she is not as rich as he thought and decides to break the engagement. Sab, Carlota's slave, loves her deeply and in order to prevent her unhappiness gives her his lottery winnings so that Enrique will accept her. Carlota is entirely unaware of Sab's feelings for her, and knows nothing of the gift. The couple marry and Sab dies on their wedding day. Five years later Carlota is desperately unhappy, but is comforted by a letter Sab had written minutes before his death expressing his undying love for her.

Crucial to the plot is Teresa, Carlota's poor cousin, who acts as an intermediary between Carlota and Sab. Sab first offers his winning lottery ticket to Teresa, because he knows she loves Enrique and that Enrique will be attracted to her once she is rich. But Teresa refuses explaining that Carlota would be heartbroken without Enrique. She persuades Sab to give Carlota the ticket instead. Teresa advances the plot by substituting Sab's lottery ticket for Carlota's, and by giving Sab's letter to Carlota.

In a sub-plot, structured as an embedded travelogue, Sab takes the family to Cubitas to visit his adoptive mother, Martina, and her grandson, Luis. This interlude provides further background on Sab and an occasion in which Teresa can give Sab Carlota's bracelet. By the end of the novel Sab, Teresa, Martina, Luis, Carlota's father, and her younger brother are all dead. Carlota, Enrique and Enrique's father, Jorge, live on.

Structure and narrative perspective

The narrative begins *in medias res*, without preamble, and hinges on Carlota's engagement. The action takes place in June, but Carlota was engaged the previous February and is due to be married in September (although the marriage is brought forward to the end of June).

The novel is organized into two parts: Part I consists of eleven short chapters and Part II of five longer chapters and a conclusion. Although the two parts are distinct in style and structure, strong thematic links assure continuity. Part I ends on a note of suspense: Sab has asked Teresa to meet him at the riverside at midnight, to give her important news (his lottery prize). During the first part reader expectations have been built up gradually and several crucial realisations have taken place. Enrique knows Carlota is not rich, and Carlota suspects that Enrique does not love her unconditionally. Sab knows Enrique wants to break off his engagement, and that Teresa loves Enrique, and Teresa realises that Sab loves Carlota. By Part I, Chapter 7, the reader is led to believe that Sab has won the lottery but this is not confirmed until Part II. The final chapters of the first part are taken up with the trip to Cubitas. Part I, then, prepares the reader for the tragic denouement of Part II.

Part I is written in third-person narrative and recounted by an anonymous narrator twenty years after the events take place. It includes dialogues (mainly between two characters), descriptions of local topography, popular customs and beliefs, a popular ballad, a courtly song, and scientific notes. The narrator, self-conscious to an extent, comments on the characters' behaviour, addresses the reader directly, and sways the reader's sympathies towards the Cubans, while presenting the Otways in an unfavourable light.

Part II focuses closely on Sab himself and his spoken and written confessions. Although Teresa functions as Sab's interlocutor, in his conversation and letter, Part II consists mainly of first-person narration, spoken by Sab (Chapters 1 to 4). Sab thus assumes the role of narrator. Internal focalisation, focusing on the central consciousness of the character, approximates Sab to the reader who empathises with the slave, shares his emotions, and imagines how he feels. The novel switches genre, from the objective realism of Part I to the subjective romanticism of Part II, from a *costumbrista* novel to a novel of sentiment. Avellaneda probably wrote Part II after her encounter with French literature in Bordeaux.

The dialogues reflect the two love-triangles instrinsic to the plot. One triangle involves Carlota, Enrique and Sab; the other Carlota, Enrique and Teresa. Carlota and Enrique are each loved by two people, but nobody loves Teresa or Sab. There are conversations between Enrique, Sab and Carlota, Carlota, Enrique and Teresa, Teresa, Sab and Carlota, and Sab, Enrique and Teresa, but there are no conversations, other than passing words, between the unrequited lovers and the objects of their passions, that is, between Carlota and Sab or Enrique and Teresa. This confirms not only the individuality, but also the marginalization of the two outsiders, the illegitimate white woman and the non-white man, neither of whom have social status, property or independent means. What Teresa, Sab and Carlota (after her marriage) lack, on account of their gender or race, are legal rights. Kirkpatrick (1990: 120) indicates a final triangle consisting of Sab, Teresa and Carlota who are finally united by their 'shared values and common experience of powerlessness'.

Characters

Sab Like many Romantic novels, *Sab* takes its title from the protagonist's name, the majority of which were female (for example, *Julie*, *Atala*, *Dephine*, *Corinne*, *Indiana*, *María* and so on). Sab's real name is Bernabé, from Barnabas, 'son of encouragement', a biblical name associated with generosity (see Acts and Corinthians). But his mother calls him Sab. There have been various suggestions as to the procedence of this strange name. Cruz claims that it is the indigenous term for an African bushman (*sab*), though that would not marry well with the forested Congo (Servera 1977: 59). Picon Garfield (1993: 74) associates the name with the Arabian Queen of Sabá (Sheba) whose son with the Israelite King Solomon reiterates the miscegenation motif in the novel. Peter Beardsell suggests connections with 'sahib' (an Indian term for Europeans or 'superiors'); the author may have ironically inverted colonial discourse in that Sab is a subordinated overseer. Sab himself says that his mother is from the Congo. She would have been, therefore, Bantu (although the Cuban nomenclature for African peoples was notoriously inaccurate), and there are over 300 Bantu languages (including Zulu, Xhosa, Swahili, and Kongo). Not surprisingly, the name has no meaning in the Yoruba language of Nigeria or the Yoruba of Cuba (known as 'lucumí'). Nor does it refer to the African-Cuban religion of Congo origin, the 'regla de palo'. In fact, Avellaneda shows no knowledge of African-Cuban culture, although the hair bracelet given to Sab may well be read as functioning as a charm or fetish. ' Sab' might be taken from the Old Testament (Sabaoth, Lord of Hosts; Sabean, Arabian trader; Sabbath, hallowed rest), from Italian (Sabine) or Arabic sources ('sabeo' from Saba, or 'azabache', meaning 'jet'). In West Africa people were sometimes given the name of the day on which they were born, and ' Sab' might be a short form of 'sábado'. In her novel, *Niña Tula*, Cruz gives the name 'Sabás' to one of Gertrudis's favourite slaves. Perhaps Avellaneda wished to indicate S. Arteaga y Betancourt, a possible uncle? Until proved otherwise, 'Sab' functions as a pure signifier with no known meaning or connotations, other than the unmarked (with respect to gender, ethnicity, religion, language), the hybrid and the exotic.

Sab is the tragic Romantic hero of the drama. His passion and sensitivity reach the sublime and he dies (literally) of a broken heart. He is bitter, but his conduct is dignified and powerfully emotive. He speaks perfect Spanish, on a par with his owners, not the degrading pidgin so often mimicked in racist abolitionist fiction. He is not a rebel, and remains passive and self-sacrificing to the end. He is the overseer of the plantation and must enforce the harsh conditions endured by the field slaves.

Sab is a mulatto whose hybrid physiognomy is described in detail. He is a slave, legally, physically and emotionally, and although he has been offered manumission in the past, he remains a slave to love. In recompense for saving Enrique's life twice, he is not only freed in the novel (Don Carlos is in the process of arranging this when Sab dies) but is also offered a salary until he finds work. Most slaves had to buy back their freedom in instalments. If a slave's value was six hundred pesos and he paid twenty-five pesos he was 'dueño de sí mismo en 1/24 parte', a partially free slave or 'coartado' (Thrasher, in Humboldt: 179). Under the later apprenticeship or 'patronato' system, the slave might be taught a skill and allowed to be employed, but would be obliged to pay back his master a percentage of his earnings. Sab does not have to endure these hardships. The issue is not Sab's freedom, therefore, but racism. Sab can never aspire to marry Carlota on account of his skin-colour and race. Furthermore, it is clear that Carlota does not love him, although she feels affection for him as they have been brought up together like brother and sister (a serious mistake, in Teresa's opinion). For Carlota, love between a mulatto slave and a white woman is unthinkable. What Sab resents, then, is ingrained racism that prevents him from even attempting to win Carlota's love and from fulfilling himself in any way. As Cuban critic José Portuondo writes, '*Sab* es la única novela antiesclavista en la que el protagonista de color proclama su íntegra condición de hombre y denuncia la injusticia social' (1981: 183–4).

A truly Romantic outsider, Sab aspires to the impossible; a slave emotionally and spiritually, his only escape is death. There is a physiological explanation for Sab's death: he may have fallen from his horse, as Martina suggests, and he is shown to be constantly exhausted, sweating and wet through. He may also be suffering from tuberculosis, as he coughs up blood (Martina's family, and possibly Teresa, died of this). But it is also clear that Sab wills himself to death; his spirit is broken and he has no reason to live.

Not surprisingly, it is Sab who voices the most damning criticism of slavery, who feels and most convincingly expresses, from his own experiences, not so much the violence or physical harm but the deeper psychological damage. More unusually, it is Sab, not one of the women characters, who denounces the similar iniquities suffered by women. This way Sab's voice merges with the narrator's; the white woman appropriates the voice of a 'black' man. As explained, this is the strategy identified most commonly with the feminist–abolitionist genre. But by the same token Sab, the 'mayoral', and the plantation economy he oversees for his master are idealized almost beyond recognition. Barreda (1978: 626) goes further: 'el personaje de color queda reducido a simple artificio [...] ser absolutamente falso y convencional'.

Carlota Carlota is the beautiful seventeen-year-old daughter of Don Carlos, the eldest daughter in one of the most prestigious Creole families of the district. She, like Sab, is a sensitive 'superior' soul but the object of her misdirected passion, Enrique, is unworthy of her. He is more interested in money than love. She will inherit her unmarried uncle's wealth; her father's will go to her brother, Eugenio, aged twelve but ill. Three factors obstruct this traditional mode of transference of wealth within the family:

the plantation is losing money; Carlota's deceased mother's inheritance is disputed and lost in lengthy legal proceedings; and Carlota insists on marrying Enrique, despite her family's disapproval. He belongs to the nouveau rich and his father is a heretic (Protestant or Jew). Carlota's uncle cuts her out of his will and she loses her dowry. Unbeknownst to her, she would have lost Enrique if Sab had not given her his winning lottery ticket (40,000 duros or 200,000 pesetas). While the reader is invited to sympathize with Carlota, she is also shown to be naive, stubborn and spoilt. The tragedy, of Sab's death and her own marriage, could have been avoided had she taken her family's advice. The narrator lays the blame squarely on her lack of education and on the romantic love stories she had read as a child. Carlota does not love Enrique as such, but an ideal. Little wonder that, once married, she is disappointed when forced to confront the exigencies of a domestic economy.

Enrique Aged twenty-five, Enrique is the handsome young son of Jorge Otway. He is blond, with blue eyes and rosy skin, and speaks perfect Spanish. He is practical and ambitious and pursues his goal single-mindedly. He is shown most of the time assessing the value of Don Carlos' s property. Unlike Carlota, he does take his father's advice and achieves success: marriage to a beautiful woman with a large fortune. He represents greed, materialism and selfishness, but also common sense.

Teresa Teresa is the most enigmatic character in the novel. She is the illegitimate daughter of a distant relation of Don Carlos's deceased wife. She was brought up by her father and stepmother, who treated her cruelly, until Don Carlos took her in. Like Sab, she is described by means of an accumulation of negatives: she is neither pretty nor ugly. Although the two girls are close, she represents the antithesis of her relative, Carlota. Unlike Carlota and Sab, who succumb to excess emotion, Teresa embodies reason and control. She keeps her true feelings to herself, feigning indifference and coldness. This capacity is due, the narrator suggests, to her harsh upbringing. Teresa is the most ethical, intelligent and self-sufficient of the characters. Her relationship with Carlota and a feminized Sab indicates female bonding, reinforced by the sympathetic (woman) narrator.

Don Carlos Don Carlos de B… (Betancourt?), the benign father figure, is the planter and represents patriarchal authority, but his sugar plantation is on the decline. According to Sab, there used to be twice as many slaves producing the double amount of sugar. Don Carlos is tender and caring but lazy and easily manipulated. He gives in to his daughter, allowing her to marry Enrique, and he gives in to Jorge Otway, who persuades him to leave all his wealth to Carlota (that is, to Enrique, her husband) and thus disinherit her younger sisters. This way, the family's wealth is finally siphoned off to the Otways. It is interesting to compare Avellaneda's depiction of the Cuban Creole elite with Richard Madden's more soured version of 1849, 'no están profundamente interesados en otras grandes especulaciones comerciales. Son hombres bien acomodados en el mundo, hombres avariciosos, sin principios, poseedores de capital, fuera del alcance de pequeños pánicos comerciales o de crisis de la agricultura' (Madden 1964: 23).

Martina Martina is the mother of the previous overseer of the Cubitas property. Her son, his wife, and her two grandchildren have since fallen ill and died. One small grandson remains, Luis, apparently suffering from a rachitic or hydrocephalic illness, who also dies. Sab, working in Cubitas (to distance himself from Carlota), cared for Martina and her family, and rescued her and Luis from a fire. She considers Sab, who is an orphan, as an adopted son (following a practice common among slaves) and a strong bond exists between them. She is a secondary character, but most ostensibly represents what remains of the indigenous peoples in Cuba. Martina, aged about 60, has a strange, hybrid appearance, and believes she is descended from the indigenous chief Camagüey, from whom the region takes its name. The narrator is sceptical and says Martina does not look the part (that Martina's body belies her identity), but nevertheless describes the woman as almost stereotypically Amerindian. The narrator asks the reader to indulge Martina by accepting this genealogy as truth, in which case the death of Martina and her grandson signifies the end of the indigenous population. Martina's version is not entirely implausible. Little is known of the original Tainos and earlier Ciboneys, but Thomas (1971: 1524–57) believes accounts of their extermination are exaggerated. It is more likely that their numbers dropped because of overwork and disease, but also that they intermarried with the Spanish, and their offspring were henceforth considered Spanish. People of 'pure Indian origin' were found in five towns in the Oriente region in the nineteenth century, and by 1900 some 400 'pure' Indians still survived (Thomas 1971: 1527).

Jorge Otway The villain of the novel is Enrique's father, presented as an ugly caricature of a Protestant or Jewish (heretic) English pedlar who has made his fortune in Cuba. George Otway was born in England about 1768, and would have migrated to the United States around 1790 (probably after Independence). He moved to Havana, then to Puerto Príncipe about 1799, where he set up a textile shop five years later. In 1809 he sent his son, then aged 16, to London to be educated and bought a larger shop. By 1814 he had a huge house. Enrique returns to Cuba at the age of twenty-one by which time Jorge, aged about fifty, is extremely wealthy. He had made his fortune in twenty years, by trade, commerce and money lending. He converted to Catholicism, and brought his son up a Catholic, but was still known as 'the heretic' by some. The next step in his plans is to acquire further capital by marrying his son to a wealthy Cuban Creole with landed property, although he had lost money on risky enterprises and is more interested in gold and silver than land. Marriage is part of the business strategy. This trajectory is a perfectly realistic portrayal of the way in which hundreds of English and American traders (referred to by Ely 1961: 66) as 'Shylocks subtropicales') made their fortunes in Cuba at the time. Several became millionaires. The Englishman James Drake, for example, established himself in Havana in the 1790s, married the Cuban aristocrat Carlota del Castillo in 1818, changed his name to Santiago and went on to become one of the richest and most powerful men in Cuba.

Narrator   The narrator, who can be identified as someone familiar with the location and the characters and is almost certainly a woman given her opinions on marriage and women's relationships with men, tells a story that took place some twenty years previously, in the time of her parents. She adopts a familiar tone and at times addresses the reader directly. Her voice merges with Sab's, particularly when lamenting the lot of the slave and the married woman. As Schlau notes (1986: 501), the author/narrator assumes her rightful position of objective authority by distancing herself from the text and including scientific notes. This didactic discourse furthers the textual hybridity of the novel. The narrator's perspective is limited; she chooses to focus on the planter's ' big house' rather than the estate and shows little interest in the agricultural work or Sab's involvement in it; the other slaves are mentioned rarely, and only two by name (Belén and José).

Themes

Many issues raised by the novel have already been discussed in this introduction. What emerges most clearly in the novel is the dichotomy established between traditional Cuban family life and foreign commercial interests. The former represents the land, countryside, innocence, goodness, care, probity, spirituality, emotion and virtue, and the latter, corruption, materialism, calculation, self-interest and deceit. The distinction is between the artificial and the true, appearances and reality. But the novel inscribes another, less obvious series of oppositions; the picture is not so black and white. Cuban idealism is vitiated by indolence. Foreign trade is synonymous with productivity. The contest between the material and the spiritual is lost before the novel begins; by the end, the Otways have appropriated all Carlota's inheritance and have made an even greater fortune. Enrique has supplanted Carlota's father and his son, both deceased, and is the head of the Cuban family. He has also taken Sab's lottery winnings, which could have been used by an emancipated Sab, or by the orphan Teresa, to take an active part in society. Sab and Teresa are dead. Carlota is unhappy, and will no doubt leave Cuba and live in a foreign city, perhaps 'la populosa Londres'. Her final whereabouts are unknown.

Like all good novels, *Sab* is structured around paradoxes. Although Sab's body is freed, his soul remains enslaved. The mulatto is valued positively, but whitened; the text assigns the non-white body to its rightful place in society, but effaces it in the process. Carlota is sentimental and virtuous, but she is also stupid and dangerous. Sentiment is applauded, but to be effective it needs to be controlled. The father and the traditional patriarchal family are good, but useless. Winning a lottery prize is a bonus, but money brings disaster.

Read as a national allegory, it is clear that Carlota represents Cuba who, with the wealth apportioned by the slaves, is sold off to foreign hands. But Carlota only represents the outer shell, the beautiful exterior of the island and its traditional way of life. The Cuban spirit or soul, a dynamic blend of heightened emotion and sound good sense, is presented in the multicultural figures of Sab (the mulatto and adopted Amerindian man) and Teresa (the white woman). They too are Creoles, though marginal, dispossessed, and excluded from the discourses of power. Together they might have shaped a new future for Cuba, but there is no place for them and the occasion is lost. Avellaneda is acutely aware of a crucial fact, that in nineteenth-century Cuba physical appearance, ethnicity and gender were inseparably interwoven with concepts of class and social status, and that in such an exploitative economic system 'national identity and independence could only be achieved by racial integration' (Martínez-Alier 1974: 5). In her domestic fiction she plays out this national drama in the home.

Sab is a feminist–abolitionist antislavery novel, and it is also a counter-colonial text. It was conceived and started in the colony, from a colonial perspective, and completed and published in the metropolis. The cultural ambivalence that later dogged Avellaneda's literary reputation enabled her to step outside of her immediate cultural contexts, at least temporarily, to bracket the values and assumptions of each and assume a Janus-like vantage point of identification and detachment. Moreover she wrote with authority, the authority of a Cuban in Spain, who gave her Spanish readers the cultural knowledge they lacked of a colonial reality and the power relations it subsumed, and the authority of a woman who, knowledgeable about feelings, was thus empowered to invest the subaltern, the woman and the slave, with self-expression and subjectivity.

28

A note on this edition

This edition of *Sab* has been prepared from the copy of the first edition held in the British Library, published in the Imprenta de la calle del Barco, no. 26, Madrid, in 1841, and bound in one volume of 152 pages. On the spine is written in gold 'No. 12'. A first edition of *Sab* is rare, the only other I have seen is held in the Instituto de Literatura y Lingüística (Academia de Ciencias), Havana, bound in two volumes. The British Library edition was purchased in 1957 from ' Libros antiguos Granata', Almería (Reyes Católicos, 8). The editions prepared by Cruz (1983) and Servera (1997) have also been consulted carefully.

I have followed the first edition faithfully, as it was the only edition seen by the author herself. One or two words have been changed, where there was an obvious typographical error, and the spelling has been updated where necessary: for example, 'ahullido', 'obscurecer', and 'reprehendía'. If there is any doubt about the appropriateness of a word I have kept to the first edition rather than introduce changes made in later editions (for example, in Sab's letter I have kept 'actitud' rather than substitute 'aptitud'). I have not corrected the small grammatical errors of the first edition, or Avellaneda' s notorious 'laísmo'. All alterations to the text of the first edition, other than punctuation, have been indicated in notes.

The punctuation of the first edition is not consistent and has been slightly modified to approximate modern criteria, taking into consideration the two recent editions mentioned above. My aim has been to respect the original text, reflecting Avellaneda's idiosyncrasies and the Cuban Spanish spoken at the time. Avellaneda introduced a series of notes for the benefit of her Spanish readers unfamiliar with Cuban terminology. These have been inserted as in the first edition but the original numbering ((1) and (2) etc.) has been replaced in this edition by asterisks and other symbols. The lexicon that refers to Cuban flora, fauna and typology has been further signalled in my editorial notes and in the vocabulary.

There is a good English translation of *Sab* and Avellaneda's *Autobiography* available in one volume translated and edited, with notes, by Nina M. Scott (Austin, University of Texas Press, 1993) which I fully recommend. References to the *Autobiography* are from this edition. However, as all translators know, there is nothing to match the original.

Select bibliography

Selected works by Gertrudis Gómez de Avellaneda

1850   'Gertrudis Gómez de Avellaneda. Apuntes biográficos', *La Ilustración*, 351.
1869–71 *Obras literarias*, 5 vols, Madrid, Rivadeneyra.
1919   *Memorias* [1838], ed. D. Figarola-Caneda, Havana, Siglo XX.
1945   *Diario íntimo*, ed. L. Cruz Fuentes, Buenos Aires, Ediciones Universal.
1996   *Autobiografía y cartas (hasta ahora inéditas) de la ilustre poetisa Gertrudis Gómez de Avellaneda*, ed. L. Cruz Fuentes, Madrid, Imprenta Helénica, [1907; 1914] Huelva, Diputación Provincial; also published as *Diario de amor*, ed. Alberto Ghiraldo, Madrid, Aguilar, 1928.

Editions of *Sab*

— (1841), *Sab*, Madrid, Imprenta de la calle del Barco, Madrid.
— (1871), 'Sab', *La América*, New York, (15 May–15 September).
— (1883), 'Sab', *El Museo*, Havana, 2: 4–154.
— (1918), 'Sab', *Obras de Gertrudis Gómez de Avellaneda*, vol. 4, Havana, Aurelio Miranda.
Bravo-Villasante, C. (ed.) (1967), *Sab*, Barcelona and Buenos Aires, EDHASA; Salamanca, Anaya, 1970.
Cruz, M. (ed.) (1976), *Sab*, Havana, Editorial Arte y Literatura; Letras cubanas, 1983.
Martul Tobio, L. (ed.) (1993), *Sab*, Lewiston and Lampeter, Edwin Mellen Press.
Servera, J. (ed.) (1997), *Sab*, Madrid, Cátedra.
Scott, N. M. (ed. and trans.) (1993), *Sab and Autobiography*, Austin, University of Texas Press.

Semi-fictional biography

Cruz, M. (1998), *Niña Tula*, Havana, Letras cubanas.

Critical works

Araújo, N. (1993), 'Raza y género en *Sab*', *Casa de las Américas*, 33: 42–9.
Araújo, N. (1998), *Visión romántica del otro: Estudio comparativo de Atala y Cumandá, Bug-Jargal y Sab*, Iztapalapa, Universidad Autónoma Metropolitana.
Barreda P. (1978), 'Abolicionismo y feminismo en la Avellaneda', *Cuadernos Hispanomericanos*, 342 (December), 613–26.
Barreda, P. (1979), *The Black Protagonist in the Cuban Novel*, trans. P. Bancroft, Amherst, University of Massachusetts Press.

Benítez Rojo, A. (1986), 'Power-Sugar-Literature: Toward a Reinterpretation of Cubanness', *Cuban Studies*, 6:9–31.

Blackburn, R. (1988), *The Overthrow of Colonial Slavery*, London and New York, Verso.

Blackburn, R. (1997), *The Making of New World Slavery: From the Baroque to the Modern 1492–1800*, London and New York, Verso.

Bravo-Villasante, C. (1967), *Una vida romántica: La Avellaneda*, Barcelona and Buenos Aires, EDHASA.

Carlos, A. J. (1965), '*René, Werther* y *La Nouvelle Héloïse* en la primera novela de la Avellaneda', *Revista Iberoamericana*, 31:223–38.

Corwin, A. F. (1967), *Spain and the Abolition of Slavery in Cuba 1817–1886*, Austin and London, University of Texas Press.

Cotarelo, E. (1928), 'La Avellaneda y sus obras', *Boletín de la Real Academia Española*, 15 (December), 582–635.

Cotarelo y Mori, E. (1930), *La Avellaneda y sus obras*, Madrid, Archivos.

de la Cruz, M. (1924), 'Gaspar Betancourt Cisneros "El Lugareño"', *Obras de Manuel de la Cruz*, II, *Literatura cubana*, Madrid, Saturnino Calleja, 155–76.

Drescher, S. and S. L. Engerman (eds) (1998), *A Historical Guide to World Slavery*, Oxford and New York, Oxford University Press.

Du Bois, E. (1979), 'Women's Rights and Abolition: The Nature of the Connection', in *Antislavery Reconsidered: New Perspectives on the Abolitionists*, ed. by Lewis Perry and Michael Fellman, Baton Rouge and London, Louisiana State University Press.

Ellis, M. (1996), *The Politics of Sensibility: Race, Gender and Commerce in the Sentimental Novel*, Cambridge and New York, Cambridge University Press.

Ely, R. T. (1961), *Comerciantes cubanos del siglo XIX*, Havana, Librería Martí.

Fernández-Valledor, R. (1990), 'Cuba: esclavitud y narrativa del siglo XIX', *Revista Review Interamericana*, 20:48–58.

Ferguson, M. (1992), *Subject to Others: British Women Writers and Colonial Slavery 1670–1834*, London and New York, Routledge.

Figarola-Caneda, D. (1929), *Gertrudis Gómez de Avellaneda*, Madrid, Sociedad General Española de Librería.

Gold, J. N. (1989), 'Victimization and Beyond in the Novels of Gertrudis Gómez de Avellaneda', *Letras Femeninas*, 15:83–90.

Humboldt, A. de, (1960), *Ensayo político sobre la isla de Cuba*, Havana, Archivo Nacional de Cuba, [1807].

Kelly, E. L. (1945), 'Avellaneda's *Sab* and the Political Situation in Cuba', *The Americas*, 1:303–16, 350–3.

Kiple, K. F. (1976), *Blacks in Colonial Cuba (1774–1899)*, Gainesville, University of Florida Press.

Kirkpatrick, S. (1989), *Las Románticas. Women Writers and Subjectivity in Spain*, Berkeley and Los Angeles, University of California Press.

Kirkpatrick, S. (1990), 'Gómez de Avellaneda's *Sab*: Gendering the Liberal Romantic Subject', in N. Valis and C. Maier (eds), *In the Feminine Mode: Essays on Hispanic Women Writers*, Lewisburg, Bucknell University Press, 115–30.

López Segrera, F. (1979), *Cuba: capitalismo dependiente y subdesarrollo (1510–1959)*, Mexico, Diógenes.

Loynaz, D. M. (1993), 'La Avellaneda', in A. R. Núñez (ed.), *Homenaje a Dulce María Loynaz*, Miami, Ediciones Universal, 270–89.

Madden, R. R. (1840), *Poems by a Slave in the Island of Cuba, recently liberated;*

translated from the Spanish by R. R. Madden, M.D., with the History of the early Life of the negro Poet, written by Himself, to which are prefixed two pieces descriptive of Cuban Slavery and the Slave-Traffic, London, Thomas Ward and Co.

Madden, R. R. (1964), La isla de Cuba, trans. S. Méndez Capote, Havana, Consejo Nacional de Cuba [1849].

Manzano, J. F. (1975), Autobiografía de un esclavo, ed. by Ivan A. Schulman, Madrid, Guadarrama.

Marrero, L. (1966), Geografía de Cuba, New York, Minerva.

Martínez-Alier, V. (1974), Marriage, Class and Colour in Nineteenth-century Cuba. A Study of Racial Attitudes and Sexual Values in a Slave Society, Cambridge, Cambridge University Press.

Midgley, C. (1992), Women Against Slavery: the British Campaigns 1780–1870, New York and London, Routledge.

Pastor, B. (1995), 'Cuba's Covert Cultural Critic: The Feminist Writings of Gertrudis Gómez de Avellaneda', Romance Quarterly, 42:178–89.

Pastor Díaz, N. (1841), 'Crítica literaria. De las novelas en España', El Conservador (19 December), 11–16.

Pastor Díaz, N. (1842), 'Poesías de la Señorita Doña Gertrudis Gómez de Avellaneda', El Conservador (23 January), 14–8.

Percas Ponseti, H. (1962), 'Sobre la Avellaneda y su novela Sab', Revista Iberoamericana, 28:347–57.

Pérez, L. A. (1988), Cuba: Between Reform and Revolution, Oxford and New York, Oxford University Press.

Pérez Cisneros, E. (1987), La abolición de la esclavitud en Cuba, Imprenta Lehmann, Tibás, Costa Rica.

Picon Garfield, E. (1993), Poder y sexualidad: el discurso de Gertrudis Gómez de Avellaneda, Amsterdam and Atlanta, Georgia, Rodopi.

Portuondo, J. A. (1981), Capítulos de literatura cubana, Havana, Letras cubanas.

Rexach, R. (ed.) (1996), Estudios sobre Gertrudis Gñomez de Avellaneda (La reina mora del Camagüey), Madrid, Verbum.

Romeo Fivel-Demoret, S. (1989), 'The Production and Consumption of Propaganda Literature: The Cuban Anti-Slavery Novel', Bulletin of Hispanic Studies, 66:1–12.

Sagra, R. de la (1842), Historia física, política y natural de la Isla de Cuba, Paris, Librería de Arthus Bertrand.

Salas y Quiroga, J. (1840), Viajes de D. Jacinto de Salas y Quiroga: Isla de Cuba, Madrid, Boix.

Samuels, S. (ed.) (1992), The Culture of Sentiment: Race, Gender and Sentimentality in Nineteenth-century America, Oxford and New York, Oxford University Press.

Sánchez-Eppler, K. (1993), Touching Liberty: Abolition, Feminism and the Politics of the Body, Berkeley, Los Angeles and Oxford, University of California Press.

Schlau, S. (1986), 'Stranger in a Strange Land: The Discourse of Alienation in Gómez de Avellaneda's Abolitionist Novel Sab', Hispania, 69:495–503.

Schmidt-Nowara, C. (1999), Empire and Antislavery: Spain, Cuba and Puerto Rico 1833-1874, Pittsburgh, University of Pittsburgh Press.

Schulman, I. A. (1977), 'The Portrait of the Slave: Ideology and Aesthetics in the Cuban Anti-Slavery Novel', in V. Rubin and A. Tuden (eds), Comparative Perspectives on Slavery in New World Plantation Societies, Annals of the New York Academy of Sciences, 22, New York, New York Academy of Sciences.

Sommer, D. (1988), 'Sab C'est Moi', Genders, 2, 111–26. Also published in

Hispamérica, 48 (December 1987), 25–38, and *Foundational Fictions: The National Romances of Latin America*, Berkeley, Los Angeles and Oxford, University of California Press, 1991, 114–37.

Sosa, E. (1978), *La economía en la novela cubana del siglo XIX*, Havana, Letras cubanas.

Thomas, H. (1971), *Cuba, or the Pursuit of Freedom*, London, Eyre and Spottiswoode.

Thomas, H. (1997), *The Slave Trade*, London, Picador.

Torres-Pou, J. (1993), 'La ambigüedad del mensaje feminista de *Sab* de Gertrudis Gómez de Avellaneda', *Letras femeninas*, 19:55–64.

Turnbull, D. (1969), *Travels in the West. Cuba with Notices of Porto Rico and the Slave Trade*, New York, Negro University Press, [1840].

Zaldivar, G. and R. Martínez de Cabrera (1981), *Homenaje a Gertrudis Gómez de Avellaneda*, Miami, Ediciones Universal.

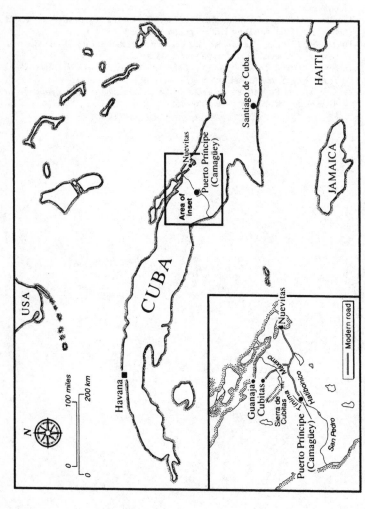

Map showing Puerto Príncipe and the setting of the novel

Sab

Novela Original
por
La Señorita Doña Gertrudis Gómez de Avellaneda

Dedicada por la autora a su respectable amigo
El Señor don Alberto Lista

Madrid 1841
Imprenta Calle del Barco, núm. 26.

Dos palabras al lector

Por distraerse de momentos de ocio y melancolía han sido escritas estas páginas: La autora no tenía entonces la intención de someterlas al terrible tribunal del público.

Tres años ha dormido esta novelita casi olvidada en el fondo de su papelera:[1] leída después por algunas personas inteligentes que la han juzgado con benevolencia y habiéndose interesado muchos amigos de la autora en poseer un ejemplar de ella, se determina a imprimirla, creyéndose dispensada de hacer una manifestación del pensamiento, plan y desempeño de la obra, al declarar que la publica sin ningún género de pretensiones.

Acaso si esta novelita se escribiese en el día, la autora, cuyas ideas han sido modificadas, haría en ella algunas variaciones: pero sea por pereza, sea por la repugnancia que sentimos en alterar lo que hemos escrito con una verdadera convicción (aun cuando ésta llegue a vacilar), la autora no ha hecho ninguna mudanza en sus borradores primitivos, y espera que si las personas sensatas encuentran algunos errores esparcidos en estas páginas, no olvidarán que han sido dictadas por los sentimientos algunas veces exagerados pero siempre generosos de la primera juventud.

[1]Indicating that the author finished the novel in 1838.

Primera parte

Capítulo I

—Quién eres? ¿Cuál es tu patria?
....
....
—Las influencias tiranas
de mi estrella, me formaron
monstruo de especies tan raras,
que gozo de heroica estirpe
allá en las dotes del alma
siendo el desprecio del mundo.

CAÑIZARES[2]

Veinte años hace, poco más o menos, que al declinar una tarde del mes de junio un joven de hermosa presencia atravesaba a caballo los campos pintorescos que riega el Tínima,[3] y dirigía a paso corto su brioso alazán por la senda conocida en el país con el nombre de camino de Cubitas,[4] por conducir a las aldeas de este nombre, llamadas también tierras rojas. Hallábase el joven de quien hablamos a distancia de cuatro leguas de Cubitas, de donde al parecer venía, y tres de la ciudad de Puerto-Príncipe,[5] capital de la provincia central de la isla de Cuba en aquella época, como al presente, pero que hacía entonces muy pocos años había dejado su humilde dictado de villa.[6] Fuese efecto de poco conocimiento del

[2]José de Cañizares (1676–1750). Spanish dramatist popular in the first half of the eighteenth century. Translated Metastasio.

[3]The Tínima is the river that flows to the north-west of Puerto Príncipe.

[4]Cubitas is the name of a village and a mountain range to the north-east of Puerto Príncipe.

[5]Puerto Príncipe was the name of the capital of the region of Camagüey (a name of indigenous origins). In 1903 the city was given the same name as the region. It was and still is the third largest city in Cuba. In 1841 the population of the city was 24,000. The population in 1998 was 300,000. In the nineteenth century Puerto Príncipe was an important trading centre with ports at Nuevitas (where Avellaneda's father was port commander from c. 1812) and Guanaja.

[6]The 'villa' of Puerto Príncipe, founded in 1514, was given the title of city in 1817 by Fernando VII, when Avellaneda was three years old. This places the action of the novel a couple of years later, around 1818–20.

camino que seguía, fuese por complacencia de contemplar detenidamente los paisajes que se ofrecían a su vista, el viajero acortaba cada vez más el paso de su caballo y le paraba a trechos como para examinar los sitios por donde pasaba. A la verdad, era harto probable que sus repetidas detenciones sólo tuvieran por objeto admirar más a su sabor los campos fertilísimos de aquel país privilegiado, y que debían tener mayor atractivo para él si como lo indicaban su tez blanca y sonrosada, sus ojos azules, y su cabello de oro había venido al mundo en una región del Norte.

El sol terrible de la zona tórrida se acercaba a su ocaso entre ondeantes nubes de púrpura y de plata, y sus últimos rayos, ya tibios y pálidos, vestían de un colorido melancólico los campos vírgenes de aquella joven naturaleza, cuya vigorosa y lozana vegetación parecía acoger con regocijo la brisa apacible de la tarde, que comenzaba a agitar las copas frondosas de los árboles agostados por el calor del día. Bandadas de golondrinas se cruzaban en todas direcciones buscando su albergue nocturno, y el verde papagayo con sus franjas de oro y de grana, el cao[7] de un negro nítido y brillante, el carpintero real de férrea lengua y matizado plumaje, la alegre guacamaya,[8] el ligero tomeguín,[9] la tornasolada mariposa[10] y otra infinidad de aves indígenas, posaban en las ramas del tamarindo[11] y del mango aromático, rizando sus variadas plumas como para recoger en ellas el soplo consolador del aura.

El viajero después de haber atravesado sabanas inmensas donde la vista se pierde en los dos horizontes que forman el cielo y la tierra, y prados coronados de palmas y gigantescas ceibas,[12] tocaba por fin en un cercado, anuncio de propiedad. En efecto, divisábase a lo lejos la fachada blanca de una casa de campo, y al momento el joven dirigió su caballo hacia ella; pero lo detuvo repentinamente y apostándole a la vereda[13] del camino pareció dispuesto a esperar a

[7]Black bird, slightly smaller than a crow.

[8]Macaw.

[9]Small bird.

[10]Tiny bird with red, green and olive-green plumage.

[11]A tropical tree, with lemon-tasting fruits.

[12]Silk-cotton tree. Indigenous tree that can reach over a hundred feet (30 metres) in height. The indigenous people and the African slaves thought it was sacred.

[13]According to Mary Cruz (1983: 232) the term should be 'vera', meaning the 'side' of the road.

39

un paisano del campo, que se adelantaba a pie hacia aquel sitio, con mesurado paso, y cantando una canción del país cuya última estrofa pudo entender perfectamente el viajero.

> Una morena me mata
> tened de mí compasión,
> pues no la tiene la ingrata
> que adora mi corazón.*

El campesino estaba ya a tres pasos del extranjero, y viéndole en actitud de aguardarle detúvose frente a él y ambos se miraron un momento antes de hablar. Acaso la notable hermosura del extranjero causó cierta suspensión[14] al campesino, el cual por su parte atrajo indudablemente las miradas de aquél.

Era el recién llegado un joven de alta estatura y regulares proporciones, pero de una fisonomía particular. No parecía un criollo blanco, tampoco era negro ni podía creérsele descendiente de los primeros habitadores de las Antillas. Su rostro presentaba un compuesto singular en que se descubría el cruzamiento de dos razas diversas, y en que se amalgamaban, por decirlo así, los rasgos de la casta africana con los de la europea, sin ser no obstante un mulato perfecto.

Era su color de un blanco amarillento con cierto fondo oscuro; su ancha frente se veía medio cubierta con mechones desiguales de un pelo negro y lustroso como las alas del cuervo; su nariz era aguileña pero sus labios gruesos y amoratados denotaban su procedencia africana. Tenía la barba un poco prominente y triangular, los ojos negros, grandes, rasgados, bajo cejas horizontales, brillando en ellos el fuego de la primera juventud, no obstante que surcaban su rostro algunas ligeras arrugas. El conjunto de estos rasgos formaba una fisonomía característica; una de aquellas fisonomías que fijan las miradas a primera vista y que

---

*Sólo el que haya estado en la isla de Cuba y oído estas canciones en boca de la gente del pueblo, puede formar idea del dejo inimitable y la gracia singular con que dan alma y atractivo a las ideas más triviales y al lenguaje menos escogido.

[14]Admiration.

jamás se olvidan cuando se han visto una vez.[15]

El traje de este hombre no se separaba en nada del que usan generalmente los labriegos[16] en toda la provincia de Puerto-Príncipe, que se reduce a un pantalón de cotín[17] de anchas rayas azules, y una camisa de hilo, también listada, ceñida a la cintura por una correa de la que pende un ancho machete, y cubierta la cabeza con un sombrero de yarey[18] bastante alicaído:* traje demasiado ligero pero cómodo y casi necesario en un clima abrasador.

El extranjero rompió el silencio y hablando en castellano con una pureza y facilidad que parecían desmentir su fisonomía septentrional, dijo al labriego:

—Buen amigo, ¿tendrá Vd. la bondad de decirme si la casa que desde aquí se divisa es la del Ingenio†[19] de Bellavista, perteneciente a don Carlos de B...?

El campesino hizo una reverencia y contestó:

—Sí señor, todas las tierras que se ven allá abajo, pertenecen al señor don Carlos.

—Sin duda es Vd. vecino de ese caballero y podrá decirme si ha llegado ya a su ingenio con su familia.

—Desde esta mañana están aquí los dueños, y puedo servir a usted de guía si quiere visitarlos.

El extranjero manifestó con un movimiento de cabeza que aceptaba el ofrecimiento, y sin aguardar otra respuesta el labriego se volvió en ademán de querer conducirle a la casa, ya vecina. Pero tal vez no deseaba llegar tan pronto el extranjero, pues haciendo

*El yarey es un arbusto mediano, de la familia de los guanos, de cuyas hojas largas y lustrosas se hacen en el país tejidos bastante finos para sombreros, cestos, etc.

†Ingenio es el nombre que se da a la máquina que sirve para demoler la caña, mas también se designan comúnmente con este nombre las mismas fincas en que existen dichas máquinas.

[15]Note the detailed description of Sab as a light-mulatto with a uniquely distinctive physiognomy.

[16]The Cuban word for a country worker is 'guajiro'. Here Avellaneda uses a Spanish term, possibly for the benefit of her Spanish readers (Cruz 1983: 233).

[17]Strong material made of hemp, with stripes or checks in cotton. Usually referred to as 'tela de listado'.

[18]Palm tree.

[19]The sugar milling machine, the sugar mill, and the surrounding lands and properties. Each mill constituted a small community in its own right.

andar muy despacio a su caballo volvió a entablar con su guía la conversación, mientras examinaba con miradas curiosas el sitio en que se encontraba.

—Dice Vd. que pertenecen al señor de B… todas estas tierras?

—Sí señor.

—Parecen muy feraces.

—Lo son en efecto.

—Esta finca debe producir mucho a su dueño.

—Tiempos ha habido, según he llegado a entender —dijo el labriego deteniéndose para echar una ojeada hacia las tierras objeto de la conversación—, en que este ingenio daba a su dueño doce mil arrobas de azúcar cada año, porque entonces más de cien negros trabajaban en sus cañaverales; pero los tiempos han variado y el propietario actual de Bellavista no tiene en él sino cincuenta negros, ni excede su zafra*[20] de seis mil panes de azúcar.[21]

—Vida muy fatigosa deben de tener los esclavos en estas fincas —observó el extranjero—, y no me admira se disminuya tan considerablemente su número.

—Es una vida terrible a la verdad —respondió el labrador arrojando a su interlocutor una mirada de simpatía—: bajo este cielo de fuego el esclavo casi desnudo trabaja toda la mañana sin descanso, y a la hora terrible del mediodía jadeando, abrumado bajo el peso de la leña y de la caña que conduce sobre sus espaldas, y abrasado por los rayos del sol que tuesta su cutis, llega el infeliz a gozar todos los placeres que tiene para él la vida: dos horas de sueño y una escasa ración. Cuando la noche viene con sus brisas y sus sombras a consolar a la tierra abrasada, y toda la naturaleza descansa, el esclavo va a regar con su sudor y con sus lágrimas al recinto donde la noche no tiene sombras, ni la brisa frescura: porque allí el fuego de la leña ha sustituido al fuego del sol, y el infeliz negro girando sin cesar en torno de la máquina que arranca a la caña su dulce jugo, y de las calderas de metal en las que este

*Zafra: el producto total de la molienda, que puede llamarse la cosecha de azúcar.

[20]The season of the sugar harvest, between November and March, and the sugar harvest itself.

[21] A conical shaped loaf of sugar, white at the top and dark brown at the bottom. Each one weighed an 'arroba', about 11.5 kg.

jugo se convierte en miel a la acción del fuego, ve pasar horas tras horas, y el sol que torna le encuentra todavía allí … ¡Ah! sí; es un cruel espectáculo la vista de la humanidad degradada, de hombres convertidos en brutos, que llevan en su frente la marca de la esclavitud y en su alma la desesperación del infierno.

El labriego se detuvo de repente como si echase de ver que había hablado demasiado, y bajando los ojos, y dejando asomar a sus labios una sonrisa melancólica, añadió con prontitud:

—Pero no es la muerte de los esclavos causa principal de la decadencia del ingenio de Bellavista: se han vendido muchos, como también tierras, y sin embargo aún es una finca de bastante valor.

Dichas estas palabras tomó a andar con dirección a la casa, pero detúvose a pocos pasos notando que el extranjero no le seguía, y al volverse hacia él, sorprendió una mirada fija en su rostro con notable expresión de sorpresa. En efecto, el aire de aquel labriego parecía revelar algo de grande y noble que llamaba la atención, y lo que acababa de oírle el extranjero, en un lenguaje y con una expresión que no correspondían a la clase que denotaba su traje pertenecer, acrecentó su admiración y curiosidad. Habíase aproximado el joven campesino al caballo de nuestro viajero con el semblante de un hombre que espera una pregunta que adivina se le va a dirigir, y no se engañaba, pues el extranjero no pudiendo reprimir su curiosidad le dijo:

—Presumo que tengo el gusto de estar hablando con algún distinguido propietario de estas cercanías. No ignoro que los criollos cuando están en sus haciendas de campo, gustan vestirse como simples labriegos, y sentiría ignorar por más tiempo el nombre del sujeto que con tanta cortesía se ha ofrecido a guiarme. Si no me engaño es usted amigo y vecino de D. Carlos de B… .

El rosto de aquél a quien se dirigían estas palabras no mostró al oírlas la menor extrañeza, pero fijó en el que hablaba una mirada penetrante: luego, como si la dulce y graciosa fisonomía del extranjero dejase satisfecha su mirada indagadora, respondió bajando los ojos:

—No soy propietario, señor forastero, y aunque sienta latir en mi pecho un corazón pronto siempre a sacrificarse por D. Carlos, no puedo llamarme amigo suyo. Pertenezco —prosiguió con sonrisa amarga— a aquella raza desventurada sin derechos de hombres ... soy mulato y esclavo.

—¿Conque eres mulato? —dijo el extranjero tomando oída la declaración de su interlocutor, el tono de despreciativa familiaridad que se usa con los esclavos—. Bien lo sospeché al principio; pero tienes un aire tan poco común en tu clase, que luego mudé de pensamiento.

El esclavo continuaba sonriéndose; pero su sonrisa era cada vez más melancólica y en aquel momento tenía también algo de desdeñosa.

—Es —dijo volviendo a fijar los ojos en el extranjero— que a veces es libre y noble el alma, aunque el cuerpo sea esclavo y villano. Pero ya es de noche y voy a conducir a su merced*[22] al ingenio ya próximo.

La observación del mulato era exacta. El sol como arrancado violentamente del hermoso cielo de Cuba, había cesado de alumbrar aquel país que ama, aunque sus altares estén ya destruidos,[23] y la luna pálida y melancólica se acercaba lentamente a tomar posesión de sus dominios.

El extranjero siguió a su guía sin interrumpir la conversación.

—¿Conque eres esclavo de don Carlos?

—Tengo el honor de ser su mayoral†[24] en este ingenio.

—¿Cómo te llamas?

—Mi nombre de bautismo es Bernabé, mi madre me llamó siempre Sab, y así me han llamado luego mis amos.

—¿Tu madre era negra, o mulata como tú?

---

*Los esclavos de la isla de Cuba dan a los blancos el tratamiento de su merced.

†Mayoral se llama al director o capataz que manda y preside el trabajo de los esclavos. Rarísima vez se confiere a otro esclavo semejante cargo: cuando acontece, lo reputa éste como el mayor honor que puede dispensársele.

[22]A polite form of address used at the time by slaves when speaking to their masters and by children to their parents.

[23]Cruz (1983: 234) mentions that Avellaneda might have been referring to the indigenous population here, the siboneyes. They were not sun worshippers however.

[24]The overseer was usually white, and brutal. The 'contramayoral', his assistant, was often a slave who administered the floggings and other punishments (Servera 1997: 108).

—Mi madre vino al mundo en un país donde su color no era un signo de esclavitud: mi madre —repitió con cierto orgullo— nació libre y princesa. Bien lo saben todos aquellos que fueron como ella conducidos aquí de las costas del Congo[25] por los traficantes de carne humana. Pero princesa en su país fue vendida en éste como esclava.

El caballero sonrió con disimulo al oír el título de princesa que Sab daba a su madre, pero como al parecer le interesase la conversación de aquel esclavo, quiso prolongarla.

—Tu padre sería blanco indudablemente.

—¡Mi padre! ... yo no lo he conocido jamás. Salía mi madre apenas de la infancia cuando fue vendida al señor don Félix de B..., padre de mi amo actual, y de otros cuatro hijos. Dos años gimió inconsolable la infeliz sin poder resignarse a la horrible mudanza de su suerte; pero un trastorno repentino se verificó en ella pasado este tiempo, y de nuevo cobró amor a la vida porque mi madre amó. Una pasión absoluta se encendió con toda su actividad en aquel corazón africano. A pesar de su color era mi madre hermosa, y sin duda tuvo correspondencia su pasión pues salí al mundo por entonces. El nombre de mi padre fue un secreto que jamás quiso revelar.

—Tu suerte, Sab, será menos digna de lástima que la de los otros esclavos, pues el cargo que desempeñas en Bellavista, prueba la estimación y afecto que te dispensa tu amo.

—Sí, señor, jamás he sufrido el trato duro que se da generalmente a los negros, ni he sido condenado a largos y fatigosos trabajos. Tenía solamente tres años cuando murió mi protector don Luis, el más joven de los hijos del difunto don Félix de B... pero dos horas antes de dejar este mundo aquel excelente joven tuvo una larga y secreta conferencia con su hermano don Carlos, y según se conoció después, me dejó recomendado a su bondad. Así hallé en mi amo actual el corazón bueno y piadoso del amable protector que había perdido. Casóse algún tiempo después con una mujer ... ¡un ángel! y me llevó consigo. Seis años tenía yo cuando mecía la cuna

[25]The coast around the mouth of the River Congo, central West Africa, south of Loango and north of Luanda. This was one of the earliest areas involved in the (Portuguese) slave trade. Slaves from the interior would be shipped from here.

de la señorita Carlota, fruto primero de aquel feliz matrimonio. Más tarde fui el compañero de sus juegos y estudios, porque hija única por espacio de cinco años, su inocente corazón no medía la distancia que nos separaba y me concedía el cariño de un hermano. Con ella aprendí a leer y a escribir, porque nunca quiso recibir lección alguna sin que estuviese a su lado su pobre mulato Sab. Por ella cobré afición a la lectura, sus libros y aun los de su padre han estado siempre a mi disposición, han sido mi recreo en estos páramos, aunque también muchas veces han suscitado en mi alma ideas aflictivas y amargas cavilaciones.

Interrumpíase el esclavo no pudiendo ocultar la profunda emoción que a pesar suyo revelaba su voz. Mas hízose al momento señor de sí mismo; pasóse la mano por la frente, sacudió ligeramente la cabeza, y añadió con más serenidad:

—Por mi propia elección fui algunos años calesero, luego quise dedicarme al campo, y hace dos que asisto en este ingenio.

El extranjero sonreía con malicia desde que Sab habló de la conferencia secreta que tuviera el difunto don Luis con su hermano, y cuando el mulato cesó de hablar le dijo:

—Es extraño que no seas libre, pues habiéndote querido tanto don Luis de B… parece natural te otorgase su padre la libertad, o te la diese posteriormente don Carlos.

—¡Mi libertad! …, sin duda es cosa muy dulce la libertad … pero yo nací esclavo: era esclavo desde el vientre de mi madre, y ya …

—Estás acostumbrado a la esclavitud —interrumpió el extranjero, muy satisfecho con acabar de expresar el pensamiento que suponía al mulato. No le contradijo éste; pero se sonrió con amargura, y añadió a media voz y como si se recrease con las palabras que profería lentamente:

—Desde mi infancia fui escriturado[26] a la señorita Carlota: soy esclavo suyo, y quiero vivir y morir en su servicio.

El extranjero picó un poco con la espuela a su caballo; Sab andaba delante apresurando el paso a proporción que caminaba más de prisa el hermoso alazán de raza normanda en que iba su interlocutor.

—Ese afecto y buena ley te honran mucho, Sab, pero Carlota de

[26]Bonded (by deed), indentured slave.

46

B… va a casarse y acaso la dependencia de un amo no te será tan grata como la de tu joven señorita.

El esclavo se paró de repente, y volvió sus ojos negros y penetrantes hacia el extranjero que prosiguió, deteniendo también un momento su caballo:

—Siendo un sirviente que gozas la confianza de tus dueños, no ignorarás que Carlota tiene tratado su casamiento con Enrique Otway, hijo único de uno de los más ricos comerciantes de Puerto-Príncipe.

Siguióse a estas palabras un momento de silencio, durante el cual es indudable que se verificó en el alma del esclavo un incomprensible trastorno. Cubrióse su frente de arrugas verticales, lanzaron sus ojos un resplandor siniestro, como la luz del relámpago que brilla entre nubes oscuras, y como si una idea repentina aclarase sus dudas, exclamó después de un instante de reflexión:

—¡Enrique Otway! Ese nombre lo mismo que vuestra fisonomía indican un origen extranjero … Vos* sois, pues, sin duda, el futuro esposo de la señorita de B…!

—No te engañas, joven, yo soy en efecto Enrique Otway, futuro esposo de Carlota, y el mismo que procurará no sea un mal para ti su unión con tu señorita: lo mismo que ella, te prometo hacer menos dura tu triste condición de esclavo. Pero he aquí la taranquela:†[28] ya no necesito guía. Adiós, Sab, puedes continuar tu camino.

Enrique metió espuelas a su caballo, que atravesando la taranquela partió a galope. El esclavo le siguió con la vista hasta

*El tratamiento de vos no ha sido abolido enteramente en Puerto-Príncipe hasta hace muy pocos años. Usábase muy comúnmente en vez de usted, y aún le empleaban algunas veces en sus conversaciones personas que se tuteaban. No tenía uso de inferior a superior y sólo lo permito a Sab por disculparle la exaltación con que hablaba en aquel momento que no daba lugar a la reflexión.[27]

†Taranquela. Son unos maderos gruesos colocados a cierta distancia, con travesaños para impedir la salida del ganado, etc.

[27] The use of 'vos' (omitting the ' s') instead of 'tú' was still common in this area during the first decades of the twentieth century, especially among the poorer people. This is 'voseo' and is a characteristic form of address in Argentina and other parts of Latin America.

[28] The word should be 'talanquera' or 'tranquera', gate.

que le vio llegar delante de la puerta de la casa blanca. Entonces clavó los ojos en el cielo, dio un profundo gemido, y se dejó caer sobre un ribazo.

Capítulo II

Diré que su frente brilla
más que nieve en valle oscuro:
diré su bondad sencilla,
y el carmín de su mejilla
como su inocencia puro.

GALLEGO[29]

—¡Qué hermosa noche! Acércate Teresa, ¿no te encanta respirar una brisa tan refrigerante?

—Para ti debe ser más hermosa la noche y las brisas más puras: para ti que eres feliz. Desde esta ventana ves a tu buen padre adornar por sí mismo con ramas y flores las ventanas de esta casa: este día en que tanto has llorado debe ser para ti de placer y regocijo. Hija adorada, ama querida, esposa futura del amante de tu elección, ¿qué puede afligirte, Carlota? Tú ves en esta noche tan bella la precursora de un día más bello aún: del día en que verás aquí a tu Enrique. ¿Cómo lloras, pues? ... Hermosa, rica, querida ... no eres tú la que debes llorar.

—Es cierto que soy dichosa, amiga mía, pero ¿cómo pudiera volver a ver sin profunda melancolía estos sitios que encierran para mí tantos recuerdos? La última vez que habitamos en este ingenio gozaba yo la compañía de la más tierna de las madres. También era madre tuya, Teresa, pues como tal te amaba: ¡aquella alma era toda ternura! ... Cuatro años han corrido después de que habitó con nosotras esta casa. Aquí lucieron para ella los últimos días de felicidad y de vida. Pocos transcurrieron desde que dejamos esta hacienda y volvimos a la ciudad, cuando la atacó la mortal dolencia que la condujo prematuramente al sepulcro. ¿Cómo fuera posible

[29]Juan Nicasio Gallego (1777–1853), a Liberal imprisoned by Ferdinand VII. He was a member of the Royal Spanish Academy and wrote the prologue to the first edition of Avellaneda's *Poesías* (1841). Avellaneda was his protégée and applied for his Academy seat after his death but was rejected because she was a woman.

que al volver a estos sitios, que no había visto desde entonces, no sintiese el influjo de memorias tan caras?

—Tienes razón, Carlota, ambas debemos llorar eternamente una pérdida que nos privó, a ti de la mejor de las madres, a mí, pobre huérfana desvalida, de mi única protectora.

Un largo intervalo de silencio sucedió a este corto diálogo, y nos aprovecharemos de él para dar a conocer a nuestros lectores las dos señoritas cuya conversación acabamos de referir con escrupulosa exactitud, y el local en que se verificara la mencionada conversación.

Era una pequeña sala baja y cuadrada, que se comunicaba por una puerta de madera pintada de verde oscuro, con la sala principal de la casa.[30] Tenía además una ventana rasgada casi desde el nivel del suelo, que se elevaba hasta la altura de un hombre, con antepecho de madera formando una media luna hacia fuera, y compuertas también de madera, pero que a la sazón estaban abiertas para que refrescase la estancia la brisa apacible de la noche.

Los muebles que adornaban esta habitación eran muy sencillos pero elegantes, y veíanse hacia el fondo, uno junto a otro, dos catres de lienzo de los que se usan comúnmente en todos los pueblos de la isla de Cuba durante los meses más calorosos. Una especie de lecho flotante, conocido con el nombre de hamaca,[31] pendía oblicuamente de una esquina a la otra de la estancia, convidando con sus blandas ondulaciones al adormecimiento que produce el calor excesivo.

Ninguna luz artificial se veía en la habitación alumbrada únicamente por la claridad de la luna que penetraba por la ventana. Junto a ésta y frente una de otra estaban las dos señoritas sentadas en dos anchas poltronas, conocidas con el nombre de butacas. Nuestros lectores hubieran conocido desde luego a la tierna Carlota en las dulces lágrimas que tributaba todavía a la memoria de su madre muerta hacía cuatro años. Su hermosa y pura frente descansaba en una de sus manos, apoyando el brazo en el antepecho de la ventana; y sus cabellos castaños divididos en dos

[30]Whitewashed walls, green doors and bay windows with railings are typical of the houses in Puerto Príncipe (Cruz 1983: 236).

[31]Hammock. A word of Haitian origins.

mitades iguales, caían formando multitud de rizos en torno de un rostro de diez y siete años. Examinando escrupulosamente a la luz del día aquel rostro, acaso no hubiera presentado un modelo de perfección; pero el conjunto de sus delicadas facciones, y la mirada llena de alma de dos grandes y hermosos ojos pardos, daban a su fisonomía, alumbrada por la luna, un no sé qué de angélico y penetrante imposible de describir. Aumentaba lo ideal de aquella linda figura un vestido blanquísimo que señalaba los contornos de su talle esbelto y gracioso, y no obstante hallarse sentada, echábase de ver que era de elevada estatura y admirables proporciones.

La figura que se notaba frente a ella presentaba un cierto contraste. Joven todavía, pero privada de las gracias de la juventud, Teresa tenía una de aquellas fisonomías insignificantes que nada dicen al corazón. Sus facciones nada ofrecían de repugnante, pero tampoco nada de atractivo. Nadie la llamaría fea después de examinarla; nadie empero la creería hermosa al verla por primera vez, y aquel rostro sin expresión, parecía tan impropio para inspirar el odio como el amor. Sus ojos de un verde oscuro bajo dos cejas rectas y compactas, tenían un mirar frío y seco que carecía igual-mente del encanto de la tristeza y de la gracia de la alegría. Bien ríese Teresa, bien llorase, aquellos ojos eran siempre los mismos. Su risa y su llanto parecían un efecto del arte en una máquina, y ninguna de sus facciones participaba de aquella conmoción. Sin embargo, tal vez cuando una gran pasión o un fuerte sacudimiento hacía salir de su letargo a aquella alma apática, entonces era pasmosa la expresión repentina de los ojos de Teresa. Rápida era su mirada, fugitiva su expresión pero viva, enérgica, elocuente: y cuando volvían aquellos ojos a su habitual nulidad, admirábase el que los veía de que fuesen capaces de un lenguaje tan terrible.

Hija natural[32] de un pariente lejano de la esposa de D. Carlos, perdió a su madre al nacer, y había vivido con su padre, hombre libertino que la abandonó enteramente al orgullo y la dureza de una madrastra que la aborrecía. Así fue desde su nacimiento oprimida con el peso de la desventura, y cuando por muerte de su padre fue recogida por la señora de B… y su esposo, ni el cariño que halló en

[32]Illegitimate child.

51

esta feliz pareja, ni la tierna amistad que la dispensó Carlota fueron ya suficientes a despojar a su carácter de la rigidez y austeridad que en la desgracia había adquirido. Su altivez natural, constantemente herida por su nacimiento, y escasa fortuna que la constituía en una eterna dependencia, habían agriado insensiblemente su alma, y a fuerza de ejercitar su sensibilidad parecía haberla agotado. Ocho años hacía, en la época en que comienza nuestra historia, que se hallaba Teresa bajo la protección del señor de B..., único pariente en quien había encontrado afecto y compasión, y aunque fuese este tiempo el que pudiera señalar por el más dichoso de su vida, no había estado exento para ella de grandes mortificaciones. El destino parecía haberla colocado junto a Carlota para hacerla conocer por medio de un triste cotejo, toda la inferioridad y desgracia de su posición. Al lado de una joven bella, rica, feliz, que gozaba el cariño de unos padres idólatras, que era el orgullo de toda una familia, y que se veía sin cesar rodeada de obsequios y alabanzas, Teresa humillada, y devorando en silencio su mortificación, había aprendido a disimular, haciéndose cada vez más fría y reservada. Al verla siempre seria e impasible se podía creer que su alma imprimía sobre su rostro aquella helada tranquilidad, que a veces se asemejaba a la estupidez; y sin embargo aquella alma no era incapaz de grandes pasiones, mejor diré, era formada para sentirlas. Pero, ¿cuáles son los ojos bastante perspicaces para leer en un alma, cubierta con la dura corteza que forman las largas desventuras? En un rostro frío y severo muchas veces descubrimos la señal de la insensibilidad, y casi nunca adivinamos que es la máscara que cubre al infortunio.

Carlota amaba a Teresa como a una hermana, y acostumbrada ya a la sequedad y reserva de su carácter, no se ofendió nunca de no ver correspondida dignamente su afectuosa amistad. Viva, ingenua e impresionable apenas podía comprender aquel carácter triste y profundo de Teresa, su energía en el sufrimiento y su constancia en la apatía. Carlota aunque dotada de maravilloso talento había concluido por creer, como todos, que su amiga era uno de aquellos seres buenos y pacíficos, fríos y apáticos, incapaces de crímenes como de grandes virtudes, y a los cuales no debe pedírseles más de aquello que dan, porque es escaso el tesoro de su corazón.

Inmóvil Teresa enfrente de su amiga estremecióse de repente con un movimiento convulsivo.

—Oigo —dijo— el galope de un caballo: sin duda es tu Enrique.

Levantó su linda cabeza Carlota de B... y un leve matiz de rosa se extendió por sus mejillas.

—En efecto —dijo— oigo galopar; pero Enrique no debe llegar hasta mañana: mañana fue el día señalado para su vuelta de Guanaja.[33] Sin embargo, puede haber querido anticiparlo ... ¡Ah! ¡Sí, él es! ... ya oigo su voz que saluda a papá. Teresa, tienes razón—añadió echando su brazo izquierdo al cuello de su prima mientras enjugaba con la otra la última lágrima que se deslizaba por su mejilla—, tienes razón en decirlo ... ¡Soy muy dichosa!

Teresa que se había puesto en pie y miraba atentamente por la ventana, volvió a sentarse con lentitud: su rostro recobró su helada y casi estúpida inmovilidad, y pronunció entre dientes:

—Sí, ¡eres muy dichosa!

No lloraba ya Carlota: los penetrantes recuerdos de una madre querida se desvanecieron a la presencia de un amante adorado. Junto a Enrique nada ve más que a él. El universo entero es para ella aquel reducido espacio donde mira a su amante: porque ama Carlota con todas las ilusiones de un primer amor, con la confianza y abandono de la primera juventud y con la vehemencia de un corazón formado bajo el cielo de los Trópicos.

Tres meses habían corrido desde que se trató su casamiento con Enrique Otway, y en ellos diariamente habían sido pronunciados los juramentos de un eterno cariño: juramentos que eran para su corazón tierno y virginal tan santos e inviolables como si hubiesen sido consagrados por las más augustas ceremonias. Ninguna duda, ningún asomo de desconfianza había emponzoñado un afecto tan puro, porque cuando amamos por primera vez hacemos un Dios del objeto que nos cautiva. La imaginación le prodiga ideales perfecciones, el corazón se entrega sin temor y no sospechamos ni remotamente que el ídolo que adoramos puede convertirse en el ser real y positivo que la experiencia y el desengaño nos presenta, con harta prontitud, desnudo del brillante ropaje de nuestras ilusiones.

---

[33]Guanaja is on the northern coast, 42 kilometres from Puerto Príncipe.

Aún no había llegado para la sensible Isleña esta época dolorosa de una primera desilusión: aún veía a su amante por el encantado prisma de la inocencia y el amor, y todo en él era bello, grande y sublime.

¿Merecía Enrique Otway una pasión tan hermosa? ¿Participaba de aquel divino entusiasmo que hace soñar un cielo en la tierra? ¿Comprendía su alma a aquella alma apasionada de la que era señor? ... Lo ignoramos: los acontecimientos nos lo dirán en breve y fijarán en este punto la opinión de nuestros lectores. No queriendo anticiparles nada nos limitaremos por ahora a darles algún conocimiento de las personas que figuran en esta historia, y de los acontecimientos que precedieron a la época en que comenzamos a referirla.

Capítulo III

Mujer quiero con caudal.

CAÑIZARES

Sabido es que las riquezas de Cuba atraen en todo tiempo innumerables extranjeros, que con mediana industria y actividad no tardan en enriquecerse de una manera asombrosa para los indolentes isleños, que satisfechos con la fertilidad de su suelo, y con la facilidad con que se vive en un país de abundancia, se adormecen, por decirlo así, bajo su sol de fuego, y abandonan a la codicia y actividad de los europeos todos los ramos de agricultura, comercio, e industria, con los cuales se levantan en corto número de años innumerables familias.

Jorge Otway fue uno de los muchos hombres que se elevan de la nada en poco tiempo a favor de las riquezas en aquel país nuevo y fecundo. Era inglés: había sido buhonero[34] algunos años en los Estados Unidos de la América del Norte, después en la ciudad de la Habana, y últimamente llegó a Puerto-Príncipe traficando con lienzos, cuando contaba más de treinta años, trayendo consigo un hijo de seis, único fruto que le quedara de su matrimonio.

Cinco años después de su llegada a Puerto-Príncipe Jorge Otway en compañía de dos catalanes tenía ya una tienda de lienzos, y su hijo despachaba con él detrás del mostrador. Pasaron cinco años más y el inglés y sus socios abrieron un soberbio almacén de toda clase de lencería. Pero ya no eran ellos los que se presentaban detrás del mostrador: tenían dependientes y comisionistas, y Enrique, de edad de diez y seis años, se hallaba en Londres enviado por su padre con el objeto de perfeccionar su educación, según decía. Otros cinco años transcurrieron y Jorge Otway poseía ya una hermosa casa en una de las mejores calles de la ciudad, y seguía por sí solo un vasto y lucrativo comercio. Entonces volvió su hijo de

---

[34]Pedlar, travelling vendor of trinkets.

Europa, adornado de una hermosa figura y de modales dulces y agradables, con lo cual y el crédito que comenzaba a adquirir su casa no fue desechado en las reuniones más distinguidas del país. Puede el lector dejar transcurrir aún otros cinco años y verá a Jorge Otway, rico negociante, alternando con la clase más pudiente, servido de esclavos, dueño de magníficos carruajes y con todos los prestigios de la opulencia.

Enrique no era ya únicamente uno de los más gallardos jóvenes del país, era también considerado como uno de los más ventajosos partidos. Sin embargo, en esta misma época, en que llegaba a su apogeo la rápida fortuna del buhonero inglés, algunas pérdidas considerables dieron un golpe mortal a su vanidad y a su codicia. Habíase comprometido en empresas de comercio demasiado peligrosas y para disimular el mal éxito de ellas, y sostener el crédito de su casa, cometió la nueva imprudencia de tomar gruesas sumas de plata a un rédito crecido. El que antes fue usurero, vióse compelido a castigarse a sí mismo siendo a su vez víctima de la usura de otros. Conoció harto presto que el edificio de su fortuna, con tanta prontitud levantado, amenazaba una ruidosa caída, y pensó entonces que le convendría casar a su hijo antes que su decadencia fuese evidente para el público.

Echó la vista a las más ricas herederas del país y creyó ver en Carlota de B... la mujer que convenía a sus cálculos. Don Carlos, padre de la joven, había heredado como sus hermanos un caudal considerable, y aunque se casó con una mujer de escasos bienes la suerte había favorecido a ésta últimamente, recayendo en ella una herencia cuantiosa e inesperada, con la cual la casa ya algo decaída de D. Carlos se hizo nuevamente una de las opulentas de Puerto-Príncipe. Verdad es que gozó poco tiempo en paz del aumento de su fortuna pues con derechos quiméricos, o justos, suscitóle un litigio cierto pariente del testador que había favorecido a su esposa, tratando nada menos que anular dicho testamento. Pero esta empresa pareció tan absurda, y el litigio se presentó con aspecto tan favorable para don Carlos que no se dudaba de su completo triunfo. Todo esto tuvo presente Jorge Otway cuando eligió a Carlota para esposa de su hijo. Había muerto ya la señora de B... dejando a su esposo seis hijos: Carlota, primer fruto de su unión, era la más querida según la opinión general, y debía esperar de su padre considerables mejoras. Eugenio, hijo segundo y único varón, que se educaba en un colegio de la Habana, había nacido con una constitución débil y enfermiza y acaso Jorge no dejó de especular con ella, presagiando de la delicada salud del niño un heredero menos a don Carlos. Además, don Agustín su hermano mayor era un célibe poderoso y Carlota su sobrina predilecta. No vaciló, pues, Jorge Otway y manifestó a su hijo su determinación. Dotado el joven de un carácter flexible, y acostumbrado a ceder siempre ante la enérgica voluntad de su padre, prestóse fácilmente a sus deseos, y no con repugnancia esta vez, pues además de los atractivos personales de Carlota no era Enrique indiferente a las riquezas, y estaba demasiado adoctrinado en el espíritu mercantil y especulador de su padre.

Declaróse, pues, amante de la señorita de B... y no tardó en ser amado. Se hallaba Carlota en aquella edad peligrosa en que el corazón siente con mayor viveza la necesidad de amar, y era además naturalmente tierna e impresionable. Mucha sensibilidad, una imaginación muy viva, y gran actividad de espíritu, eran dotes, que, unidas a un carácter más entusiasta que prudente debían hacer temer en ella los efectos de una primera pasión. Era fácil prever que aquella alma poética no amaría largo tiempo a un hombre vulgar, pero se adivinaba también que tenía tesoros en su imaginación bastantes a enriquecer a cualquier objeto a quien quisiera prodigarlos. El sueño presentaba, hacía algún tiempo, a Carlota la imagen de un ser noble y bello formado expresamente para unirse a ella y poetizar la vida en un deliquio de amor. ¿Y cuál es la mujer, aunque haya nacido bajo un cielo menos ardiente, que no busque al entrar con paso tímido en los áridos campos de la vida la creación sublime de su virginal imaginación? ¿Cuál es aquella que no ha entrevisto en sus éxtasis solitarios un ser protector, que debe sostener su debilidad, defender su inocencia, y recibir el culto de su veneración? ... Ese ser no tiene nombre, no tiene casi una forma positiva, pero se le halla en todo lo que presenta grande y bello la naturaleza. Cuando la joven ve un hombre busca en él los rasgos del Angel de sus ilusiones ... ¡Oh!, ¡qué difícil es encontrarlos! ¡Y desgraciada de aquella que es seducida por una engañosa semejanza! ... Nada debe ser tan doloroso como ver destruido un error tan dulce, y por desgracia se destruye harto presto. Las ilusiones de un corazón ardiente son como las flores del estío: su perfume es más penetrante pero su existencia más pasajera.

Carlota amó a Enrique, o mejor diremos amó en Enrique el objeto ideal que la pintaba su imaginación, cuando vagando por los bosques, o a las orillas del Tínima, se embriagaba de perfumes, de luz brillante, de dulces brisas: de todos aquellos bienes reales, tan próximos al idealismo, que la naturaleza joven, y superabundante de vida, prodiga al hombre bajo aquel ardiente cielo. Enrique era hermoso e insinuante: Carlota descendió a su alma para adornarla con los más brillantes colores de su fantasía: ¿qué más necesitaba?

Noticioso Jorge del feliz éxito de las pretensiones de su hijo pidió osadamente la mano de Carlota, pero su vanidad y la de Enrique sufrieron la humillación de una repulsa. La familia de B... era de las más nobles del país y no pudo recibir sin indignación la demanda del rico negociante, porque aún se acordaba del buhonero. Por otra parte, aunque el viejo Otway se hubiese declarado desde su establecimiento en Puerto-Príncipe un verdadero católico, apostólico, romano, y educado a su hijo en los ritos de la misma iglesia, su apostasía no le había salvado del nombre de hereje con que solían designarle las viejas del país; y si toda la familia de B... no conservaba en este punto las mismas preocupaciones, no faltaban en ella individuos que oponiéndose al enlace de Carlota con Enrique fuesen menos inspirados por el desprecio al buhonero que por el horror al hereje. La mano de la señorita de B... fue, pues, rehusada al joven inglés y se la ordenó severamente no pensar más en su amante. ¡Es tan fácil dar estas órdenes! La experiencia parece que no ha probado bastante todavía su inutilidad. Carlota amó más desde que se le prohibió amar, y aunque no había ciertamente en su carácter una gran energía, y mucho menos una fría perseverancia, la exaltación de su amor contrariado, y el pesar de una niña que por primera vez encuentra oposición a sus deseos, eran más que suficientes para producir un efecto contrario al que se esperaba. Todos los esfuerzos empleados por la familia de B... para apartarla de Enrique fueron inútiles, y su amante desgraciado fue para ella mucho más interesante. Después de repetidas y dolorosas escenas, en que manifestó constantemente una firmeza que admiró a sus parientes, el amor y la melancolía la originaron una enfermedad peligrosa que fue la que determinó su triunfo. Un padre idólatra no pudo sostener por más tiempo los sufrimientos de tan hermosa criatura, y cedió a pesar de toda su parentela.

D. Carlos era uno de aquellos hombres apacibles y perezosos que no saben hacer mal, ni tomarse grandes fatigas para ejecutar el bien. Había seguido los consejos de su familia al oponerse a la unión de Carlota con Enrique, pues él por su parte era indiferente en cierto modo, a las preocupaciones del nacimiento, y acostumbrado a los goces de la abundancia, sin conocer su precio, tampoco tenía ambición ni de poder ni de riquezas. Jamás había ambicionado para su hija un marido de alta posición social o de inmensos caudales: limitábase a desearle uno que la hiciese feliz, y no se ocupó mucho, sin embargo, en estudiar a Enrique para conocer si era capaz de lograrlo.

Inactivo por temperamento, dócil por carácter y por el convencimiento de su inercia, se opuso al amor de su hija sólo por contemporizar con sus hermanos, y cedió luego a los deseos de aquélla, menos por la persuasión de que tal enlace labraría su dicha que por falta de fuerzas para sostener por más tiempo el papel de que se había encargado. Carlota, empero, supo aprovechar aquella debilidad en su favor, y antes de que su familia tuviese tiempo de influir nuevamente en el ánimo de D. Carlos, su casamiento fue convenido por ambos padres y fijado para el día primero de septiembre de aquel año, por cumplir en él la joven los 18 de su edad.

Era a fines de febrero cuando se hizo este convenio, y desde entonces hasta principios de junio en que comienza nuestra narración, los dos amantes habían tenido para verse y hablarse toda la lícita libertad que podían desear. Pero la fortuna, burlándose de los cálculos del codicioso inglés, había trastornado en este corto tiempo todas sus esperanzas y especulaciones. La familia del señor de B…, altamente ofendida con la resolución de éste, y no haciendo misterio del desprecio con que miraba al futuro esposo de Carlota, había roto públicamente toda relación amistosa con D.

Carlos, y su hermano D. Agustín hizo un testamento a favor de los hijos de otro hermano para quitar a Carlota toda esperanza de su sucesión. Mas esto era poco: otro golpe más sensible se siguió a éste y acabó de desesperar a Jorge. Contra todas las probabilidades y esperanzas fallóse el pleito por fin en contra de D. Carlos. El testamento que constituía heredera a su esposa fue anulado justa o injustamente, y el desgraciado caballero hubo de entregar al nuevo poseedor las grandes fincas que mirara como suyas hacía seis años. No faltaron personas que, juzgando parcial e injusta esta sentencia, invitasen al agraviado a apelar al tribunal supremo de la nación: mas el carácter de D. Carlos no era a propósito para ello, y sometiéndose a su suerte casi pareció indiferente a una desgracia que le despojaba de una parte considerable de sus bienes. Un estoicismo de esta clase, tan noble desprendimiento de las riquezas debían merecerle al parecer generales elogios, mas no fue así. Su indiferencia se creyó más bien efecto de egoísmo que de desinterés.

—Es bastante rico aún —decían en el pueblo — para poder gozar mientras viva de todas las comodidades imaginables, y no le importa nada una pérdida que sólo perjudicará a sus hijos.

Engañábanse, empero, los que juzgaban de este modo a don Carlos. Ciertamente la pereza de su carácter, y el desaliento que en él producía cualquier golpe inesperado influían no poco en la aparente fortaleza con que se sometía desde luego[35] a la desgracia, sin hacer un enérgico esfuerzo para contrarrestarla, pero amaba a sus hijos y había amado a su esposa con todo el calor y la ternura de una alma[36] sensible aunque apática. Hubiera dado su vida por cada uno de aquellos objetos queridos, pero por la utilidad de estos mismos no hubiera podido imponerse el deber de una vida activa y agitada: oponíanse a ella su temperamento, su carácter y sus hábitos invencibles. Desprendiéndose con resignación y filosofía de un caudal, con el cual contaba para asegurar a sus hijos una fortuna brillante, no fue, sin embargo, insensible a este golpe. No se quejó a nadie, acaso por pereza, acaso por cierto orgullo compatible con la más perfecta bondad; pero el golpe hirió de lleno

[35]Meaning 'immediately' (rather than 'of course'). This is an uncommon usage.
[36]Usually 'el alma', the soul.

su corazón paternal. Alegróse entonces interiormente de tener asegurada la suerte de Carlota, y no vio en Enrique al hijo del buhonero sino al único heredero de una casa fuerte del país.

Todo lo contrarío sucedió a Jorge. Carlota, privada de la herencia de su tío, y de los bienes de su madre que la pérdida del pleito le había quitado, Carlota con cinco hermanos que debían partir con ella el desmembrado caudal que pudiera heredar de su padre (joven todavía y prometiendo una larga vida), no era ya la mujer que deseaba Jorge para su hijo. El codicioso inglés hubiera muerto de dolor y rabia si las desgracias de la casa B... hubieran sido posteriores al casamiento de Enrique, más por fortuna suya aún no se había verificado, y Jorge estaba resuelto a que no se verificara jamás. Demasiado bajo para tener vergüenza de su conducta, acaso hubiera roto inmediatamente, sin ningún pudor ni cortesía, un compromiso que ya detestaba, si su hijo a fuerza de dulzura y de paciencia no hubiese logrado hacerle adoptar un sistema más racional y menos grosero.

Lo que pasó en el alma de Enrique cuando vio destruidas en un momento las brillantes esperanzas de fortuna que fundaba en su novia, fue un secreto para todos, pues aunque fuese el joven tan codicioso como su padre era por lo menos mucho más disimulado. Su conducta no varió en lo más mínimo, ni se advirtió la más leve frialdad en sus amores. El público, si bien persuadido de que sólo la conveniencia le había impulsado a solicitar la mano de Carlota, creyó entonces que un sentimiento más noble y generoso le decidía a no renunciarla. Carlota era acaso la única persona que ni agradecía ni notaba el aparente desinterés de su amante. No sospechando que al solicitar su mano tuviese un motivo ajeno del amor, apenas pensaba en la mudanza desventajosa de su propia fortuna, ni podía admirarse de que no influyese en la conducta de Enrique. ¡Ay de mí! Solamente la fría y aterradora experiencia enseña a conocer a las almas nobles y generosas el mérito de las virtudes que ellas mismas poseen ... ¡Feliz aquel que muere sin haberlo conocido!

Capítulo IV

No hay mal para el amor correspondido,
no hay bien que no sea mal para el ausente.
LISTA[37]

A la conclusión de una larga calle de naranjos y tamarindos, sentados muellemente en un tronco de palma estaban Carlota y su amante la tarde siguiente a aquella en que llegó éste a Bellavista, y se entretenían en una conversación al parecer muy viva.

—Te repito —decía el joven— que negocios indispensables de mi comercio me precisan a dejarte tan pronto, bien a pesar mío.

—¿Con que veinte y cuatro horas solamente has querido permanecer en Bellavista? —contestó la doncella con cierto aire de impaciencia—. Yo esperaba que fuesen más largas tus visitas: de otro modo no hubiera consentido en venir. Pero no te marcharás hoy, eso no puede ser. Cuatro días más, dos por lo menos.

—Ya sabes que te dejé hace ocho para ir al Puerto de Guanaja, al cual acababa de llegar un buque consignado a mi casa. El cargamento debe ser transportado a Puerto-Príncipe y es indispensable hallarme yo allí: mi padre con su edad y sus dolencias es ya poco a propósito para atender a tantos negocios con la actividad necesaria. Pero escucha, Carlota, te ofrezco volver dentro de quince días.

—¡Quince días! —exclamó Carlota con infantil impaciencia—: ¡Ah! no, papá tiene proyectado un paseo a Cubitas, con el doble objeto de visitar las estancias* que tiene allí, y que veamos Teresa

*Se da el nombre de estancias a las posesiones pequeñas de labranza, pero en Cubitas se llaman así particularmente los plantíos de yucas, raíz blanca y dura, de la que se hace una especie de pan llamado casabe. En cada una de estas estancias hay regularmente su choza en la que habita el mayoral, y estas chozas forman el caserío de las aldeas de Cubitas.

[37]Alberto Lista (1775–1848), poet and liberal. Dean of the Faculty of Philosophy, Seville University. Many of the young Romantics including Gustavo Adolfo Bécquer and José de Espronceda were his pupils.

y yo las famosas cuevas* que tú tampoco has visto. Este viaje está señalado para dentro de ocho días y es preciso que vengas para acompañarnos.

Iba Enrique a contestar cuando vieron venir hacia ellos al mulato que hemos presentado al lector en el primer capítulo de esta historia.

—Es hora de la merienda —dijo Carlota— y sin duda papá envía a Sab para advertírnoslo.

—¿Sabes que me agrada ese esclavo? —repuso Enrique aprovechando con gusto la ocasión que se le presentaba de dar otro giro a la conversación—. No tiene nada de la abyección y grosería que es común en gentes de su especie; por el contrario, tiene aire y modales muy finos y aun me atrevería a decir nobles.

—Sab no ha estado nunca confundido con los otros esclavos —contestó Carlota—, se ha criado conmigo como un hermano, tiene suma afición a la lectura y su talento natural es admirable.

—Todo eso no es un bien para él —repuso el inglés—, porque ¿para qué necesita del talento y la educación un hombre destinado a ser esclavo?

—Sab no lo será largo tiempo, Enrique: Creo que mi padre espera solamente a que cumpla 25 años para darle libertad.

—Según cierta relación que me hizo de su nacimiento—añadió el joven sonriéndose—, sospecho que tiene ese mozo, con algún fundamento, la lisonjera presunción de ser de la misma sangre que sus amos.

—Así lo pienso yo también porque mi padre le ha tratado siempre con particular distinción, y aun ha dejado traslucir a la familia que tiene motivos poderosos para creerle hijo de su difunto hermano D. Luis. Pero, ¡silencio! …, ya llega.

El mulato se inclinó profundamente delante de su joven señora y avisó que la aguardaban para la merienda.

—Además —añadió—, el cielo se va oscureciendo demasiado y parece amenazar una tempestad.

*Las cuevas de Cubitas son una obra admirable de la naturaleza, y dignas de ser visitadas. Más delante hablaremos de ellas con alguna más extensión.[38]

[38]More correctly, 'alguna mayor extensión', at greater length.

Carlota levantó los ojos y viendo la exactitud de esta observación mandó retirarse al esclavo diciéndole que no tardarían en volver a la casa. Mientras Sab regresaba a ella, internándose entre los árboles que formaban el paseo, volvióse hacia su amante y fijando en él una mirada suplicatoria:

—Y bien —le dijo—, ¿vendrás pues para acompañarme a Cubitas?

—Vendré dentro de quince días: ¿no son lo mismo quince que ocho?

—¡Lo mismo! —repitió ella dando a sus bellos ojos una notable expresión de sorpresa—. ¡Pues qué! ¿No hay siete días de diferencia? ¡Siete días, Enrique! Otros tantos he estado sin verte en esta primera separación y me han parecido una eternidad. ¿No has experimentado tú cuán triste cosa es ver salir el sol, un día y otro, y otro … sin que pueda disipar las tinieblas del corazón, sin traernos un rayo de esperanza … porque sabemos que no veremos con su luz el semblante adorado? Y luego, cuando llega la noche, cuando la naturaleza se adormece en medio de las sombras y las brisas, ¿no has sentido tu corazón inundarse de una ternura dulce, indefinible como el aroma de las flores? … ¿No has experimentado una necesidad de oír la voz querida en el silencio de la noche? ¿No te ha agobiado la ausencia, ese malestar continuo, ese vacío inmenso, esa agonía de un dolor que se reproduce bajo mil formas diversas, pero siempre punzante, inagotable, insufrible?

Una lágrima empañó los ojos de la apasionada criolla, y levantándose del tronco en que se hallaba sentada, entróse por entre los naranjos que formaban un bosquecillo hacia la derecha, como si sintiese la necesidad de dominar un exceso de sensibilidad que tanto le hacía sufrir. Siguióla Enrique paso a paso, como si temiese dejar de verla sin desear alcanzarla, y pintábase en su blanca frente y en sus ojos azules una expresión particular de duda e indecisión. Hubiérase dicho que dos opuestos sentimientos, dos poderes enemigos dividían su corazón. De repente detúvose, quedóse inmóvil mirando de lejos a Carlota, y escapóse de sus labios una palabra … pero una palabra que revelaba un pensamiento cuidadosamente disimulado hasta entonces. Espantado de su imprudencia, tendió la vista en derredor para cerciorarse de que estaba solo, y agitó al mismo tiempo su cuerpo un ligero estremecimiento. Era que dos ojos, como ascuas de fuego, habían brillado entre el verde oscuro de las hojas, flechando en él una mirada espantosa. Precipitóse hacia aquel paraje porque le importaba conocer al espía misterioso que acababa de sorprender su secreto, y era preciso castigarle u obligarle al silencio. Pero nada encontró. El espía sin duda se deslizó por entre los árboles, aprovechando el primer momento de sorpresa y turbación que su vista produjera.

Enrique se apresuró entonces y logró reunirse a su querida,[39] a tiempo que ésta atravesaba el umbral de la casa, en donde les esperaba D. Carlos servida ya la merienda.

La noche se acercaba mientras tanto, pero no serena y hermosa como la anterior, sino que todo anunciaba ser una de aquellas noches de tempestad que en el clima de Cuba ofrecen un carácter tan terrible.

Hacía un calor sofocante que ninguna brisa temperaba; la atmósfera cargada de electricidad pesaba sobre los cuerpos como una capa de plomo: las nubes, tan bajas que se confundían con las sombras de los bosques, eran de un pardo oscuro con anchas bandas de color de fuego. Ninguna hoja se estremecía, ningún sonido interrumpía el silencio pavoroso de la naturaleza. Bandadas de auras*[40] poblaban el aire, oscureciendo la luz rojiza del sol poniente; y los perros, baja y espeluznada la cola, abierta la boca y la lengua seca y encendida, se pegaban contra la tierra; adivinando por instinto el sacudimiento espantoso que iba a sufrir la naturaleza.

Estos síntomas de tempestad, conocidos de todos los cubanos, fueron un motivo más para instar a Otway dilatase[41] su partida hasta el día siguiente por lo menos. Pero todo fue inútil y se manifestó resuelto a partir en el momento, antes que se declarase la

---

*El aura es ave algo parecida al cuervo, pero más grande. Cuando amenaza la tempestad innumerables bandadas de estas aves pueblan el aire, y por lo bajo de su vuelo conocen los del país la densidad de la atmósfera.

[39]Loved one.
[40]Type of vulture.
[41]More correctly, 'instar a Otway que dilatase', urge Otway to delay.

tempestad. Dos esclavos recibieron la orden de traer su caballo, y D. Carlos le ofreció a Sab para que le acompañase. Estaba determinado con anterioridad que el mulato partiese al día siguiente a la ciudad a ciertos asuntos de su amo, y haciéndole anticipar algunas horas su salida proporcionaba éste a su futuro yerno un compañero práctico en aquellos caminos. Agradeció Enrique esta atención y levantándose de la mesa, en la que acababan de servirles la merienda, según costumbre del país en aquella época, se acercó a Carlota que con los ojos fijos en el cielo parecía examinar con inquietud desde una ventana, los anuncios de la tempestad cada vez más próxima.

—Adiós, Carlota —le dijo tomando con cariño una de sus manos—, no serán quince los días de nuestra separación, vendré para acompañarte a Cubitas.

—Sí —contestó ella—, te espero, Enrique … pero, ¡Dios mio! —añadió estremeciéndose y volviendo a dirigir al cielo los hermosos ojos, que por un momento fijara en su amante. Enrique, la noche será horrorosa …, la tempestad no tardará en estallar …, ¿por qué te obstinas en partir? Si tú no temes, hazlo por mí, por compasión de tu Carlota … Enrique, no te vayas.

El inglés observó un instante el firmamento y repitió la orden de traerle su caballo. No dejaba de conocer la proximidad de la tormenta, pero convenía a sus intereses comerciales hallarse aquella noche en Puerto-Príncipe, y cuando mediaban consideraciones de esta clase ni los rayos del cielo, ni los ruegos de su amada podían hacerle vacilar: porque educado según las reglas de codicia y especulación, rodeado desde su infancia por una atmósfera mercantil, por decirlo así, era exacto y rígido en el cumplimiento de aquellos deberes que el interés de su comercio le imponía.

Dos relámpagos brillaron con cortísimo intervalo seguidos por la detonación de dos truenos espantosos, y una palidez mortal se extendió sobre el rostro de Carlota que miró a su amante con indecible ansiedad. D. Carlos se acercó a ellos haciendo al joven mayores instancias para que difiriese su partida, y aun las niñas hermanas de Carlota se agruparon en torno suyo y abrazaban cariñosamente sus rodillas rogándole que no partiese. Un solo individuo de los que en aquel momento encerraba la sala permanecía indiferente a la tempestad, y a cuanto le rodeaba. Este individuo era Teresa que apoyada en el antepecho de una ventana, inmóvil e impasible, parecía sumergida en profunda distracción.

Cuando Enrique, sustrayéndose a las instancias del dueño de la casa, a las importunidades de las niñas y a las mudas súplicas de su querida, se acercó a Teresa para decirla adiós, volvióse con un movimiento convulsivo hacia él, asustada con el sonido de su voz.

Enrique al tomarla[42] la mano notó que estaba fría y temblorosa, y aun creyó percibir un leve suspiro ahogado con esfuerzo entre sus labios. Fijó en ella los ojos con alguna sorpresa, pero había vuelto a colocarse en su primera postura, y su rostro frío, y su mirada fija y seca, como la de un cadáver, no revelaban nada de cuanto entonces ocupaba su pensamiento y agitaba su alma.

Enrique montó a caballo: sólo aguardaba a Sab para partir, pero Sab estaba detenido por Carlota que llena de inquietud le recomendaba su amante.

—Sab —le decía con penetrante acento—, si la tempestad es tan terrible como presagian estas negras nubes y esta calma espantosa, tú, que conoces a palmo este país, sabrás en dónde refugiarte con Enrique. Porque por solitarios que sean estos campos no faltará un bohío*[43] en que poneros al abrigo de la tormenta. ¡Sab! Yo te recomiendo mi Enrique.

Un relámpago más vivo que los anteriores, y casi al mismo tiempo el estampido de un trueno, arrancaron un débil grito a la tímida doncella, que por un movimiento involuntario cubrió sus ojos con ambas manos. Cuando los descubrió y tendió una mirada en derredor vio cerca de sí a sus hermanitas, agrupadas en silencio unas contra otras y temblando de miedo, mientras que Teresa permanecía de pie, tranquila y silenciosa en la misma ventana en que había recibido la despedida de Enrique. Sab no estaba ya en la sala. Carlota se levantó de la butaca en que se había arrojado casi desmayada al estampido del trueno, e intentó correr al patio en que había visto a Enrique montar a caballo un momento antes, y en el

*Bohío: choza o cabaña.

[42]Servera (1997: 132) notes the cacophony of this phrase. Avellaneda uses 'la' instead of the more correct 'le'. This is an example of 'laísmo'.
[43]Hut or shack, from the indigenous word for 'house'.

cual le suponía aún: pero en el mismo instante oyó la voz de su padre que deseaba a los que partían un buen viaje, y el galope acompasado de dos caballos que se alejaban. Entonces volvió a sentarse lentamente y exclamó con dolorido acento:

—¡Dios mío! ¿Se padece tanto siempre que se ama? ¿Aman y padecen del mismo modo todos los corazones o has depositado en el mío un germen más fecundo de afectos y dolores? ... ¡Ah!, si no es general esta terrible facultad de amar y padecer, ¡cuán cruel privilegio me has concedido! ... Porque es una desgracia, es una gran desgracia sentir de esta manera.

Cubrió sus ojos llenos de lágrimas y gimió: porque levantándose de improviso allá en lo más íntimo de su corazón no sé qué instinto revelador y terrible, acababa de declararle una verdad, que hasta entonces no había claramente comprendido: que hay almas superiores sobre la tierra, privilegiadas para el sentimiento y desconocidas de las almas vulgares: almas ricas de afectos, ricas de emociones ... para las cuales están reservadas las pasiones terribles, las grandes virtudes, los inmensos pesares ... y que el alma de Enrique no era una de ellas.

Capítulo V

Carlota le ofrece a Sab su libertad

> … La tormenta umbría
> en los aires revuelve un Océano
> que todo lo sepulta …
>
> HEREDIA[44]

La noche más profunda enlutaba ya el suelo. Aún no caía una gota de lluvia, ni la más ligera corriente de aire refrigeraba a la tierra abrasada. Reinaba un silencio temeroso en la naturaleza que parecía contemplar con profundo desaliento la cólera del cielo, y esperar con triste resignación el cumplimiento de sus amenazas.

Sin embargo, en tan horrible noche dos hombres atrevidos atravesaban a galope aquellas sabanas abrasadas, sin el menor indicio de temor. Estos dos hombres ya los conoce el lector: eran Enrique y Sab, montado el uno en su fogoso alazán, y el otro en un jaco negro como el ébano, más ligero que vigoroso. El inglés llevaba ceñido un sable corto de puño de plata cincelada, y dos pistolas en el arzón delantero de su silla; el mulato no llevaba más arma que su machete.

Ni uno ni otro proferían una palabra ni parecía que echasen de ver los relámpagos, más frecuentes por momentos, porque cada uno de ellos estaba dominado por un pensamiento que absorbía cualquier otro. Es indudable que Enrique Otway amaba a Carlota de B… y ¿cómo no amar a una criatura tan bella y apasionada? Cualesquiera que fuesen las facultades del alma del inglés, la altura o bajeza de sus sentimientos, y el mayor o menor grado de su sensibilidad, no cabe duda en que su amor a la hija de don Carlos era una de las pasiones más fuertes que había experimentado en su vida. Pero esta pasión no siendo única era contrastada evidentemente por otra pasión rival y a veces victoriosa: la codicia.

[44]From "En una tempestad" by José María Heredia (1803–39). Cuban patriot and Romantic poet admired by Avellaneda. He spent most of his life exiled in Mexico.

dos pasiones

69

Pensaba, pues, alejándose de su querida, en la felicidad de poseerla, y pesaba[45] esta dicha con la de ser más rico, casándose con una mujer menos bella acaso, menos tierna, pero cuya dote pudiera restablecer el crédito de su casa decaída, y satisfacer la codicia de su padre. Agitado e indeciso en esta elección se reconvenía a sí mismo de no ser bastante codicioso para sacrificar su amor a su interés, o bastante generoso para posponer su conveniencia a su amor.

Diversos pensamientos más sombríos, más terribles, eran sin duda los que ocupaban el alma del esclavo. ¿Pero quién se atrevería a querer penetrarlos? A la luz repercutida de los relámpagos veíanse sus ojos fijos, siempre fijos en su compañero, como si quisiera registrar con ellos los senos más recónditos de su corazón; y por un inconcebible prodigio pareció por fin haberlo conseguido pues desvió de repente su mirada, y una sonrisa amarga, desdeñosa, inexplicable, contrajo momentáneamente sus labios.

—¡Miserable! —murmuró con voz inteligible; pero esta exclamación fue sofocada por la detonación del rayo.

La tempestad estalla por fin súbitamente. Al soplo impetuoso de los vientos desencadenados el polvo de los campos se levanta en sofocantes torbellinos: el cielo se abre vomitando fuego por innumerables bocas: el relámpago describe mil ángulos encendidos: el rayo troncha los más corpulentos árboles y la atmósfera encendida semeja una vasta hoguera.

El joven inglés se vuelve con un movimiento de terror hacia su compañero.

—Es imposible continuar —le dice—, absolutamente imposible.

—No lejos de aquí —responde tranquilamente el esclavo—, está la estancia de un conocido mío.

—Vamos a ella al momento —dijo Enrique que conocía la imposibilidad de tomar otro partido.

Pero apenas había pronunciado estas palabras una nube se rasgó sobre su cabeza: el árbol bajo el cual se hallaba cayó abrasado por el rayo, y su caballo lanzándose por entre los árboles, que el viento sacudía y desgajaba, rompió el freno con que el aturdido jinete se

[45]In the first edition 'pesada', an error.

esforzaba en vano a contenerle. Chocando su cabeza contra las ramas y vigorosamente sacudido por el espantado animal, Enrique perdió la silla y fue a caer ensangrentado y sin sentido en lo más espeso del bosque.

Un gemido doliente y largo designó[46] al mulato el paraje en que había caído, y bajándose de su caballo se adelantó presuroso y con admirable tino, a pesar de la profunda oscuridad. Encontró al pobre Otway pálido, sin sentido, magullado el rostro y cubierto de sangre, y quedóse de pie delante de él, inmóvil y como petrificado. Sin embargo, sombrío y siniestro, como los fuegos de la tempestad, era el brillo que despedían en aquel momento sus pupilas de azabache, y sin el ruido de los vientos y de los truenos hubiéranse oído los latidos de su corazón.

—¡Aquí está! —exclamó por fin con horrible sonrisa—. ¡Aquí está! —repitió con acento sordo y profundo, que armonizaba de un modo horrendo con los bramidos del huracán—. ¡Sin sentido! ¡Moribundo! … Mañana llorarían a Enrique Otway muerto de una caída, víctima de su imprudencia … nadie podría decir si esta cabeza había sido despedazada por el golpe o si una mano enemiga había terminado la obra. Nadie adivinaría si el decreto del cielo había sido auxiliado por la mano de un mortal … la oscuridad es profunda y estamos solos … ¡solos él y yo en medio de la noche y de la tempestad! … Helo aquí a mis pies, sin voz, sin conocimiento, a este hombre aborrecido. Una voluntad le reduciría a la nada, y esa voluntad es la mía … ¡la mía, pobre esclavo de quien él no sospecha que tenga una alma superior a la suya … capaz de amar, capaz de aborrecer … una alma que supiera ser grande y virtuosa y que ahora puede ser criminal! ¡He aquí tendido a ese hombre que no debe levantarse más!

Crujieron sus dientes y con brazo vigoroso levantó en el aire, como a una ligera paja, el cuerpo esbelto y delicado del joven inglés.

Pero una súbita e incomprensible mudanza se verifica en aquel momento en su alma, pues se queda inmóvil y sin respiración cual si lo subyugase el poder de algún misterioso conjuro. Sin duda un

[46]Indicated.

71

genio invisible, protector de Enrique, acaba de murmurar en sus oídos las últimas palabras de Carlota:— Sab, yo te recomiendo mi Enrique.

—¡Su Enrique! —exclamó con triste y sardónica sonrisa—: ¡él! ¡este hombre sin corazón! ¡Y ella llorará su muerte! ¡y él se llevará al sepulcro sus amores y sus ilusiones! … Porque muriendo él no conocerá nunca Carlota cuán indigno era de su amor entusiasta, de su amor de mujer y de virgen … muriendo vivirá por más tiempo en su memoria, porque le animará el alma de Carlota, aquella alma que el miserable no podrá comprender jamás. Pero ¿debo yo dejarle la vida? ¿Le permitiré que profane a ese ángel de inocencia y de amor? ¿Le arrancaré de los brazos de la muerte para ponerle en los suyos?

Un débil gemido que exhaló Otway hizo estremecer al esclavo. Dejó caer su cabeza que sostenía, retrocedió algunos pasos, cruzó los brazos sobre su pecho, agitado de una tempestad más horrible que la de la naturaleza; miró al cielo que semejaba un mar de fuego, miró a Otway en silencio y sacudió con violencia su cabeza empapada por la lluvia, rechinando unos contra otros sus dientes de marfil. Luego se acercó precipitadamente al herido y era evidente que terminaban sus vacilaciones y que había tomado una resolución decidida.

Al día siguiente hacía una mañana hermosa como lo es por lo regular en las Antillas la que sucede a una noche de tormenta. La atmósfera purificada, el cielo azul y espléndido, el sol vertiendo torrentes de luz sobre la naturaleza regocijada. Solamente algunos árboles desgajados atestiguaban todavía la reciente tempestad.

Carlota de B… veía comenzar aquel deseado día apoyada en la ventana de su dormitorio, la misma en que la hemos presentado por primera vez a nuestros lectores. El encamado de sus ojos, y la palidez de sus mejillas, revelaban las agitaciones y el llanto de la noche, y sus miradas se tendían por el camino de la ciudad con una expresión de melancolía y fatiga.

Repentinamente en su fisonomía se pintó un espanto indescribible[47] y sus ojos, sin variar de dirección, tomaron una

---

[47]The correct spelling is 'indescriptible'.

expresión más notable de zozobra y agonía. Lanzó un grito y hubiera caído en tierra si acudiendo Teresa no la recibiera en sus brazos. Pero como si fuese tocada de una conmoción eléctrica, Teresa, en el momento de llegar a la fatal ventana, quedó tan pálida y demudada como la misma Carlota. Sus rodillas se doblaron bajo el peso de su cuerpo, y un grito igual al que la había atraído a aquel sitio se exhaló de su oprimido pecho.

Pero nadie acude a socorrerlas: la alarma es general en la casa, y el Sr. de B… está demasiado aturdido para poder atender a su hija.

El objeto que causa tal consternación no es más que un caballo con silla inglesa, y las bridas despedazadas, que acaba de llegar conducido por su instinto al sitio de que partiera la noche anterior. ¡Es el caballo de Enrique! Carlota vuelta en su acuerdo prorrumpe en gritos desesperados. En vano Teresa la aprieta entre sus brazos con no usada ternura, conjurándola a que se tranquilice y esforzándose a darle esperanzas: en vano su excelente padre pone en movimiento a todos sus esclavos para que salgan en busca de Enrique. Carlota a nada atiende, nada oye, nada ve sino a aquel fatal caballo mensajero de la muerte de su amante. A él interroga con agudos gritos y en un rapto de desesperación precipítase fuera de la casa y corre desatinada hacia los campos, diciendo con enajenamiento de dolor:

—Yo misma, yo le buscaré …, yo quiero descubrir su cadáver y expirar sobre él.

Parte veloz como una flecha y al atravesar la taranquela se encuentra frente a frente con el mulato. Sus vestidos y sus cabellos aún están empapados por el agua de la noche, mientras que corren de su frente ardientes gotas de sudor que prueban la fatiga de una marcha precipitada.

Carlota al verle arroja un grito y tiene que apoyarse en la taranquela para no caer. Sin fuerzas para interrogarle fija en él los ojos con indecible ansiedad, y el mulato la entiende pues saca de su cinturón un papel que le presenta. Igualmente tiemblan la mano que le da y la que le recibe … Carlota devora ya aquel escrito con sus ansiosas miradas, pero el exceso de su conmoción no le permite terminarlo, y alargándoselo a su padre, que con Teresa llegaba a aquel sitio, cae en tierra desmayada.

Mientras don Carlos la toma en sus brazos cubriéndola de besos y lágrimas, Teresa lee en alta voz la carta: Decía así:

«Amada Carlota: salgo para la ciudad en un carruaje que me envía mi padre, y estoy libre al presente de todo riesgo. Una caída del caballo me ha obligado a detenerme en la estancia de un labrador conocido de Sab, de la cual te escribo para tranquilizarte y prevenir el susto que podrá causarte el ver llegar mi caballo, si como Sab presume lo hace así. He debido a este joven los más activos cuidados. Él es quien andando cuatro leguas de ida y vuelta, en menos de dos horas, acaba de traerme el carruaje en el que pienso llegar con comodidad a Puerto-Príncipe. Adiós, etc.»

Carlota, vuelta apenas en su conocimiento, hizo acercar al esclavo y, en un exabrupto de alegría y agradecimiento, ciñó su cuello con sus hermosos brazos.

—¡Amigo mío! ¡mi ángel de consolación! —exclamaba—: ¡bendígate el cielo! ..., ya eres libre, yo lo quiero.

Sab se inclinó profundamente a los pies de la doncella y besó la delicada mano que se había colocado voluntariamente junto a sus labios. Pero la mano huyó al momento y Carlota sintió un ligero estremecimiento: porque los labios del esclavo habían caído en su mano como una ascua de fuego.

—Eres libre —repitió ella fijando en él su mirada sorprendida como si quisiera leer en su rostro la causa de una emoción que no podía atribuir al gozo de una libertad largo tiempo ofrecida y repetidas veces rehusada: pero Sab se había dominado y su mirada era triste y tranquila, y serio y melancólico su aspecto.

Interrogado por su amo refirió en pocas palabras los pormenores de la noche, y acabó asegurando a Carlota que no corría ningún peligro su amante y que la herida que recibiera en la cabeza era tan leve que no debía causar la menor inquietud. Quiso en seguida volver a marchar a la ciudad a desempeñar los encargos de su amo, pero éste considerándole fatigado le ordenó descansar aquel día y partir al siguiente con el fresco de la madrugada. El esclavo obedeció retirándose inmediatamente.

Las diversas y vivas emociones que Carlota había experimentado en pocas horas, agitáronla de tal modo que se sintió indispuesta y tuvo necesidad de recogerse en su estancia. Teresa la hizo acostar y colocóse ella a la cabecera del lecho mientras el señor de B… fumando cigarros y columpiándose en su hamaca, pensaba en la extremada sensibilidad de su hija, tratando de tranquilizar su corazón paternal de la inquietud que esta sensibilidad tan viva le causaba, repitiéndose a sí mismo:

—Pronto será la esposa del hombre que ama: Enrique es bueno y cariñoso, y la hará feliz. Feliz como yo hice a su madre cuya hermosura y ternura ha heredado.

Mientras él discurría así sus cuatro hijas pequeñas jugaban alrededor de la hamaca. De rato en rato, llegábanse a columpiarle y don Carlos las besaba reteniéndolas en sus brazos.

—Hechizos de mi vida —las decía—, un sentimiento más vivo que el afecto filial domina ya el corazón de Carlota, pero vosotras nada conocéis todavía más dulce que las caricias paternales. Cuando un esposo reclame toda su ternura y sus cuidados, vosotras consagraréis los vuestros a hermosear los últimos días de vuestro anciano padre.

Carlota, reclinada su linda cabeza en el seno de Teresa, hablábale también de los objetos de su cariño: de su excelente padre, de Enrique a quien amaba más en aquel momento: porque ¿quién ignora cuánto más caro se hace el objeto amado, cuando le recobramos después de haber temido perderle?

Teresa la escuchaba en silencio: disipados los temores había recobrado su glacial continente, y en los cuidados que prodigaba a su amiga había más bondad que ternura.

Rendida por último a tantas agitaciones como sufriera desde el día anterior, durmióse Carlota sobre el pecho de Teresa, cerca del mediodía y cuando el calor era más sensible. Teresa contempló largo rato aquella cabeza tan hermosa, y aquellos soberbios ojos dulcemente cerrados, cuyas largas pestañas sombreaban las más puras mejillas. Luego colocó suavemente sobre la almohada la cabeza de la bella dormida y brotó de sus párpados una lágrima largo tiempo comprimida.

—¡Cuán hermosa es! —murmuró entre dientes—. ¿Cómo pudiera dejar de ser amada?

Luego miróse en un espejo que estaba al frente y una sonrisa amarga osciló sobre sus labios.

Capítulo VI

Y mirando enternecido
al generoso animal
le repite: — Mientras viva
mi fiel amigo serás.
ROMANCE[48] ANÓNIMO

Habiendo descansado una gran parte del día y toda la noche, despertóse Carlota al amanecer del siguiente, y observando que aún todos dormían echóse fuera del lecho queriendo salir a respirar en el campo el aire puro de la madrugada. Su indisposición, producida únicamente por la fatiga de una noche de insomnio, y las agitaciones que experimentara en las primeras horas del otro día, había desaparecido enteramente después de un sueño largo y tranquilo, y encontrábase contenta y dichosa cuando al despertar, a la primera lumbre del sol, se dijo a sí misma: Enrique vive y está libre de todo riesgo: dentro de ocho días le veré junto a mí, apasionado y feliz: dentro de algunos meses estaré unida a él con lazos indisolubles.

Vistióse ligeramente y salió sin hacer ruido para no despertar a Teresa. La madrugada era fresca y hermosa y el campo no había parecido nunca a Carlota tan pintoresco y florido.

Al salir de casa llevando en su pañuelo muchos granos de maíz rodeáronla innumerables aves domésticas. Las palomas berberiscas[49] sus favoritas, y las gallinas americanas,[50] pequeñas y pintadas, llegaban a coger el maíz a su falda y posaban aleteando sobre sus hombros.

Más lejos el pavo real rizaba las cinéreas y azuladas plumas de su cuello, presentando con orgullo a los primeros rayos del sol, su tornasolada y magnífica cola; mientras el pacífico ganso se

[48]Lines from a popular ballad or 'romance'.
[49]Barbary doves, of North African origins.
[50]A cross between a domestic hen and a fighting cock.

76

acercaba pausadamente a recibir su ración. La joven sentíase en aquel momento feliz como un niño que encuentra sus juguetes al levantarse del seno de su madre, saliendo de su sueño de inocencia.

El temor de una desgracia superior hace menos sensible a los pesares ligeros. Carlota después de haber creído perder a su amante sentía mucho menos su ausencia. Su alma fatigada de sentimientos vehementes reposaba con delicia sobre los objetos que la rodeaban, y aquel día naciente, tan puro, asemejábase a los ojos de la doncella a los días apacibles de su primera edad.

No había en Puerto-Príncipe en la época de nuestra historia, grande afición a los jardines: apenas se conocían: acaso por ser todo el país un vasto y magnífico vergel formado por la naturaleza y al que no osaba el arte competir. Sin embargo, Sab, que sabía cuánto amaba las flores su joven señora, había cultivado vecino a la casa de Bellavista un pequeño y gracioso jardín hacia el cual se dirigió la doncella, luego que dio de comer a sus aves favoritas.

No dominaba el gusto inglés ni el francés[51] en aquel lindo jardinillo: Sab no había consultado sino sus caprichos al formarle.

Era un recinto de poca extensión defendido del ardiente viento del sur por triples hileras de altas cañas de hermoso verde oscuro, conocidas en el país con el nombre de pitos, que batidas ligeramente por la brisa formaban un murmullo dulce y melancólico, como el de la ligera corriente del arroyo. Era el jardín un cuadro perfecto, y los otros tres frentes los formaban arcos de juncos cubiertos por vistosos festones de cambutera[52] y balsamina,[53] cuyas flores carmíneas y doradas libaban zumbando los colibrís*[54] brillantes como esmeraldas y topacios. Sab había reunido en aquel pequeño recinto todas las flores que más amaba

*El colibrí es un pájaro muy pequeño conocido únicamente en las tierras más cálidas de América. Su plumaje es hermosísimo por el matiz y brillo de sus colores. Liba las flores como la abeja haciendo oír un zumbido parecido al de los mosquitos, por lo cual en algunos paises se lle llaman rezumbador, y en otros pica flores.

[51]Not English Romantic or French neo-classical style. Sab cultivates his own form of free style.
[52]Creeper, known as Morning Glory, with red and pink flowers.
[53]A gourd with jasmine-like flowers.
[54]Hummingbird.

Carlota. Allí lucía la astronomía,[55] de pomposos ramilletes morados, la azucena y la rosa, la clavellina* y el jazmín, la modesta violeta y el orgulloso girasol enamorado del rey de los astros, la variable malva-rosa,† la aleluya con sus flores nacaradas, y la pasionaria** ofreciendo en su cáliz maravilloso las sagradas insignias de la pasión del Redentor.[56] En medio del jardín había un pequeño estanque en el que Sab había reunido varios pececitos de vistosos colores, rodeándole de un banco de verdura sombreado por las anchas hojas de los plátanos.

Carlota recorría el jardín llenando de flores su blanco pañuelo de batista[57]; de rato en rato interrumpía esta ocupación para perseguir las mariposas pintadas que revoloteaban sobre las flores. Luego sentábase fatigada a orillas del estanque, sus bellos ojos tomaban gradualmente una expresión pensativa, y distraídamente deshojaba las flores que con tanto placer había escogido, y las iba arrojando en el estanque.

Una vez sacóla de su distracción un leve rumor que le pareció producido por las pisadas de alguno que se acercaba. Creyó que despertando Teresa y advirtiendo su ausencia vendría buscándola, y la llamó repetidas veces. Nadie respondió y Carlota volvió a caer insensiblemente en su distracción. No fue larga sin embargo; la más linda y blanca de las mariposas que había visto hasta entonces, llegó atrevidamente a posarse en su falda, alejándose después con provocativo vuelo. Carlota sacudió la cabeza como para lanzar de

*La clavellina cubana, llamada también lirio en algunos pueblos de la isla, es una planta que no tiene analogía con la del clavel: su flor, que despide un aroma suavísimo, es blanca al nacer y después rosada.

†La malva-rosa es blanca por la mañana y encarnada por la tarde.

**Esta flor extraordinaria la produce una planta parecida a la vid silvestre blanca. Antes de abrirse es de color de jacinto claro, y abierta descubre otras hojas más blancas formando un círculo que imita una corona. Del centro de la flor se eleva un tallo cilíndrico a manera de una columna que remata en una especie de cáliz del cual nacen tres clavos. Presenta además lo interior del cáliz la figura de un martillo, y por todos estos signos se la llama flor de pasión o pasionaria.

[55]Scott (1993: 152) suggests crepe myrtle or 'astromelia'. Myrtle has small aromatic leaves.

[56]Lily, rose, pink, jasmine, violet, sunflower, hollyhock, wood sorrel, passionflower.

[57]Fine cotton.

ella un pensamiento importuno, siguió con la vista la mariposa y viola posar sobre un jazmín cuya blancura superaba. Entonces se levantó la joven y se precipitó sobre ella, pero el ligero insecto burló su diestro ataque, saliéndose por entre sus hermosos dedos: y alejándose veloz y parándose a trechos, provocó largo tiempo a su perseguidora, cuyos deseos burlaba en el momento de creerlos realizados. Sintiéndose fatigada redobla Carlota sus esfuerzos, acosa a su ligera enemiga, persíguela con tenacidad, y arrojando sobre ella su pañuelo logra por fin cogerla. Su rostro se embellece con la expresión del triunfo, y mira a la prisionera por una abertura del pañuelo con la alegría de un niño: pero inconstante como él cesa de repente de complacerse en la desgracia de su cautiva: abre el pañuelo y se regocija con verla volar libre, tanto como un minuto antes se gozara en aprisionarla.

Al verla tan joven, tan pueril, tan hermosa, no sospecharían los hombres irreflexivos que el corazón que palpitaba de placer en aquel pecho por la prisión y la libertad de una mariposa, fuese capaz de pasiones tan vehementes como profundas. ¡Ah!, ignoran ellos que conviene a las almas superiores descender de tiempo en tiempo de su elevada región: que necesitan pequeñeces aquellos espíritus inmensos a quienes no satisface todo lo más grande que el mundo y la vida pueden presentarle. Si se hacen frívolos y ligeros por intervalos, es porque sienten la necesidad de respetar sus grandes facultades y temen ser devorados por ellas.

Así el torrente tiende mansamente sus aguas sobre las yerbas del prado, y acaricia las flores que en su impetuosa creciente puede destruir y arrasar en un momento.

Carlota fue interrumpida en sus inocentes distracciones por el bullicio de los esclavos que iban a sus trabajos. Llamóles a todos, preguntándoles sus nombres uno por uno, e informándose con hechicera bondad de su situación particular, oficio y estado. Encantados los negros respondían colmándola de bendiciones y celebrando la humanidad de D. Carlos y el celo y benignidad de su mayoral Sab. Carlota se complacía escuchándoles, y repartió entre ellos todo el dinero que llevaba en sus bolsillos con expresiones de compasión y afecto. Los esclavos se alejaron bendiciéndola y ella les siguió algún tiempo con los ojos llenos de lágrimas.

—¡Pobres infelices! —exclamó—. Se juzgan afortunados, porque no se les prodigan palos e injurias, y comen tranquilamente el pan de la esclavitud. Se juzgan afortunados y son esclavos sus hijos antes de salir del vientre de sus madres,[58] y los ven vender luego como a bestias irracionales … ¡A sus hijos, carne y sangre suya! Cuando yo sea la esposa de Enrique —añadió después de un momento de silencio—, ningún infeliz respirará a mi lado el aire emponzoñado de la esclavitud. Daremos libertad a todos nuestros negros. ¿Qué importa ser menos ricos? ¿Seremos por eso menos dichosos? Una choza con Enrique es bastante para mí, y para él no habrá riqueza preferible a mi gratitud y amor.

Al concluir estas palabras estremeciéronse los pitos, como si una mano robusta los hubiese sacudido y Carlota asustada salió del jardín y se encaminó precipitadamente hacia la casa.

Tocaba ya en el umbral de ella cuando oyó a su espalda una voz conocida que la daba los buenos días: volvióse y vio a Sab.

—Te suponía ya andando para la ciudad —le dijo ella.

—Me ha parecido —respondió el joven con alguna turbación—, que debía aguardar a[59] que se levantase su merced para preguntarla si tenía algo que ordenarme.

—Yo te lo agradezco Sab, y voy ahora mismo a escribir a Enrique: vendré a darte mi carta dentro de un instante.

Entróse Carlota en la casa, en la que dormían profundamente su padre, sus hermanitas y Teresa, y Sab la vio ocultarse a su vista exclamando con hondo y melancólico acento:

—¡Por qué no puedes realizar tus sueños de inocencia y de entusiasmo, ángel del cielo! … ¿Por qué el que te puso sobre esta tierra de miseria y crimen no dio a ese hermoso extranjero el alma del mulato?

Inclinó su frente con profundo dolor y permaneció un rato abismado en triste meditación. Luego se dirigió a la cuadra en que estaban su jaco negro y el hermoso alazán de Enrique. Puso su mano sobre el lomo del primero mirándole con ojos enternecidos.

—Leal y pacífico animal —le dijo—, tú soportas con man-

---

[58]According to the 'ley de vientre' the child of a slave woman was the possession of her master, from the moment of conception.

[59]In the first edition, 'a' is omitted.

Sab y el caballo

sedumbre el peso de este cuerpo miserable. Ni las tempestades del cielo te asustan y te impulsan a sacudirle contra las peñas. Tú respetas tu inútil carga mientras ese hermoso animal sacude la suya, y arroja y pisotea al hombre feliz, cuya vida es querida, cuya muerte sería llorada. ¡Pobre jaco mío! Si fueses capaz de comprensión como lo eres de afecto, conocerías cuánto bien me hubieras hecho estrellándome contra las peñas al bramido de la tempestad. Mi muerte no costaría lágrimas … ningún vacío dejaría en la tierra el pobre mulato, y correrías libre por los campos o llevarías una carga más noble.

El caballo levantaba la cabeza y le miraba como si quisiera comprenderle. Luego le lamía las manos y parecía decirle con aquellas caricias: —Te amo mucho para poder complacerte: de ninguna otra mano que la tuya recibo con gusto el sustento.

Sab recibía sus caricias con visible conmoción y comenzó a enjaezarlo diciéndole con voz por instantes más triste:

—Tú eres el único ser en la tierra que quiera acariciar estas manos tostadas y ásperas: tú el único que no se avergüenza de amarme: lo mismo que yo naciste condenado a la servidumbre … pero ¡ay! tu suerte es más dichosa que la mía, pobre animal; menos cruel contigo el destino no te ha sido el funesto privilegio del pensamiento. Nada te grita en tu interior que merecías más noble suerte, y sufres la tuya con resignación.

La dulce voz de Carlota le arrancó de sus sombrías ideas. Recibió la carta que le presentó la doncella, despidióse de ella respetuosamente y partió en su jaco llevando del cabestro el alazán de Enrique.

Ya se había levantado toda la familia y Carlota se presentó para el desayuno. Nunca había estado tan hermosa y amable: su alegría puso de buen humor a todos, y la misma Teresa parecía menos fría y displicente que de costumbre. Así se pasó aquel día en agradables conversaciones y cortos paseos, y así transcurrieron otros que duró la ausencia de Enrique.

Carlota empleaba una gran parte de ellos gozando anticipadamente con el pensamiento la satisfacción de hacer una divertida viajata[60] con su amante. ¡Tal es el amor! Anhela un

[60]Short journey taken for pleasure.

81

ilimitado porvenir pero no desprecia ni el momento más corto. Esperaba Carlota toda una vida de amor, y se embelesaba a la proximidad de algunos días, como si fuesen los únicos en que debiera gozar la presencia de su amante.

Presentía el placer de viajar por un país pintoresco y magnífico con el objeto de su elección, y a la verdad nada es más grato a un corazón que sabe amar que el viajar de este modo. La naturaleza se embellece con la presencia del objeto que se ama y éste se embellece con la naturaleza. Hay no sé qué mágica armonía entre la voz querida, el susurro de los árboles, la corriente de los arroyos y el murmullo de la brisa. En la agitación del viaje todo pasa por delante de nuestra vista como los paisajes de un panorama, pero el objeto amado está siempre allí, y en sus miradas y en su sonrisa volvemos a hallar las emociones deliciosas que produjeran en nuestro corazón los cuadros variados que van desapareciendo.

Aquel que quiera experimentar en toda su plenitud estas emociones indescribibles,[61] viaje por los campos de Cuba con la persona querida. Atraviese con ella sus montes gigantescos, sus inmensas sabanas, sus pintorescas praderías: suba en sus empinados cerros, cubiertos de rica e inmarchitable verdura: escuche en la soledad de sus bosques el ruido de sus arroyos y el canto de sus sinsontes.[62] Entonces sentirá aquella vida poderosa, inmensa, que no conocieron jamás los que habitan bajo el nebuloso cielo del norte: entonces habrá gozado en algunas horas toda una existencia de emociones … pero que no intente encontrarlas después en el cielo y en la tierra de otros países. No serán ya para él ni cielo ni tierra.

[61]See note 47.
[62]Mockingbird, small songbird of brown and white plumage.

Capítulo VII

… Lo que quiero
son talegos y no trastos.
....
lo primero los doblones.
CAÑIZARES

Ocho días después de aquel en que partió Enrique de Bellavista, a las diez de la mañana de un día caloroso se desayunaban amigablemente en un aposento bajo de una gran casa, situada en una de las mejores calles de Puerto-Príncipe, Enrique Otway y su padre.

El joven tenía aún en el rostro varias manchas moradas de las contusiones que recibiera en la caída, y en la frente la señal reciente de una herida apenas cerrada. Sin embargo, en la negligencia y desaliño a que le obligaba el calor, su figura parecía más bella e interesante. Una camisa de trasparente batista velaba apenas su blanquísima espalda, y dejaba enteramente descubierta una garganta que parecía vaciada en un bello molde griego, en torno de la cual flotaban los bucles de su cabeza, rubios como el oro.

Frente por frente de tan graciosa figura veíase la grosera y repugnante del viejo buhonero; la cabeza calva sembrada a trechos hacia atrás por algunos mechones de cabellos rojos matizados de blanco, las mejillas de un encarnado subido, los ojos hundidos, la frente surcada de arrugas, los labios sutiles y apretados, la barba puntiaguda y envuelto su cuerpo alto y enjuto en una bata blanca y almidonada.

Mientras Enrique desocupaba con buen apetito un ancho pocillo[63] de chocolate, el viejo tenía fijos en él los cavernosos ojos, y con voz hueca y cascarrona le decía:

—No me queda duda, Carlota de B… aun después de heredar a su padre no poseerá más que una módica fortuna: y luego en fincas deterioradas, ¡perdidas! … ¡Bah! ¡bah! estos malditos isleños saben

[63]Earthenware mug, without handles, used for drinking.

mejor aparentar riquezas que adquirirlas o conservarlas. Pero en fin, no faltan en el país buenos caudales; y no, no te casarás con Carlota de B… mientras haya otras varias en que escoger, tan buenas y más ricas que ella. ¿Dudas tú que cualquiera de estas criollas, la más encopetada, se dará por muy contenta contigo? Ja, ja, de eso respondo yo. Gracias al cielo y a mi prudencia nuestro mal estado no es generalmente conocido, y en este país nuevo la llamada nobleza no conoce todavía las rancias preocupaciones de nuestra vieja aristocracia europea. Si D. Carlos de B… hizo algunos melindres ya ves que tuvo a bien tomar luego otra marcha. Yo te fío que te casarás con quien se te antoje.

El viejo hizo una mueca que parodiaba una sonrisa y añadió en seguida frotándose las manos, y abriendo cuanto le era posible sus ojos brillantes con la avaricia.

—¡Oh! ¡y si se realizase mi sueño de anoche! … Tú, Enrique, te burlas de los sueños, pero el mío es notable, verosímil, profético … ¡Soñar que era mía la gran lotería![64] ¡Cuarenta mil duros en oro y plata! ¿Sabes tú que es una fortuna? ¡Cuarenta mil duros a un comerciante decaído! … Es un bocado sin hueso,[65] como dicen en el país. El correo de la Habana debía llegar anoche, pero ese maldito correo parece que se retarda de intento, para prolongar la agonía de esta expectativa.

Y en efecto pintábase en el semblante del viejo una extremada ansiedad.

—Si habéis de ver burlada vuestra esperanza —dijo el joven—, cuanto más tarde será mejor. Pero en fin, si sacabais el lote bastaría a restablecer nuestra casa y yo podría casarme con Carlota.

—¡Casarte con Carlota! —exclamó Jorge poniendo sobre la mesa un pocillo de chocolate que acercaba a sus labios, y que dejara sin probarle al oír la conclusión desagradable del discurso de su hijo—. ¡Casarte con Carlota cuando tuvieras cuarenta mil duros más! ¡Cuando fueras partido para la más rica del país! ¿Has podido pensarlo, insensato? ¿Qué hechizos te ha dado esa mujer para trastornar así tu juicio?

[64]The lottery began in Cuba in 1812. Anybody could take part, including slaves, who might use their winnings to buy back their freedom.
[65]An opportunity not to be missed. Scott (1993: 61) translates as ' boneless tidbit'.

El matrimonio según Jorge Otway

—¡Es tan bella! —repuso el joven, no sin alguna timidez—, ¡es tan buena, su corazón tan tierno, su talento tan seductor! …

—¡Bah! ¡Bah! —interrumpió Jorge con impaciencia—, ¿y qué hace de todo eso un marido? Un comerciante, Enrique, ya te lo he dicho cien veces, se casa con una mujer lo mismo que se asocia con un compañero, por especulación, por conveniencia. La hermosura, el talento que un hombre de nuestra clase busca en la mujer con quien ha de casarse son la riqueza y la economía. ¡Qué linda adquisición ibas a hacer en tu bella melindrosa, arruinada y acostumbrada al lujo de la opulencia! El matrimonio, Enrique, es …

El viejo iba a continuar desenvolviendo sus teorías mercantiles sobre el matrimonio cuando fue interrumpido por un fuerte golpe dado con el aldabón de la puerta; y la voz conocida de uno de sus esclavos gritó por dos veces:

—El correo: están aquí las cartas del correo.

Jorge Otway se levantó, con tal ímpetu que vertió el chocolate sobre la mesa y echó a rodar la silla, corriendo a abrir la puerta y arrebatando con mano trémula las cartas que el negro le presentaba haciendo reverencias. Tres abrió sucesivamente y las arrojó con enfado diciendo entre dientes:

—Son de negocios.

Por último rompe un sobre y ve lo que busca: el diario de la Habana que contiene la relación de los números premiados. Pero el exceso de su agitación no le permite leer aquellas líneas que deben realizar o destruir sus esperanzas, y alargando el papel a su hijo:

—Toma —le dice— léele tú: mis billetes son tres: número 1750, 3908 y 8004. Lee pronto, el premio mayor es el que quiero saber: los cuarenta mil duros: acaba.

—El premio mayor ha caído en Puerto-Príncipe —exclamó el joven con alegría.

—¡En Puerto-Príncipe! ¡Veamos! … ¡El número, Enrique, el número! —y el viejo apenas respiraba.

Pero la puerta, que había dejado abierta, da paso en el mismo momento a la figura de un mulato, harto conocido ya de nuestros lectores, y Sab que no sospecha lo intempestivo de su llegada, se adelanta con el sombrero en la mano.

—¡Maldición sobre ti! —grita furioso Jorge Otway—, ¿qué

diablos quieres aquí, pícaro mulato, y cómo te atreves a entrar sin mi permiso? ¿Y ese imbécil negro que hace? ¿Dónde está que no te ha echado a palos?

Sab se detiene atónito a tan brusco recibimiento, fijando en el inglés los ojos mientras se cubría su frente de ligeras arrugas, y temblaban convulsivamente sus labios, como acontece con el frío que precede a una calentura. Diríase que estaba intimidado al aspecto colérico de Jorge si el encarnado que matizó en un momento el blanco amarillento de sus ojos, y el fuego que despedían sus pupilas de azabache, no diesen a su silencio el aire de la amenaza más bien que el del respeto.

Enrique vivamente sentido del grosero lenguaje empleado por su padre con un mozo al cual miraba con afecto desde la noche de su caída, procuró hacerle menos sensible con su amabilidad la desagradable acogida de Jorge, al cual manifestó que siendo aquella su habitación particular, y habiendo concedido a Sab el permiso de entrar en ella a cualquier hora, sin preceder aviso, no era culpable del atrevimiento que se le reprehendía.[66]

Pero el viejo no atendía a estas disculpas, porque habiendo arrancado de manos de Enrique el pliego deseado, lo devoraba con sus ojos; y Sab satisfecho al parecer con la benevolencia del joven y repuesto de la primera impresión que la brutalidad de Jorge le causara, abría ya los labios para manifestar el objeto de su visita, cuando un nuevo arrebato de éste fijó en él la atención de los dos jóvenes. Jorge acababa de despedazar entre sus manos el pliego impreso que leía, en un ímpetu de rabia y desesperación.

—¡Maldición! —repitió por dos veces—. ¡El 8014! ¡El 8014 y yo tengo el 8004!… ¡Por la diferencia de un guarismo! ¡Por sólo un guarismo! … ¡Maldición! … — Y se dejó caer con furor sobre una silla.

Enrique no pudo menos que participar del disgusto de su padre, pronunciando entre dientes las palabras fatalidad y mala suerte, y volviéndose a Sab le ordenó seguirle a un gabinete inmediato, deseando dejar a Jorge desahogar con libertad el mal humor que siempre produce una esperanza burlada.

[66] Reprendía.

la lotería

Pero quedó admirado y resentido cuando al mirar al mulato vio brillar sus ojos con la expresión de una viva alegría, creyendo desde luego que Sab se gozaba en el disgusto de su padre. Echóle en consecuencia una mirada de reproche, que el mulato no notó, o fingió no notar, pues sin pretender justificarse dijo en el momento:

—Vengo a avisar a su merced, que me marcho dentro de una hora a Bellavista.

—¡Dentro de una hora! El calor es grande y la hora incómoda —dijo Enrique—, de otro modo iría contigo, pues tengo ofrecido a Carlota acompañarla en el paseo que piensa hacer tu amo por Cubitas.

—A buen paso —repuso Sab—, dentro de dos horas estaríamos en el Ingenio y esta tarde podríamos partir para Cubitas.

Enrique reflexionó un momento.

—Pues bien —dijo luego—, da orden a un esclavo de que disponga mi caballo y espérame en el patio: partiremos.

Sab se inclinó en señal de obediencia y salióse a ejecutar las órdenes de Enrique, mientras éste volvía al lado de su padre, al que encontró echado en un sofá con semblante de profundo desaliento.

—Padre mío —dijo el joven dando a su voz una inflexión afectuosa, que armonizaba perfectamente con su dulce fisonomía—, si lo permitís partiré ahora mismo para Guanaja. Anoche me dijisteis que debía llegar de un momento a otro a aquel puerto otro buque que os está consignado, y mi presencia allá puede ser necesaria. De paso veré a Cubitas y procuraré informarme de las tierras que don Carlos posee allí, de su valor y productos; en fin, a mi regreso podré daros una noticia exacta de todo. Así —añadió bajando la voz— podréis pesar con pleno conocimiento las ventajas, o desventajas, que resultarían a nuestra casa de mi unión con Carlota, si llegara a verificarse.

Jorge guardó silencio como si consultase la respuesta consigo mismo y volviéndose luego a su hijo:

—Está bien —le dijo—, ve con Dios, pero no olvides que necesitamos oro, oro o plata más que tierras, ya sean rojas o negras; y que si Carlota de B… no te trae una dote de cuarenta o cincuenta mil duros, por lo menos, en dinero contante, tu unión con ella no puede realizarse.

87

Enrique saludó a su padre sin contestar y salió a reunirse con Sab, que le aguardaba.

El viejo al verle salir exhaló un triste suspiro y murmuró en voz baja:

—¡Insensata juventud! ¡Tan sereno está ese loco como si no hubiese visto deshacérsele entre las manos una esperanza de cuarenta mil duros!

Capítulo VIII

Sab y Enrique van donde Carlota

Cantó, y amorosa
venció su voz blanda la voz de las aves
que anuncian el alba.

LISTA

Los dos viajeros atravesaron juntos por segunda vez aquellos campos: pero en lugar de una noche tempestuosa molestábales entonces el calor de un hermoso día. Enrique para distraerse del fastidio del camino, en hora tan molesta, dirigía a su compañero preguntas insidiosas sobre el estado actual de las posesiones de D. Carlos, a las que respondía Sab con muestras de sencillez e ingenuidad. Sin embargo, a veces la fijaba miradas tan penetrantes que el joven extranjero bajaba las suyas como temeroso de que leyese en ellas el motivo de sus preguntas.

—La fortuna de mi amo —díjole una vez—, está bastante decaída y sin duda es una felicidad para él casar a su hija mayor con un sujeto rico, que no repare en la dote que puede llevar la Señorita.

Sab no miraba a Otway al decir estas palabras y no pudo notar el encarnado que tiñó sus mejillas al oírlas: tardó un momento en responder y dijo al fin con voz mal segura:

—Carlota tiene una dote más rica y apreciable en sus gracias y virtudes.

ironía

Sab le miró entonces fijamente: parecía preguntarle con su mirada si él sabría apreciar aquella dote. Enrique no pudo sostener su muda interpelación y desvió el rostro con algún enfado. El mulato murmuró entre dientes:

—¡No, no eres capaz de ello!

—¿Qué hablas, Sab? —preguntó Enrique, que si bien no había podido entender distintamente sus palabras oyó el murmullo de su voz—. ¿Estás por ventura rezando?

—Pensaba, señor, que este sitio en que ahora nos hallamos es el mismo en que vi a su merced sin sentido, en medio de los horrores de la tempestad. Hacia la derecha está la cabaña a la que os conduje sobre mis espaldas.

—Sí, Sab, y no necesito ver estos sitios para acordarme que te debo la vida. Carlota te ha concedido ya la libertad, pero eso no basta y Enrique premiará con mayor generosidad el servicio que le has hecho.

—Ninguna recompensa merezco —respondió con voz alterada el mulato—, la señorita me había recomendado vuestra persona y era un deber mío obedecerla.

—Parece que amas mucho a Carlota —repuso Enrique parando su caballo para coger una naranja de un árbol que doblegaban sus frutos.

El mulato lanzó sobre él su mirada de águila, pero la expresión del rostro de su interlocutor le aseguró que ningún designio secreto de sondearle encerraban aquellas palabras. Entonces contestó con serenidad, mientras Enrique mondaba con una navaja la naranja que había cogido:

—¿Y quién que la conozca podrá no amarla? La señorita de B… es a los ojos de su humilde esclavo lo que debe ser a los de todo hombre que no sea un malvado: un objeto de veneración y de ternura.

Enrique arrojó la naranja con impaciencia y continuó andando sin mirar a Sab. Acaso la voz secreta de su conciencia le decía en aquel momento que trocando su corazón por el corazón de aquel ser degradado sería más digno del amor entusiasta de Carlota.

Al ruido que formaba el galope de los caballos la familia de B… conociendo que eran los de Enrique y Sab corrieron a recibirlos, y Carlota se precipitó palpitante de amor y de alegría en los brazos de su amante. El Sr. de B… y las niñas le prodigaban al mismo tiempo las más tiernas caricias, y le introdujeron en la casa con demostraciones del más vivo placer.

Solamente dos personas quedaron en el patio: Teresa de pie, inmóvil en el umbral de la puerta que acababan de atravesar sin reparar en ella los dos amantes, y Sab, de pie también y también inmóvil en frente de ella, junto a su jaco negro del cual acababa de bajarse. Ambos se miraron y ambos se estremecieron, porque como en un espejo había visto cada uno de ellos en la mirada del

Sab y Teresa

otro la dolorosa pasión que en aquel momento le dominaba. Sorprendidos mutuamente exclamaron al mismo tiempo:

—¡Sab!

—¡Teresa!

Se han entendido y huye cada uno de las miradas del otro. Sab se interna por los cañaverales, corriendo como el venado herido que huye del cazador llevando ya clavado el hierro en lo más sensible de sus entrañas. Teresa se encierra en su habitación.

Mientras tanto el júbilo reinaba en la casa y Carlota no había gozado jamás felicidad mayor que la que experimentaba al ver junto a sí a su amante, después de haber temido perderle. Miraba la cicatriz de su frente y vertía lágrimas de enternecimiento. Referíale todos sus temores, todas sus pasadas angustias para gozarse después en su dicha presente; y era tan viva y elocuente su ternura que Enrique, subyugado por ella, a pesar suyo, sentía palpitar su corazón con una emoción desconocida.

—¡Carlota! —la dijo una vez—, un amor como el tuyo es un bien tan alto que temo no merecerlo. Mi alma acaso no es bastante grande para encerrar el amor que te debo —.Y apretaba la mano de la joven sobre su corazón, que latía con un sentimiento tan vivo y tan puro que acaso aquel momento en que se decía indigno de su dicha, fue uno de los pocos de su vida en que supo merecerla.

Hay en los afectos de las almas ardientes y apasionadas como una fuerza magnética, que conmueve y domina todo cuanto se les acerca. Así una alma vulgar se siente a veces elevada sobre sí misma, a la altura de aquella con quien está en contacto, por decirlo así, y sólo cuando vuelve a caer, cuando se halla sola y en su propio lugar, puede conocer que era extraño el impulso que la movía y prestada la fuerza que la animaba.

El señor de B… llegó a interrumpir a los dos amantes.

—Creo —dijo sentándose junto a ellos—, que no habréis olvidado nuestro proyectado paseo a Cubitas. ¿Cuándo queréis que partamos?

—Lo más pronto posible —dijo Otway.

—Esta misma tarde será —repuso don Carlos—, y voy a prevenir a Teresa y a Sab para que se disponga todo lo necesario a la partida, pues veo —añadió besando en la frente a su hija— que mi Carlota está demasiado preocupada para atender a ello.

Marchóse en seguida y las niñas, regocijadas con la proximidad de la viajata, le siguieron saltando.

—Estaré contigo dos o tres días en Cubitas —dijo Enrique a su amada—, me es forzoso marchar luego a Guanaja.

—Apenas gozo el placer de verte —respondió ella con dulcísima voz— cuando ya me anuncias otra nueva ausencia. Sin embargo, Enrique, soy tan feliz en este instante que no puedo quejarme.

—Pronto llegará el día —repuso él— en que nos uniremos para no separamos más.

Y al decirlo preguntábase interiormente si llegaría en efecto aquel día, y si le sería imposible renunciar a la dicha de poseer a Carlota. Miróla y nunca le había parecido tan hermosa. Agitado, y descontento de sí mismo levantóse y comenzó a pasearse por la sala, procurando disimular su turbación. No dejó sin embargo de notarla Carlota y preguntábale la causa con tímidas miradas. ¡Oh, si la hubiera penetrado en aquel momento! … Era preciso que muriese o que cesase de amarle.

Enrique evitaba encontrar los ojos de la doncella, y se había reclinado lejos de ella en el antepecho de una ventana. Carlota se sintió herida de aquella repentina mudanza, y su orgullo de mujer sugirióle en el instante aparentar indiferencia a una conducta tan extraña. Estaba junto a ella su guitarra, tomóla y ensayó cantar. La agitación hacía flaquear su voz, pero hízose por un momento superior a ella y sin elección, a la casualidad cantó estas estrofas; que estaba muy lejos de sospechar pudiesen ser aplicables a la situación de ambos:

Es Nice joven y amable
y su tierno corazón
un afecto inalterable
consagra al bello Damón.
Otro tiempo su ternura
pagaba ufano el pastor;
mas ¡ay! que nueva hermosura
le ofrece otro nuevo amor.
Y es Nice pobre zagala
y es Laura rica beldad

92

que si en amor no la iguala
la supera en calidad.
Satisface Laura de oro
de su amante la ambición:
Nice le da por tesoro
su sensible corazón.
Cede el zagal fascinado
de la riqueza al poder,
y ante Laura prosternado
le mira Nice caer.
Al verse sacrificada,
por el ingrato pastor
la doncella desgraciada
maldice al infausto amor.
No ve que dura venganza
toma del amante infiel,
y en su cáliz de esperanza
mezcla del dolor la hiel.
Tardío arrepentimiento
ya envenena su existir,
y cual señor opulento
comienza el tedio a sentir.
Entre pesares y enojos
vive rico y sin solaz:
huye el sueño de sus ojos
y pierde su alma la paz.
Recuerda su Nice amada
y suspira de dolor;
y en voz profunda y airada
así le dice el amor:
«Los agravios que me hacen
los hombres lloran un día,
y así sólo satisfacen, Damón,
la venganza mía:
Que yo doy mayor contento,
en pobre y humilde hogar,
que con tesoros sin cuento,
puedes ¡insano! gozar.»[67]

    Terminó la joven su canción, y aún pensaba escucharla Enrique.
Carlota acababa de responder en alta voz a sus secretas dudas, a sus
ocultos pensamientos. ¿Habíalos por ventura adivinado? ¿Era tal

[67]A song written in 'redondillas', octosyllabic lines with consonant rhyme (*abab*).
Cruz (1983: 241) is unable to discover the source and concludes Avellaneda wrote
the poem.

vez el cielo mismo quien le hablaba por la boca de aquella tierna hermosura?

Un impulso involuntario y poderoso le hizo caer a sus pies y ya abría los labios, acaso para jurarla que sería preferida a todos los tesoros de la tierra, cuando apareció nuevamente D. Carlos: seguíale Sab mas se detuvo por respeto en el umbral de la puerta, mientras Enrique se levantaba confuso de las plantas de su querida, avergonzado ya del impulso desconocido de generosa ternura que por un momento le había subyugado. También las mejillas de Carlota se tiñeron de púrpura, pero traslucíase al través de su embarazo la secreta satisfacción de su alma; pues si bien Enrique no había hablado una sola palabra al arrojarse a sus pies, ella había leído en sus ojos, con la admirable perspicacia de su sexo, que nunca había sido tan amada como en aquel momento.

D. Carlos dirigió algunas chanzas a los dos amantes, mas notando que aumentaba su turbación apresuróse a variar de objeto.

—Aquí tenéis a Sab —les dijo—, señalad la hora de la partida pues él es el encargado de todas las disposiciones del viaje, y como práctico en estos caminos será nuestro guía.

El mulato se acercó entonces, y D. Carlos sentándose entre Carlota y Enrique prosiguió dirigiéndose a éste:

—Hace diez años que no he estado en Cubitas y aun antes de esta época visité muy pocas veces las estancias que tengo allí. Estaban casi abandonadas, pero desde que Sab vino a Bellavista sus frecuentes visitas a Cubitas les han sido de mucha utilidad, según estoy informado; y creo que las hallaré en mejor estado que cuando las vi la última vez.

Sab manifestó que dichas estancias estaban todavía muy distantes del grado de mejora y utilidad a que podían llegar con más esmerado cultivo, y preguntó la hora de la partida.

Carlota señaló las cinco de la tarde, hora en que la brisa comienza a refrescar la atmósfera y hace menos sensible el calor de la estación, y Sab se retiró.

—Es un excelente mozo —dijo don Carlos—, y su celo y actividad han sido muy útiles a esta finca. Su talento natural es despejadísimo y tiene para todo aquello a que se dedica admirables disposiciones: le quiero mucho y ya hace tiempo que fuera libre si

Sab debe ser libre

lo hubiese deseado. Pero ahora es fuerza que lo sea y que anticipe yo mis resoluciones, pues así lo quiere mi Carlota. Ya he escrito con este objeto a mi apoderado en Puerto-Príncipe y tú mismo, Enrique, a tu regreso te verás con él y entregarás con tus manos a nuestro buen Sab su carta de libertad.

Enrique hizo con la cabeza un movimiento de aprobación, y Carlota besando la mano de su padre exclamó con vehemencia:

—¡Sí, que sea libre! … ha sido el compañero de mi infancia y mi primer amigo … Es —añadió con mayor ternura—, es el que te prodigó sus cuidados la noche de tu caída, Enrique, y quien como un ángel de consuelo vino a volver la paz a mi corazón sobresaltado.

Teresa entró en la sala en aquel momento: la comida se sirvió inmediatamente y ya no se trató más que de la partida.

Hay estancias en Cubitas pero son casi abandonadas.

Capítulo IX[68]

*¿Do fue la raza candorosa y pura
que las Antillas habitó? — La hiere
del vencedor el hierro furibundo,
tiembla, gime, perece,
y como niebla al sol desaparece.*

HEREDIA

Un viaje es en la infancia origen del más inquieto placer y de la más
exaltada alegría. El movimiento y la variedad son necesidades
imperiosas en aquella edad en la que libre todavía el alma de
pasiones agitadoras, pero sintiendo el desarrollo de su actividad
naciente sin un objeto en que emplearla, lánzala, por decirlo así, a
lo exterior; buscando en la novedad y en el bullicio un desahogo a
la febril vivacidad que le agita.

Las cuatro hermosas niñas, hermanas de Carlota, apenas
apareció Sab con los carruajes y caballerías dispuestas para la
partida, le rodearon haciéndole mil caricias con las que manifestaban
su regocijo. El mulato correspondía a sus infantiles halagos con
melancólica sonrisa.

Así, pensaba él, así saltaba a mi cuello Carlota hace diez años
cuando me veía después de una corta ausencia. Así sus labios de
rosa estampaban alguna vez en mi frente un beso fraternal, y su
lindo rostro de alabastro se inclinaba sobre mi rostro moreno; como
la blanca clavellina que se dobla sobre la parda peña del arroyo.

Y abrazaba Sab a las niñas, y una lágrima, deslizándose
lentamente por su mejilla, cayó sobre la cabeza de ángel de la más
joven y más linda de las cuatro hermanas.

Carlota se presentó en aquel momento: un traje de montar a la
inglesa daba cierta majestad a un airoso talle, y se escapaban del
sombrerillo de castor que cubría su cabeza algunos rizos ligeros,
que sombreaban su rostro, embellecido con la expresión de una

---

[68]In the first edition, 'Capítulo VII', clearly a mistake.

apacible alegría. Subió al semblante de Sab un fuego que secó en su mejilla la huella reciente de su llanto, y presentó temblando a Carlota el hermoso caballo blanco dispuesto para ella.

Todos los viajeros se reunieron en torno de la linda criolla, y Sab les manifestó entonces su plan de marcha. Iba, dijo, a conducirlos a Cubitas no por el camino real sino por una senda poco conocida, que aunque algo más dilatada les ofrecería puntos de vistas más agradables. Aprobada por unanimidad la proposición sólo se trató de partir.

Había dos volantes (nombre que se daba a la especie de carruajes más usados en Cuba en aquella época), y el señor de B... ocupó una de ellas con las dos niñas mayores, tomando la otra Teresa con las más pequeñas. Carlota, Enrique y Sab montaron a caballo. Así partió la caravana entre los alegres gritos de las niñas y el relincho de los caballos.

Sin reglas de equitación las damas principeñas[69] son generalmente admirables jinetes; pero Carlota sobresalía entre todas por la gracia y nobleza de su aire cuando montaba. Galopaba aquella tarde junto a su amante con notable seguridad y elegancia, y la brisa naciente hinchando y batiendo alternativamente el blanco velo que pendía del sombrero en torno de su esbelto talle, presentábala como una de aquellas sílfidas[70] misteriosas, hijas del aire y soberanas de la tierra.

Eran hermosos los campos que atravesaban: Enrique se acercó al estribo del carruaje en que iba D. Carlos y entabló conversación con éste respecto a la prodigiosa fertilidad de aquella tierra privilegiada, y el grado de utilidad que podía sacarse de ella. Sab seguía de cerca a Carlota y contemplaba alternativamente al campo y a la doncella, como si los comparase: había en efecto cierta armonía entre aquella naturaleza y aquella mujer, ambas tan jóvenes y tan hermosas.

En tanto costaba esfuerzos a Teresa contener a sus dos tiernas compañeras. Una campanilla,*[71] un pájaro que revoloteasse sobre

---

*Campanilla: es una flor silvestre de la figura de una campana: la produce un bejuco muy común en aquellos campos.

[69]Women from Puerto Príncipe.
[70]Nymphs.
[71]Italian Bellflower, also known as Trailing Campanula, with blue flowers.

97

ella, cualquier objeto excitaba sus infantiles deseos y querían bajar del carruaje para posesionarse de él.

La noche se acercaba mientras tanto, y sus pardas sombras robaban progresivamente a los viajeros los paisajes campestres que les rodeaban. La rica vegetación no ofrecía ya sus variadas tintas de verdura y las colinas lejanas presentábanse a la vista como grandes masas de sombras.

A medida que se aproximaban a Cubitas el aspecto de la naturaleza era más sombrío, bien pronto desapareció casi del todo la vigorosa y variada vegetación de la tierra prieta, y la roja no ofreció más que esparramados yuraguanos,*[72] y algún ingrato jagüey,†[73] que parecían en la noche figuras caprichosas de un mundo fantástico. El cielo empero era más hermoso en estos lugares: tachonábase por grados de innumerables estrellas, y cual otro ejército de estrellas errantes poblábase el aire de fúlgidos cocuyos, admirables luciérnagas[74] de los climas tropicales.**

Carlota detuvo de repente su caballo e hizo observar al mulato una luz vacilante y pálida que oscilaba a lo lejos en lo más alto de una empinada loma.

—¿Está allí Cubitas? —preguntó—. ¿Será esa luz, que a distancia parece tan pequeña, algún fanal que se coloque en esa altura para que sirva de dirección a los viajeros?

Antes que Sab hubiese podido contestar, el señor de B... cuyo

*El yuraguano es un arbusto de la familia de los guanos con muchas hojas parecidas algún tanto a las de la palma: aquellos a que se hace referencia en esta historia, y que abundan en las inmediaciones de Cubitas, son más altos que los yuraguanos comunes. No crece este arbusto recto y airoso como la palma, antes por el contrario su tronco se tuerce por lo regular, y a veces se tiende casi horizontalmente.

†El jagüey al principio no es más que un bejuco que se enreda a un árbol. Crece prodigiosamente; cubre y oprime con sus ramas el tronco que le ha sostenido y acaba por secarle. Entonces conviértese él en árbol corpulento; y la multitud de sus ramas que tiende de una manera caprichosa, sus raíces gruesas y visibles sobre la superficie de la tierra y las desigualdades de su tronco le dan un aspecto particular.

**Los cocuyos son en clase de luciérnagas las más raras y vistosas, como también las más grandes. Su alimento es el jugo de la caña de azúcar y por eso abundan en los cañaverales. Tienen cuatro alas, dos depósitos de luz en el cuerpo y dos en la cabeza.

[72]Scattered palm trees.
[73]Liana.
[74]Fireflies, beetles that emit a phosphorescent light.

la luz

carruaje emparejaba ya con el caballo de Carlota, dejó oír una estrepitosa carcajada, mas Enrique, que no había andado nunca de noche aquel camino, participaba de la admiración y curiosidad de su amada y preguntó como ella el origen de aquella luz singular. Pero la luz desapareció en el mismo instante y la vista no pudo ya distinguir sino la gran masa de aquella eminencia, que como un gigante del aire proyectaba su enorme sombra en el lejano horizonte.

—Parece —dijo riendo D. Carlos— que os deja mohínos la ausencia de la linda lucecita, pero esperad ... voy a evocar al genio de estos campos y volverá a lucir el misterioso fanal.

Apenas había concluido estas palabras la luz apareció con un resplandor más vivo, y Enrique y las dos señoritas manifestaron una sorpresa igual a la de las niñas. El señor de B... testigo ya muchas veces de este fenómeno* se divertía con la admiración de sus jóvenes compañeros.

—Los naturalistas —les dijo—, os darían del fenómeno que estáis mirando una explicación menos divertida que la que os puede dar Sab, que frecuenta este camino y trata a todos los cubiteros. Él sin duda les habrá oído relaciones muy curiosas respecto a la luz que tanto os ha llamado la atención.

Las niñas gritaron de alegría regocijadas con la esperanza de oír un cuento maravilloso, y Enrique y Carlota colocaron sus caballos a los dos lados del de Sab para oírle mejor. El mulato volvió la cabeza hacia el carruaje de su amo y le dijo:

*Los cubiteros han forjado en otros tiempos extraños cuentos relativos a una luz que decían aparecer todas las noches en aquel paraje, y que era visible para todos los que transitaban por el camino de la ciudad de Puerto-Príncipe y Cubitas. Desde que dicha aldea fue más visitada y adquirió cierta importancia en el país, no ha vuelto a hablarse de este fenómeno cuyas causas jamás han sido satisfactoriamente explicadas. Un sujeto de talento, en un artículo que ha publicado recientemente en un periódico con el título de «Adición a los apuntes para la historia de Puerto Príncipe» hablando sobre este objeto dice que eran fuegos fatuos, que la ignorancia calificó de aparición sobrenatural. Añade el mismo que las quemazones que se hacen todos los años en los campos pueden haber consumido las materias que producían el fenómeno.

Sin paramos a examinar si es o no fundada esta conjetura, y dejando a nuestros lectores la libertad de formar juicios más exactos, adoptamos por ahora la opinión de los cubiteros, y explicaremos el fenómeno, en la continuación de la historia, tal cual nos ha sido referido y explicado más de una vez.

Martina

—Su merced no habrá olvidado a la vieja Martina, madre de uno de sus mayorales de Cubitas, que murió dejándola el legado de su mujer y tres hijos en extrema pobreza. La generosa compasión de su merced la socorrió entonces por mi mano, hace cuatro años, pues habiéndole informado de la miserable situación en que se encontraba esta pobre familia me dio una bolsa llena de plata con la que fue socorrida.

—Me acuerdo de la vieja Martina —respondió el caballero—, su difunto hijo era un excelente sujeto, ella si mal no me acuerdo tiene sus puntos de loca: ¿no pretende ser descendiente de la raza india[75] y aparenta un aire ridículamente majestuoso?

—Sí, señor —repuso Sab—, y ha logrado inspirar cierta consideración a los estancieros de Cubitas, ya porque la crean realmente descendiente de aquella raza desventurada, casi extinguida en esta Isla, ya porque su grande experiencia, sus conocimientos en medicina de los que sacan tanta utilidad, y el placer que gozan oyéndola referir sus sempiternos cuentos de vampiros y aparecidos la den entre estas gentes una importancia real. A esa vieja pues, a Martina es a quien he oído, repetidas veces, referir misteriosamente e interrumpiéndose por momentos con exclamación de dolor y pronósticos siniestros de venganza divina la muerte horrible y bárbara que, según ella, dieron los españoles al cacique Camagüey,[76] señor de esta provincia; y del cual pretende descender nuestra pobre Martina. Camagüey tratado indignamente por los advenedizos, a quienes acogiera con generosa y franca hospitalidad, fue arrojado de la cumbre de esa gran loma y su cuerpo despedazado quedó insepulto sobre la tierra regada con su sangre. Desde entonces esta tierra tornóse roja en muchas leguas a la redonda, y el alma del desventurado Cacique viene todas las noches a la loma fatal, en forma de luz, a anunciar a los descendientes de sus bárbaros asesinos la venganza del cielo que tarde o temprano caerá sobre ellos. Arrebatada Martina en ciertos

[75] The native inhabitants of Cuba were the Tainos, of Arawak, or Amazonian origins, and the earlier Ciboneys and Guanajatabeys, possibly of North American origins.

[76] Legendary 'cacique' or chief named Camagüebax (Cruz 1983: 242). The word 'cacique' is Taino in origin.

100

momentos por este furor de venganza, delira de un modo espantoso y osa pronunciar terribles vaticinios.

—¿Y cuáles son? —preguntó D. Carlos con cierta curiosidad inquieta, que mostraba haber sospechado ya lo que preguntaba. Sab se turbó algún tanto pero dijo al fin con voz baja y trémula:

—En sus momentos de exaltación, señor, he oído gritar a la vieja india: La tierra que fue regada con sangre una vez lo será aún otra: los descendientes de los opresores serán oprimidos, y los hombres negros serán los terribles vengadores de los hombres cobrizos.

—Basta, Sab, basta —interrumpió don Carlos con cierto disgusto; porque siempre alarmados los cubanos, después del espantoso y reciente ejemplo de una isla vecina,[77] no oían sin terror en la boca de un hombre del desgraciado color cualquiera palabra que manifestase el sentimiento de sus degradados derechos y la posibilidad de reconquistarlos. Pero Carlota que había atendido menos a los pronósticos de la vieja que a la relación lamentable de la muerte del Cacique volvió hacia Enrique sus bellos ojos llenos de lágrimas.

—Jamás he podido —dijo—, leer tranquilamente la historia sangrienta de la conquista de América. ¡Dios mío, cuántos horrores! Paréceme empero increíble que puedan los hombres llegar a tales extremos de barbarie. Sin duda se exagera, porque la naturaleza humana no puede, es imposible, ser tan monstruosa.

El mulato la miraba con indescribible expresión; Enrique se burló de sus lágrimas.

—Eres una niña, querida mía —la dijo—, ¿lloras ahora, por la relación de una vieja loca, la muerte de un ser que acaso no existió nunca sino en la imaginación de Martina?

—No, Enrique —respondió con tristeza la doncella—, no lloro por Camagüey ni sé si existió realmente, lloro sí al recordar una raza desventurada que habitó la tierra que habitamos, que vio por

---

[77]Reference to the slave rebellion on St Domingue against the French colonists, after which the island (Hispaniola) was divided into two. The western area became the independent black republic of Haiti in 1804, and the eastern, eventually, the Dominican Republic. The slaves killed many white planters and destroyed their properties. A number fled to Cuba (see Alejo Carpentier´s *El reino de este mundo*, which covers approximately the same period as *Sab*).

primera vez el mismo sol que alumbró nuestra cuna, y que ha desaparecido de esta tierra de la que fue pacífica poseedora. Aquí vivían felices e inocentes aquellos hijos de la naturaleza: este suelo virgen no necesitaba ser regado con el sudor de los esclavos para producirles: ofrecíales por todas partes sombras y frutos, aguas y flores, y sus entrañas no habían sido despedazadas para arrancarle con mano avara sus escondidos tesoros.[78] ¡Oh, Enrique! Lloro no haber nacido entonces y que tú, indio como yo, me hicieses una cabaña de palmas en donde gozásemos una vida de amor, de inocencia y de libertad.

Enrique se sonrió del entusiasmo de su querida haciéndola una caricia: el mulato apartó de ella sus ojos preñados de lágrimas.

¡Ah, sí! —pensó él—; no serías menos hermosa si tuvieras la tez negra o cobriza. ¿Por qué no lo ha querido el cielo, Carlota? Tú, que comprendes la vida y la felicidad de los salvajes, ¿por qué no naciste conmigo en los abrasados desiertos del Africa o en un confín desconocido de la América?

El señor de B... le arrancó de estos pensamientos dirigiéndole algunas preguntas respecto a Martina.

—¿Vive todavía? —le dijo.

—Sí, señor, vive a pesar de haber experimentado en estos últimos años dolorosos infortunios.

—¿Qué le ha sucedido, pues? —replicó con interés el caballero.

—Su nuera murió hace tres años y diez meses después dos de sus nietecitos. Un incendio consumió su casa, hace un año, y la dejó reducida a mayor miseria qué aquélla de que la sacara la bondad de su merced. Hoy día vive en una pequeña choza, cerca de las cuevas, con el único nieto que le queda, que es un niño de seis años al cual ama tanto más cuanto que el pobre chico está enfermo, y no promete una larga vida.

—La veremos —dijo D. Carlos— y la dejaremos instalada en una de mis estancias. ¡Pobre mujer! aunque extravagante es muy buena.

—¡Ah, sí ... muy buena! —exclamó con emoción el mulato, y

---

[78]According to Thomas (1971: 1512) the pre-Columbian inhabitants were devastated mainly due to overwork in the mines and disease. The Spanish exploited the mines with Indian and, later, slave labour.

animando con un grito a su caballo se adelantó a prevenir la llegada de sus amos al mayoral de la estancia donde iban a desmontar.

Eran las nueve de la noche cuando los viajeros entraron en Cubitas. La casa elegida para su domicilio, si bien de mezquina apariencia, era grande en lo interior y el mayoral y su mujer procuraron a los recién llegados todas las comodidades posibles. La cena que se les sirvió fue parca y frugal, pero la alegría y el apetito la hicieron parecer deliciosa. Nunca D. Carlos había estado tan jovial, ni Carlota tan risueña ni amable. La misma Teresa parecía menos displicente que de costumbre, y Enrique estaba encantado.

Cuando llegó la hora de recogerse a descansar:

—Amigo mío —le dijo Carlota, deteniéndose en el umbral del cuartito señalado para su dormitorio, y al cual él la conducía por la mano—, ¡cuán fácilmente pueden ser dichosos dos amantes tiernos y apasionados! En esta pobre aldea, en esta miserable casa, con una hamaca por lecho y un plantío de yucas por riqueza, yo sería dichosa contigo, y nada vería digno de mi ambición en lo restante del universo. Y tú ¿pudieras tampoco desear más?

Enrique por única contestación besó con ardor su hermosa mano, y ella atravesó el umbral sonriéndole con ternura. Dióle las buenas noches y cerró lentamente la puerta, que tornó a abrir para repetirle:

—Buenas noches —con una mirada inefable. Por fin la puerta se cerró enteramente y Enrique inmóvil y pensativo quedó un momento como si aguardase que volviese a abrirse aún otra vez. Luego sacudió la cabeza y murmuró en voz baja:

—¡No hay remedio! Esta mujer será capaz de volverme loco y hacerme creer que no son necesarias las riquezas para ser feliz.

—Señor, aguardo a su merced para conducirle a su dormitorio —dijo una voz conocida, a la espalda de Enrique. Volvióse éste y vio a Sab.

—¿Cuál es pues mi cuarto? —preguntó con cierta turbación.

—Ese de la izquierda.

Enrique se entró en él precipitadamente y Sab le siguió hasta la puerta, a la cual se detuvo dándole las buenas noches.

Una hora después todos dormían en la casa: sólo se veía un bulto

103

inmóvil junto a la puerta de la habitación de la señorita de B… pero al menor ruido que en el silencio de la noche se percibía en la casa, aquel bulto se movía, se elevaba y salía de él una respiración agitada y fuerte: entonces podía conocerse que aquel bulto era un hombre.

Una vez, hacia la madrugada, oyóse un ligero rumor acompasado, que parecía producido por las pisadas cautelosas de alguno que se acercaba. El bulto se estremeció profundamente y brilló en la oscuridad la hoja de un ancho machete. Los pasos parecían cada vez más próximos. El bulto habló en voz baja, pero terrible:

—¡Miserable! No lograrás tus inicuos deseos.

Un prolongado ladrido respondió a esta amenaza. Los pasos que se habían oído eran los de un perro de la casa.

El machete cesó de brillar y el bulto volvió a quedar inmóvil en su sitio: solamente el perro repitió por dos veces su ladrido, pero como acercándose más hubo de conocer olfateando a aquel cuya voz le había alarmado, calló también luego y todo quedó sumergido en profundo silencio.

Capítulo X

… La mezcla de extravagancia y de entusiasmo que reinaba en sus discursos rara vez dejaba de producir la más viva impresión en aquellos que la escuchaban. Sus palabras con frecuencia entrecortadas eran empero demasiado claras e inteligibles para que pudiese sospechársele en un verdadero estado de locura.

WALTER SCOTT *Guy Mannering*[79]

Las cuevas de Cubitas[80] son ciertamente una obra admirable de la naturaleza, que muchos viajeros han visitado con curiosidad e interés y que los naturales del país admiran con una especie de fanatismo. Tres son las principales, conocidas con los nombres de Cueva grande o de los negros cimarrones,[81] María Teresa, y Cayetano. La primera está bajo la gran loma de Toabaquei y consta de varias salas, cada una de las cuales se distingue con su denominación particular, y comunicadas todas entre sí por pasadizos estrechos y escabrosos. Son notables entre estas salas la de La Bóveda por su capacidad y la del Horno cuya entrada es una tronera a flor de tierra por la que no se puede pasar sino muy trabajosamente y casi arrastrándose contra el suelo. Sin embargo, es de las más notables salas de aquel vasto subterráneo y las incomodidades que se experimentan, al penetrar en ella, son ventajosamente compensadas con el placer de admirar las bellezas que contiene. Deslúmbrase el viajero que al levantar los ojos, en aquel reducido y tenebroso recinto, ve brillar sobre su cabeza un rico dosel de plata sembrado de zafiros y brillantes, que tal parece en la oscuridad de la gruta el techo singular que la cubre. Empero pocos minutos puede gozarse impunemente de aquel bello capricho de la naturaleza, pues la falta de aire obliga a los visitadores de la gruta a arrojarse fuera, temiendo ser sofocados por el calor

---

[79]Sir Walter Scott (1771–1832). Scottish writer whose historical novels were enormously popular and influential in Spain.

[80]The mountain range. These are the largest caves in Cuba.

[81]Fugitive slaves, who often established their own communities in remote areas.

excesivo que hay en ella. El alabastro no supera en blancura y belleza a las piedras admirables de que aquellas grutas, por decirlo así, se hallan entapizadas. El agua, filtrando por innumerables e imperceptibles grietas, ha formado bellísimas figuras al petrificarse. Aquí una larga hilera de columnas parecen decorar el peristilo de algún palacio subterráneo; allá una hermosa cabeza atrae y fija las miradas: en otra parte se ven infinitas petrificaciones sin formas determinadas, que presentan masas de deslumbrante blancura y figuras raras y caprichosas.

Los naturales hacen notar en la cueva llamada de María Teresa pinturas bizarras designadas[82] en las paredes con tintas de vivísimos e imborrables colores, que aseguran ser obra de los indios, y mil tradiciones maravillosas prestan cierto encanto a aquellos subterráneos desconocidos; que realizando las fabulosas descripciones de los poetas recuerdan los misteriosos placeres de las Hadas.

Nadie ha osado todavía penetrar más allá de la undécima sala, se dice empero vulgarmente que un río de sangre demarca su término visible, y que los abismos que le siguen son las enormes bocas del infierno. La ardiente imaginación de aquel pueblo ha adoptado con tal convicción esta extravagante opinión que, por cuanto hay en el mundo, no se atreverían a penetrar más allá de los limites a que se han concretado hasta el presente los visitadores de las cuevas, y lo estrecho y peligroso[83] que se va haciendo la senda subterránea, a medida que se interna, parece justificar sus temores.

D. Carlos de B… y su familia, llevando a Sab por CICERONE,[84] emprendieron, al día siguiente a su llegada a Cubitas, la visita de estas grutas. En la bajada, que es peligrosa, Carlota tuvo miedo, y el mulato, más diestro y vigoroso que Otway, fue esta vez también más dichoso, pues bajó casi en sus brazos a la doncella.

Teresa apenas necesitó ayuda: ágil y valiente descendió sin palidecer un momento, y con aquella fría serenidad que formaba su carácter. Sab bajó luego una a una con el mayor esmero a las niñas, y ayudó al señor de B… siendo Enrique el último que verificó

[82]'diseñadas', drawn.
[83]Servera corrects to 'lo estrecha y peligrosa que se va haciendo' (1997: 175).
[84]In capitals in the first edition. Guide (usually to antiquities).

aquel descenso, con más animosidad que destreza. A pesar del auxilio de una gruesa cuerda, y de la robusta mano de un negro, fallóle un pie en la mitad del declive y hubiera indudablemente caído, arrastrando consigo al esclavo, si Sab, que bajaba detrás de él, conduciendo una gran tea de madera resinosa, que en el país llaman coaba, no le hubiese socorrido con tanta oportunidad como osadía.

—Sab —díjole el inglés cuando todos juntos empezaban a recorrer las salas subterráneas—, te soy segunda vez deudor de la vida y casi me persuado que eres en la tierra mi ángel protector.

Sab no respondió nada pero sus ojos se fijaron en Carlota, cuyas miradas le expresaban con mayor elocuencia cuánto sabía agradecer aquel nuevo servicio prestado a su amante.

Sab que buscaba aquella gratitud no pudo sin embargo soportarla; apartó la vista de ella, suspiró profundamente y se dirigió hacia su amo, al cual entretuvo con la relación de algunas tradiciones populares, relativas a los sitios que recorrían.

Las paredes estaban llenas con los nombres de los visitadores de las grutas, pero la compañía no pudo dejar de manifestar la mayor sorpresa al ver el nombre de Carlota entre ellos, no habiendo ésta visitado hasta entonces aquellos sitios. En fin, después de emplear una gran parte del día en recorrer diferentes salas, las señoritas fatigadas mostraron deseos de descansar, y ya declinaba la tarde cuando a instancias suyas salieron de las grutas.

Sab les tenía dispuesta la comida, de antemano, en la choza de Martina, de la que ya nuestros lectores han oído hablar en el capítulo precedente, y toda la compañía se preparó con placer a ver a la vieja india.

Distaba poco de las cuevas la habitación de ésta, y los viajeros se vieron en el umbral de su humilde morada a los seis minutos de marcha.

Prevenida la vieja por Sab salió a recibir a sus huéspedes con cierto aire ridículamente majestuoso y que podía llamarse una parodia de hospitalidad. Rayaba Martina en los sesenta años, que se echaban de ver en las arrugas que surcaban en todas direcciones su rostro enjuto y su cuello largo y nervioso, pero que no habían impreso su sello en los cabellos, que si bien no cubrían sino la parte posterior del cráneo, dejando descubierta la frente que se prolongaba hasta la mitad de la cabeza, eran no obstante de un negro perfecto. Colgaba este mechón de pelo sobre la espalda descarnada de Martina, y la parte calva de su cabeza contrastaba de una manera singular, por su lustre y blancura, con el color casi cetrino de su rostro. Este color, empero, era todo lo que podía alegar a favor de sus pretensiones de india, pues ninguno de los rasgos de su fisonomía parecía corresponder a su pretendido origen.

Sus ojos eran extremadamente grandes y algo saltones, de un blanco vidriado sobre el cual resaltaban sus pequeñas pupilas de azabache: la nariz larga y delgada parecía haber sido aprensada, y la boca era tan pequeña y hundida que apenas se la veía, enterrada, por decirlo así, entre la prominencia de la nariz y la de la barba; que se avanzaba hacia afuera hasta casi nivelarse a ella.

La estatura de esta mujer era colosal en su sexo y a pesar de sus años y enflaquecimiento manteníase derecha y erguida, como una palma, presentando con una especie de orgullo el semblante superlativamente feo que hemos procurado describir.

Al encontrarse con don Carlos inclinó ligeramente la cabeza diciendo con parsimonia:

—Bien venido sea, tres veces bien venido el señor de B… a esta su casa.

—Buena Martina —respondió el caballero entrando sin cumplimiento en una pequeña sala cuadrada, y sentándose en una silla (si tal nombre merecía un pedazo de madera mal labrado)—, tengo el mayor gusto en volver a ver una tan antigua conocida como sois vos, pero me pesa hallaros en tan extremada pobreza. Sin embargo, Martina, los años no pasan por vos, lo mismo estáis que cuando os vi hace diez años. No diréis otro tanto de mí: leo en vuestros ojos que me halláis muy viejo.

—Es verdad, señor —repuso ella—, que estáis muy diferente de como os vi la última vez. Es natural —añadió con cierto aire melancólico—, porque aún no habéis llegado a ser lo que yo soy y os años hallan todavía algo que quitaros. El árbol viejo del monte, cuando ya seco y sin jugo sólo alimenta curujeyes,* ve pasar años

*El curujey es una especie de planta parásita que nace en el tronco de los árboles viejos.

108

tras años sin que ellos le traigan mudanza. El resiste a los huracanes y a las lluvias, a los rigores del sol y a la aridez de la seca: mientras que el árbol todavía verde sufre los ataques del tiempo y pierde poco a poco sus flores, sus hojas y sus ramas. Pero he aquí —añadió echando una ojeada sobre Enrique y las dos señoritas y luego en las cuatro niñas que la rodeaban—, he aquí tres hermosos árboles en todo el vigor de su juventud, con todos los verdores de la primavera, y cuatro tiernos arbolitos que van creciendo llenos de lozanía. ¿Son todos hijos vuestros? Pensaba que no teníais tantos.

D. Carlos tomó de la mano a Enrique.

—No es mi hijo este mancebo —la dijo—, pero lo será en breve. Os presento en él, querida Martina, al esposo de mi Carlota.

—¡Al esposo de vuestra Carlota! —repitió la vieja con tono de sorpresa e inquietud y echando en torno suyo una mirada cuidadosa, que pareció detenerse en el mulato que se mantenía respetuosamente detrás de sus amos. Luego volviéndose hacia las dos señoritas examinólas alternativamente.

—Una de ellas es mi hija y otra mi pupila —dijo don Carlos notando aquel examen—, vamos a ver si adivináis cuál es Carlota. No he olvidado, Martina, que os preciáis de fisonomista.

La vieja miró fijamente a Teresa, cuyos ojos distraídos recorrían el reducido recinto de la pequeña sala en que se hallaba, y luego desviando lentamente su mirada la detuvo en Carlota, que se sonreía encendida como la grana. Los ojos de la india (pues no pretendemos disputarla este nombre) se encontraron con los de la linda criolla.

—Esta es —exclamó al momento Martina—, esta es Carlota de B... he conocido esa mirada ... sólo esos ojos podrían ... —y se detuvo como turbada, añadiendo luego con viveza—: Solamente ella puede ser tan hermosa.

Carlota se mortificó de un elogio que le pareció poco atento en presencia de su amiga, mas Teresa no atendía a la conversación y tenía fijos los ojos en aquel momento en un objeto extraño y lastimoso, en el cual aún no había reparado nadie sino ella.

En una especie de tarima de cedro, sobre una estera de guano[85]

---

[85]Matting made of palm leaves.

yacía acurrucada en un rincón oscuro de la sala una criatura humana, que al pronto apenas podía reconocerse como tal. Mirándole con más detención notábase que era un niño, pero la horrible enfermedad que le consumia había casi del todo contrahecho su figura. Su cabeza voluminosa, cubierta por cabellos pobres y ásperos, se sostenía con trabajo sobre un cuello tan delgado que parecía quebrantado por su peso, y sus ojos pequeños y hundidos aparecían rodeados de una aureola cárdena, que se extendía hasta sus pálidas mejillas. Sonreía el infeliz y se entretenía con un perrillo que estaba tendido entre sus dos flacas piernecitas, reclinada su cabeza en el abultado vientre del niño.

Las miradas de Teresa habían dirigido hacia aquel sitio las de todos los individuos de la compañía, y Martina, observándolo exclamó con tristeza:

—¡Es mi nieto!, ¡mi único nieto! … Nada más me queda en el mundo … Mi hijo, mi nuera, mis dos nietecitos, tan lindos y tan robustos … ¡todos han muerto! Esta pobre criatura raquítica es lo único que me queda … es la última hoja marchita que se desprenderá de este viejo tronco.

D. Carlos y sus hijos conmovidos se aproximaron al pequeño enfermo, pero divisando a Sab en aquel momento arrojó el niño un grito penetrante de alegría, y el perro saltó, aullando también. Arrastrábase el niño fuera de la tarima para acercarse al mulato, brillando en sus apagados ojos una vislumbre de felicidad, y el perro saltaba moviendo la cola y aullando, y mirando alternativamente al niño y al mulato, como si quisiera indicar a éste que debía aproximarse a aquél. Hízolo Sab y al momento la pobre criatura se colgó de su cuello y el animal redoblando sus aullidos,[86] como si celebrase tan tierna escena corría en torno de los dos, y se levantaba ora poniendo sus manos sobre los muslos del mulato, ora sobre la espalda del niño.

Martina contemplaba aquel cuadro con visible emoción: la ridícula gravedad con que se presentara a sus huéspedes había desaparecido y volviendo a don Carlos sus negros ojos, en los que temblaba una lágrima:

[86]In first edition, ' ahullando' and 'ahullidos'.

—Ya lo veis —le dijo—, su cuerpo está casi muerto pero aún hay vida en su corazón. ¡Pobre desgraciado! ¡vive todavía para amar: ama a Sab, a su perro y a mí, a las únicas criaturas que pueden apreciar y corresponder su cariño! ¡Pobre desgraciado! — Y enjugó con su delantal la lágrima que ya había resbalado por su mejilla.

—Martina —le dijo don Carlos—, habéis sido muy desgraciada, lo sé.

—Aún pude serlo más —respondió ella—, vi expirar en mis brazos unos tras otros mis hijos y mis nietos: quedábame uno solo … ¡Éste! Un incendio consumió mi casa y hubiera perecido entre las llamas mi pobre nieto sin el valor, la humanidad …

Martina se detuvo repentinamente. El mulato, que acababa de desprenderse del niño y del perro, habíase puesto de pie frente a ella y su mirada imperiosa ahogó en sus labios las palabras que iba a proferir. D. Carlos y sus hijos la invitaron en vano a continuar su comenzada relación: Martina varió de objeto y preguntó a D. Carlos si quería que se les sirviese la comida. Luego que Sab se alejó para prepararla, volvióse la anciana a sus huéspedes y con voz baja y cautelosa, y acento más conmovido prosiguió:

—Sí, él fue, él quien salvó a mi pobre Luis, pero no se puede hablar de ello en su presencia: oféndele la expresión de mi gratitud. Mas, ¡ah!, ¿por qué había yo de ahogarla? ¿por qué? … me es tan dulce repetir: «¡A él debo la vida de mi último nieto!»

Carlota a estas palabras aproximó su silla a la de Martina escuchándola con vivísimo interés. El mismo Enrique le prestaba atención: sólo Teresa manteníase algo desviada y como distraída. Martina prosiguió.

—Una feliz casualidad trajo a Sab a esta aldea algunos días antes del fatal incendio que me redujo a la indigencia. Visitábame a menudo y yo le amaba, porque él había asistido en sus últimos momentos a mi hijo, porque él fue nuestro consolador cuando había otros seres que participasen mis dolores. Luego que los perdí todavía estuvo él junto a mí y lloramos juntos. El acompañó a su última morada a mis dos nietecitos, y el día en que enterró al último de ellos, volviendo a casa traía los ojos llenos de lágrimas y me abrazó gimiendo. «Sab», le dije en mi dolor señalando a mi pobre

111

Luis, «ya no tengo más que a él en el mundo … no me queda otro hijo.» «Aún tenéis otro, madre mía», exclamó uniendo sus lágrimas a las mías y con un acento que me parece estar oyendo todavía; «yo soy también un pobre huérfano: nunca di a ningún hombre el dulce y santo título de padre, y mi desgraciada madre murió en mis brazos: soy también huérfano como Luis, sed mi madre, admitidme por vuestro hijo.» «Sí, yo te admito», le respondí levantando al cielo mis trémulas manos. Él se arrodilló a mis pies y en presencia del cielo le adopté desde aquel momento por mi hijo.

Martina se detuvo para enjugar las lágrimas que hilo a hilo caían de sus ojos; Carlota lloraba también; D. Carlos tosía para disimular su conmoción, y aun Enrique se mostraba enternecido. Teresa verosímilmente no atendía a lo que se hablaba, entretenida al parecer en limpiar con su pañuelo un pedazo de piedra muy hermosa, que había cogido en las grutas.

—Sab estaba en Cubitas cuando el incendio de mi casa —prosiguió Martina—, de aquella casa que yo debía a vuestra bondad, señor D. Carlos, y a la eficacia de mi hijo adoptivo. El incendio consumía mi morada y yo medio desmayada en brazos de algunos vecinos atraídos por la compasión, o la curiosidad, veía los rápidos progresos del fuego y gritaba en vano con todas mis fuerzas: «¡Mi nieto! ¡Mi Luis!» Porque el niño, abandonado por mi en el primer instante de susto y sorpresa, iba a ser devorado por las llamas, que ya veía yo avanzar hacia el lado en que se encontraba el infeliz. «Dejadme ir —gritaba yo—, dejadme salvarle o morir con él.» Pero me agarraban estorbando mi desesperado intento y aunque penetrados de compasión todos, ninguno se atrevía a exponer su vida por salvar la de un pobre niño enfermo.

—¡Y Sab le salvó! —exclamó con viveza y emoción la señorita de B…— ¿no lo habéis dicho así, buena Martina? ¡Sab le salvó!

—¡Sí! —respondió la anciana olvidando su cautela y levantando la voz en el exceso de su entusiasta gratitud—. ¡Sab le salvó! Por entre las llamas y quemados los pies y ensangrentadas las manos, sofocado por el humo y el calor cayó exánime a mis pies, al poner en mis brazos a Luis y a Leal … a este perro que entonces era pequeñito y dormía en la cama de mi nieto. ¡Sab los salvó a ambos!

112

sí, su humanidad se extendió hasta el pobre animalito.

Y Martina acariciaba con mano trémula al perrillo, que al oír su nombre había corrido a echarse a sus pies.

Carlota lloraba todavía y todavía tosía D. Carlos, pero Enrique se había distraído de la relación de la anciana con la piedra que limpiaba Teresa y de la cual ambos admiraban el brillo extraordinario.

—¡Es hermosa! —decía Enrique.

—¡Oh, sí, es hermosa! —repetía Martina que no echara de ver la distracción de dos de sus oyentes—. Es hermosa el alma de ese pobre Sab, ¡muy hermosa! Luego quedé sin casa, sin más bienes que mi nieto enfermo y su perro, no hallé otro asilo que esas cuevas, morada algunas veces de los negros cimarrones y siempre de los cernícalos y murciélagos.

Allí hubiera acabado miserablemente mis tristes días sin el ángel protector de mi vida. Sab, el mismo Sab ha levantado para su vieja madre adoptiva esta choza, en que tengo el honor de recibiros: él ha trabajado con sus manos los toscos muebles que me eran necesarios: él me ha dado todos sus ahorros de muchos años para aliviar mi miseria: él con su cariño, con su bondad ha hecho renacer en este viejo y lacerado corazón las emociones deliciosas del placer y la gratitud. Sí, todavía palpita este pecho cuando le veo atravesar el umbral de mi humilde morada; todavía vierten estos ojos lágrimas de enternecimiento y de alegría cuando le oigo llamarme su madre, su querida madre. ¡Oh Dios mío, Dios mío! —añadió elevando al cielo sus manos descarnadas—, ¿por qué ha de ser desgraciado siendo tan bueno?

En aquel momento Sab se presentó trayendo una mesita de cedro, que estaba destinada a la comida, y su presencia aumentó la conmoción que el relato de Martina había producido. D. Carlos, olvidando que se le había confiado a escondidas del mulato la historia de sus buenas acciones, alargóle la mano y haciéndole aproximar a su silla:

—Sab —le dijo—, Sab —repitió cada vez con más viva expresión—, ¡eres un excelente mozo!

El mulato pareció adivinar de lo que se trataba y arrojó a Martina una mirada de reconvención.

—Sí, hijo mío —exclamó la vieja—, sí, puedes reconvenirme porque he faltado a la promesa que me exigiste: pero ¿por qué quieres Sab, querido Sab, por qué quieres privar a tu vieja madre del placer de bendecirte, y de decir a todos los corazones buenos y generosos; mi hijo se os parece? Sab, amigo mío, perdóname, pero yo no puedo, no puedo complacerte.

Carlota redobló su llanto, y cubrió su lindo rostro con sus manos, como para ocultar el exceso de su emoción; pero Sab había visto correr sus lágrimas y cayó de rodillas.

—Madre mía —prorrumpió con trémula y enternecida voz—; sí, yo os perdono y os doy gracias: yo os debo las lágrimas de Carlota —añadió, pero estas últimas palabras fueron proferidas tan débilmente que nadie, excepto Martina, pudo percibirlas.

—Sab —dijo el señor de B... levantándole y abrazándole con extrema bondad—, yo me envanezco de tu bello corazón: sabes que eres libre y desde hoy ofrezco proporcionarte los medios de seguir los generosos impulsos de tu caritativo corazón. Sab, continuarás siendo mayoral de Bellavista, y yo te señalaré gajes proporcionados a tus trabajos, con los cuales puedas tú mismo irte formando una existencia independiente. Respecto a Martina corren de mi cuenta ella, su nieto y su buen Leal. Quiero que al marcharme de Cubitas quede instalada en la mejor de mis estancias y la señalaré una pensión vitalicia, que recibirá anualmente por tu mano.

Sab volvió a arrojarse a los pies de su amo, cuya mano cubrió de besos y lágrimas. Carlota se colgó de su cuello besando también la frente y los cabellos del buen papá, y su vestido rozando en aquel momento con el rostro del mulato fue asido tímidamente, y también recibió un beso y una lágrima. ¿Y quién no lloraría con tan tierna escena? ¡Teresa, únicamente Teresa! Aquella criatura singular se había alejado fríamente del cuadro patético que se presentaba a sus miradas, y parecía entonces ocupada en examinar de cerca la figura deforme del pobre niño. Enrique, menos frío que ella, miraba conmovido ora a don Carlos, ora a su querida, y luego dando un golpecito en el hombro de Sab, que aún permanecía arrodillado:

—Levántate, buen muchacho —le dijo—, levántate que has

procedido bien y quiero yo también recompensarte. Diciendo esto puso en su mano una moneda de oro, pero la mano se quedó abierta y la moneda cayó en tierra.

—Sab —dijo Carlota con tierno acento—, Enrique quiere sin duda que des esa moneda, en nombre suyo, al pequeño Luis.

El mulato levantó entonces la moneda y la llevó al niño que la tomó con alegría: Teresa estaba sentada en la misma tarima de Luis y Sab creyó al mirarla que tenía los ojos humedecidos; pero sin duda era una ilusión porque el rostro de Teresa no revelaba ninguna especie de emoción.

Martina quiso dar las gracias al señor de B... por su caritativa promesa, pero éste, que deseaba cortar una conversación que le había causado ya demasiado enternecimiento, mandó traer la comida, rogando a Martina no se ocupase por entonces sino en hacer dignamente los honores de la casa. Servida la comida el señor de B... quiso absolutamente que se sentasen con ellos no solamente Martina sino también Sab. La vieja india, que pasado el primer momento del entusiasmo de su gratitud había recobrado su aire ridículamente majestuoso, y tal cual ella creía convenir a la descendiente de un Cacique, ocupó sin hacerse de rogar una cabecera de la mesa, y Sab se vio precisado por su amo a colocarse en un frente, en medio a la mayor de sus niñas y de Teresa. Martina aprovechó la ocasión que le dieron algunas preguntas de Carlota, para repetir los maravillosos cuentos que ya mil veces había contado, de la muerte de Camagüey y las apariciones de su alma en aquellos alrededores. Las niñas la escuchaban abriendo sus grandes ojos con muestras de vivo interés y admiración, sin cuidarse ya de comer: Enrique no parecía tampoco con gran apetito y se notaba en su aire cierto descontento, acaso por un pueril sentimiento de vanidad, que le hacía no aprobar la excesiva bondad de don Carlos, en sentar a su mesa un mulato que quince días antes aún era su esclavo. Ninguna vanidad tan ridículamente susceptible como la de aquellos hombres de la nada que se ven repentina-mente, por un capricho de la suerte, elevados a la fortuna.

Carlota por el contrario estaba radiante de placer y agradecía a su padre la ligera distinción que concedía al libertador de Luis y bienhechor de Martina. Ella era siempre la que se adelantaba a ofrecer al confuso mulato, ya de este ya de aquel plato; ella la que le dirigía la palabra con acento más dulce y afectuoso, y la que, con exquisita delicadeza, evitaba que en la conversación general se escapase una sola palabra que pudiese herir la sensibilidad o la modestia de aquel excelente joven, cuyo corazón merecía tantos miramientos: hizo ella misma el plato destinado a Luis, y no olvidó tampoco a Leal. Mirábala de rato en rato Martina, aunque no cesase de relatar sus sempiternos cuentos, y luego miraba también a Sab. Una vez después de estas miradas suspiró profundamente y sus ojos se cargaron de lágrimas: era precisamente cuando refería la triste historia del Cacique Camagüey, y nadie extrañó su conmoción.

Era necesario regresar a la estancia de D. Carlos pues se iba haciendo tarde: al despedirse de Martina dejóle éste su bolsillo[87] lleno de dinero, y la vieja le colmó de bendiciones. Enrique le dio cariñosos adioses, y Carlota la abrazó con las lágrimas en los ojos, e igualmente al pequeño Luis: luego acarició a Leal recomendándoselo al niño y salió a juntarse con el resto de la compañía, que la aguardaba para partir.

La despedida de Sab fue más larga: tres veces le abrazó Martina y otras tantas tornó a abrazarle con mayor afecto. Luego Luis, colgado de su cuello, parecía reanimado por el cariño que su hermano adoptivo le inspiraba. Sab iba por último a arrancarse de sus brazos, dándole con paternal afecto el último beso cuando el niño, reteniéndole con extraña tenacidad:

—Escucha —le dijo—, tengo que pedirte una cosa, una cosa muy bonita que me han dado para ti; pero que tú, que eres tan bueno, querrás dejarme.

El mulato oyó la voz de su amo que le llamaba para partir, y apartándose de Luis:

—Sí —le contestó, sin atender al objeto que excitaba los deseos del niño y que éste apretaba en su mano derecha, cerrada con fuerza—, sí, yo te la regalo.

—Ya lo sabía yo —exclamó con pueril regocijo el enfermo—, ¡ah! qué bueno eres: ya lo sabía yo desde que me dio este regalo

[87]'Bolsa', money bag.

116

aquella señora, que lloraba al dármelo para ti; pero tú no lloras porque se lo das a tu hermano: tú eres mejor que ella.

—¡Cómo! ¿Una señora te dio ese regalo para mi? —exclamó el mulato volviendo a arrodillarse sobre la tarima de Luis.

—Sí, una de ésas que han estado hoy en casa, y me dijo que tú le amarías mucho: ¡ya lo creo! ¡es tan bonito! Pero tú amas más a tu hermano y por eso se lo has dado —y el niño acariciaba la cabeza de Sab, pero éste no atendía ya a sus halagos.

—¡Una de estas señoras te lo ha dado! ¡para mí! ¡Oh! ¡dámelo, dámelo! —y arrancó de la mano del niño, que defendía su tesoro con todas sus fuerzas, aquel objeto que excitaba ya su más ardiente anhelo.

—No me lo quites: ¡tú me lo has dado! ¡es mío, es mío!— gritaba llorando Luis, y Sab precipitándose junto a la mesa, donde ardía una bujía, devoraba con los ojos aquel presente misterioso. Era un brazalete de cabellos castaños de singular hermosura, y el broche lo formaba un pequeño retrato de miniatura.

—¡Es mío! ¡Dámele! —repetía el niño tendiendo sus descarnados brazos y sus manitas transparentes.

—¡Es ella! —exclamaba sin oírlo el mulato—. ¡Es su retrato! ¡su pelo! ¡Dios mío, es ella!

Volvió a caer de rodillas junto a la tarima del enfermo y enajenado, convulso, fuera de sí, apretaba el brazalete y al niño sobre el pecho, gritando siempre:

—¡Es ella! ¡Es ella!

El niño casi sofocado entre sus brazos procuraba desasirse sin dejar de repetir:

—¡Es mío! ¡Es mío!

—En nombre del cielo —le dice Sab—, en nombre del cielo repíteme lo que me has dicho: Luis, dímelo otra vez, dime que fue ella quien te ha dado esto para mí.

—Sí, pero tú me lo has regalado —decía la pobre criatura.

—¡Oh! Yo te daré mi vida, mi alma, todo lo que quieras, Luis, pero dímelo: ¿fue ella? —Y oprimía entre las suyas las delicadas manos del niño.

—¡Me haces mal! —gritó amedrentado de los arrebatos de su hermano adoptivo—. ¡Sab déjame!, no te pediré más esa cosa tan bonita. ¡Suéltame, ay, me rompes las manos¡— lloraba el niño y Sab era insensible a su llanto.

—¡Fue ella! ¡Fue ella! —repetía cada vez más enajenado.

—Sí, ella —respondió balbutiando[88] Luis—, esa señora, la más chica de las dos grandes, esa de los ojos verdes, y …

—¡Oh! ¡Teresa! ¡Teresa! —le interrumpió tristemente Sab, soltando las manos del niño—: ¡Teresa ha sido!

—Mira, me lo dio envuelto en ese papelito y yo le saqué para mirarle. Toma el papel, y dame eso, dámelo querido Sab, tú me lo ofreciste.

Sab tomó el papel en el cual escritas con lápiz leyó estas palabras: «Luis ofrece al que ha salvado dos veces la vida de Enrique Otway esta prenda, en compensación de los beneficios que le debe.»

—¡Teresa! ¡Teresa! —exclamó Sab—: tú has penetrado, pues, en este corazón, tú conoces todos sus secretos, tú sabes cuánto aborrezco esa vida que he salvado dos veces y comprendes todo el precio de mi generosidad. ¡Oh, Teresa! este presente tuyo es lo más precioso que podías darme; pero acaso puedo yo pagarte muy en breve: sí, lo haré, lo haré y te bendeciré mientras palpite este corazón, del cual no se apartará jamás el inestimable tesoro que me has creído digno de poseer.

La voz del señor de B…, impaciente ya con la tardanza del mulato, se oyó en aquel momento, llamándole para partir. Sab ocultó en su pecho el precioso brazalete y arrancándose de los brazos del niño, que aún le repetía «¡dámelo!», lanzóse fuera de la sala. Encontróse a Martina que entraba a buscarle: todos los viajeros estaban ya a caballo y sólo por él se aguardaba.

Sab, todo turbado, murmuró una excusa insignificante y tomando su jaco se adelantó a paso largo, sirviendo de guía a los viajeros.

---

[88]More correctly, 'balbuceando', stammering.

Capítulo XI

«¿Cuál es vuestro designio? ¿Qué significa
ese lenguaje misterioso?»
SHAKESPEARE *Macbeth*[89]

En efecto, aquel brazalete tejido con cabellos de la hermosa hija de
D. Carlos, y cuyo broche era el retrato de ésta, fue regalado a
Teresa por su amiga hacía algunos años y desde entonces pocas
veces dejaba de llevarlo, pues si su carácter, seco y huraño, la hacía
poco afectuosa con Carlota, su corazón, noble y agradecido, sabía
apreciar dignamente la preciosa prenda de una amistad tan sincera
como aquella que debía a su interesante compañera.

Sab, poseedor de tan inestimable joya, apretábala a su seno mil
y mil veces, bendecía a Teresa y buscaba sus miradas deseoso de
que leyera en las suyas la inmensa gratitud de su corazón. Pero eran
vanos sus esfuerzos. Durante el camino Teresa, sepultada en el
fondo del carruaje, no levantó los ojos de un libro que al parecer
leía, y llegaron de noche a la estancia sin que Sab hubiese podido
dirigirla ni una palabra, ni una mirada de agradecimiento.

Inútilmente buscó después proporción[90] de hablarla un momento,
Teresa lo evitó con tanto cuidado que le fue imposible conseguirlo.

Dos días más pasaron en Cubitas nuestros viajeros, empleados
por D. Carlos en hacer conocer a su futuro yerno todas las tierras
que le pertenecían, y en mostrar a las señoritas otras curiosidades
naturales del país. Entre ellas el río Máximo,[91] llamado de los
cangilones, cuyas limpidas aguas corren mansamente por medio de
dos simétricas paredes de hermosas piedras, y en cuyas márgenes
pintorescas florecen las clavellinas, y una infinidad de plantas

---

[89] Act I, Scene iii. Macbeth addresses the witches for the first time: 'Speak, if you
can. What are you?'

[90] 'la ocasión', the opportunity.

[91] Májimo in first edition. The 'cangilones' are saucer-shaped, marble depressions
in the rock caused by river erosion.

raras y preciosas. Sab les hizo ver también los paredones, cerros elevados y pedregosos por medio de los cuales se extiende un camino de doce o catorce varas de ancho.[92] El viajero, que transita por dicho camino, no puede levantar la vista hacia la altura sin sentir vértigos y cierto espanto, al aspecto imponente de aquellas grandes moles, paralelas y de admirable igualdad, que no ha levantado ninguna mano mortal.

Carlota hubiera deseado aguardar en Cubitas la vuelta de su amante, que se veía obligado a ir por algunos días a Guanaja; pero el Sr. de B... había determinado de antemano regresar a Bellavista el mismo día que Otway partiese a Guanaja. Estaba impaciente el buen caballero por enviar a Sab a Puerto-Príncipe y acercarse él mismo a aquella ciudad, a fin de tener más presto las noticias que deseaba. En el último correo de la Habana no había tenido carta de su hijo ni de sus preceptores. Sab, que había ido a la ciudad, como sabe el lector, llevando entre otros el encargo de sacar las cartas del correo, había declarado al llegar (el día en que partieron para Cubitas), que no había carta ninguna para el señor de B.... Extraño era este silencio de su hijo que no dejaba de escribirle un solo correo, y extraño también que su corresponsal de negocios no le mandase, como acostumbraba, los periódicos de la Habana, mayormente cuando debían contener la noticia del sorteo de la gran lotería; que ya sabía D. Carlos por Enrique haber caído el premio mayor en Puerto-Príncipe. Deseaba, pues, con toda la impaciencia de que era susceptible su carácter, tener noticias de su hijo, cuyo silencio le inquietaba, y saber cuál era el número premiado. Aunque, como ya hemos dicho, no era don Carlos codicioso, ni diese demasiada importancia a las riquezas, no dejaba de conocer con dolor cuánto las suyas estaban desmembradas, y cuán bello golpe de fortuna sería para él sacar 40.000 duros a la lotería. Por tanto, al saber que este premio cayera en Puerto-Príncipe, latió su corazón de esperanza y acordándose que tenía dos billetes, y Teresa y Carlota cada una otro: ¿quién sabe, dijo, si

[92]The Paso de los Paredones is a ravine one kilometre in length and 25 metres wide running through the highest peaks of the Sierra de Cubitas, the Limones and Tuabaquey. The walls of the gorge are 50 metres (150 feet) high. This was the route of the old road between Puerto Príncipe and the north, known as the 'camino de Guanaja'.

uno de estos cuatro billetes será el premiado? ¡Oh, si fuese el de Carlota!, ¡qué felicidad! Pero, no, añadió prontamente el generoso caballero; más bien deseo que sea el de Teresa: ella lo necesita más. ¡Pobre huérfana, que no ha heredado más que un mezquino patrimonio! Carlota será sin la lotería bastante rica, mayormente casándose con Enrique Otway.

Enrique partió para Guanaja pasados tres días en Cubitas y la familia de B... para Bellavista, después de dejar instalada a Martina en su nuevo domicilio, colmándola de regalos y recibiendo en cambio sus bendiciones.

¡Cómo pierden su hermosura los objetos mirados por los ojos de la tristeza! Carlota al restituirse a Bellavista miraba con indiferencia aquellos mismos campos, fértiles y hermosos, que tan grata impresión le causaran tres días antes, admirándolos con Enrique.

Iba a estar ocho días separada de aquel objeto de toda su ternura y su tristeza era tanto mayor cuanto que una vaga inquietud, un indefinible temor atormentaban por primera vez su imaginación.

En los tres días pasados en Cubitas habíale parecido su amante frecuentemente triste y caviloso, y sus adioses fueron fríos. Cuando Carlota le hablaba de su próxima unión, Enrique callaba o contestaba con cierta confusión: cuando Carlota le reprochaba su displicencia, Enrique se disculpaba con pueriles pretextos. Una desconfianza indeterminada, pero cruel, oprimió por primera vez aquel cándido y confiado corazón. No me ama tanto como yo le amo: se atrevió Carlota a confesare a sí misma: alguna cosa le aflige que no se atreve a confiarme. ¡Enrique tiene secretos para mí! ¡para mí, que le he entregado mi alma toda entera!, ¡para mí, que seré en breve su esposa!

Trataba en vano de adivinar la causa secreta de las cavilaciones de Enrique y preguntábasela a su propio corazón. ¡Ah!, ¿cómo había de responderle aquel noble y desinteresado corazón? Carlota oyó decir a su padre que Otway se había sorprendido al saber el poco valor y escasos productos de las tierras que poseía en Cubitas; pero, ¿podía ella sospechar remotamente que aquel descubrimiento influyese en la tristeza y frialdad de su amante? ... Si un desgraciado instinto se lo hubiese revelado, Carlota no hubiera podido amar ya, pero acaso tampoco hubiera podido vivir.

121

Melancólica y preocupada llegó al anochecer a aquel ingenio del cual saliera tres días antes con tan risueñas disposiciones, y sabiendo que Sab debía partir al día siguiente para la ciudad pretextó tener que escribir varias cartas a algunas de sus conocidas y se encerró en su cuarto, para entregarse toda a su tristeza e inquietud; D. Carlos siguió su ejemplo retirándose a su escritorio, con el verdadero objeto de escribir muchas cartas que debía Sab llevar al correo, y las niñas fatigadas no tardaron en dormirse. Así únicamente Teresa permanecía en la sala al cuarto de hora de llegar al ingenio. Todos, al parecer, la habían olvidado y hallóse sola enteramente. Levantóse entonces de la butaca, en que se había sentado, y acercándose con cautela a la puerta del cuarto que servía de dormitorio a las dos, y en el cual se hallaba entonces encerrada Carlota, aplicó el oído a la cerraja[93] y escuchó atentamente por espacio de algunos minutos. Luego volvióse muy despacio a su silla.

—¡No hay duda! —dijo en voz baja—, ¡he oído sus sollozos! Carlota, ¿qué puede afligirte? ¡Eres tan dichosa!, ¡todos te aman!, ¡todos desean tu amor! ... ¡Deja las lágrimas para la pobre huérfana, sin riquezas, sin hermosura!, a la que nadie pide amor, ni ofrece felicidad!

Inclinó lánguidamente la cabeza, y quedó sumida en tan larga y profunda meditación que durante más de dos horas no hizo el menor movimiento, ni apenas podría percibirse que respiraba. La vela de sebo, que ardía a su lado sobre una mesa, habíase gastado sin que ella lo advirtiese y estaba ya próxima a extinguirse. Por fin, volviendo progresivamente de aquella especie de letargo, exhaló primero un hondo suspiro; levantó luego con lentitud la cabeza y echó una ojeada al reloj de mesa que estaba junto a ella.

—¡Las diez! —exclamó— ¡las diez! ¡Hace, pues, dos horas que estoy aquí sola!

Miró luego la puerta del cuarto en que se hallaba Carlota, y que permanecía cerrada todavía, y por último fijó los ojos en la vela expirante, que ya apenas iluminaba débilmente los objetos, si bien arrojaba por intervalos ráfagas de vivísima luz.

—Así un corazón gastado por los pesares —dijo tristemente—

[93]'Cerradura', lock.

arroja aún de tiempo en tiempo destellos de entusiasmo, antes de apagarse para siempre: así mi pobre corazón cansado de amargura, despedazado de dolores, vierte todavía sobre mis últimos años de juventud el resplandor siniestro de una llama criminal y terrible.

La luz arrojó en aquel momento una ráfaga más viva que las anteriores; pero fue la última: Teresa quedó en profunda oscuridad, y oyóse entonces su voz proferir con acento más triste:

—Así te extinguirás, desgraciado fuego de mi corazón, así te extinguirás también por falta de pábulo[94] y de esperanza.

—¡No, Teresa! ¡Aún hay para vuestro amor una esperanza! aún podéis ser dichosa —respondió otra voz no menos sombría, que Teresa escuchó casi en su mismo oído. Lanzó ella un ligero grito, que al parecer fue sofocado por una mano colocada oportunamente sobre su boca.

—¡Silencio! ¡Silencio! —repitió la misma voz—, silencio si no queréis perdernos a ambos. Teresa, yo os debo mucho y acaso puedo pagaros: vos habéis adivinado mi secreto y yo en cambio poseo el vuestro. Es preciso que haya una explicación entre nosotros: es preciso que me oigáis. ¿Lo entendéis, Teresa? Esta noche, cuando el reloj que hace un momento mirabais, haya sonado las doce, os aguardo en las orillas del río a espaldas de los cañaverales del sur. Mañana debo partir y es forzoso que me oigáis antes, porque esta conferencia, yo os lo juro, decidirá de mi suerte y la vuestra: ¡acaso también de la suerte de otros! ¿Juráis acudir a la cita, que os pido en nombre de todo lo que más amáis?

—Sab —respondió Teresa con voz trémula y asustada—, ¿qué quieres decir? Soy una desgraciada a quien debes compadecer.

—Y a la que quiero y puedo hacer dichosa —repuso con vivacidad su interlocutor—. Yo os lo suplico por la memoria de vuestra madre, Teresa: dignaos otorgarme lo que os pido! Mi vida, la vuestra acaso depende de esta condescendencia.

—¡A las doce! ¡sola! ¡tan distante! —observó en voz baja la doncella.

—¡Y qué! ¿tendréis miedo del pobre mulato, a quien creísteis digno de recibir de vos el retrato de Carlota? ¿Me tendréis miedo, Teresa?

[94]Nourishment.

—No —respondió ella con voz más segura—. ¡Sab! yo te lo prometo, acudiré a la cita.

—¡Bendita seas[95] mujer! ¡Y bien! a las doce, a orillas del río, a espaldas de los cañaverales del sur.

—Allí me hallarás.

—¿Lo juras, Teresa?

—¡Lo juro!

A este diálogo habido en las tinieblas sucedió en la sala un silencio profundo, y cuando tres minutos después salió don Carlos de su escritorio llamando a Sab, para entregarle las cartas que debía llevar a la ciudad, encontró a Teresa en la misma butaca en la que la había visto al dejar la sala, y al parecer profundamente dormida. A las voces del señor B... y al ruido de la puerta del cuarto de Carlota, que se abrió casi al mismo tiempo, despertó de su sueño, y oyó esperezándose[96] la dulce voz de su amiga que le decía abrazándola:

—Teresa mía, perdona el que te haya dejado sola por tanto tiempo. ¡Tenía tanto que escribir! —Y al momento, como si se arrepintiese de ser poco sincera con su amiga, añadió más bajo—: ¡Tenía tanta necesidad de estar sola!

Teresa sin prestar atención a esta excusa miró alrededor de sí, como si después de un tan largo sueño apenas recordase el sitio en que se hallaba.

—¿Qué hora es? —preguntó seguidamente.

—Mira el reloj —respondió Carlota—, son las diez dadas y creo justo nos recojamos, tanto más cuanto me parece estás muy dispuesta a volver a dormirte. Pero he aquí a Sab que recibe órdenes y cartas: mañana al amanecer marcha a la ciudad; voy a darle dos cartas que he escrito para nuestras amigas. ¿No tienes tú nada que encargar a Puerto-Príncipe?

—Nada —contestó Teresa, levantándose y dirigiéndose hacia el dormitorio, al cual le siguió Carlota después de poner en manos del mulato sus dos cartas, y de recibir un beso y una bendición de su padre.

—Te habrás fastidiado mucho, mi buena Teresa —dijo

[95]Note the familiar form of address, 'tú'.
[96]More correctly, 'desperezándose', on waking.

124

cariñosamente a su compañera, después de cerrar la puerta y mientras se desnudaba para acostarse—. ¡Tan sola como estabas! ¿qué has hecho?

—Dormir, ya lo has visto —respondió Teresa, que ya estaba en la cama y al parecer muy próxima a volver a dormirse.

—He sentido mucho dejarte sola —repuso Carlota—; pero mira, ¡tenía tanta necesidad de soledad y silencio! ¡Estaba tan triste! ¡tan agitada!

—Estabas triste, ¿qué tenías, pues? —dijo Teresa incorporándose un poco en la almohada.

—Tenía … ¿qué sé yo? ¡una opresión de corazón! … necesitaba llorar, lloré mucho y ya me siento aliviada.

—¿Has llorado? —repitió Teresa alargándola una mano, con más ternura en su voz y en sus miradas que la que Carlota estaba acostumbrada a ver en ella. Conmovida en aquel momento, a vista de este inesperado interés, arrojóse la pobre niña en los brazos de su amiga y renovó su llanto. Poco tuvo que insistir Teresa para arrancarla una entera confesión de los motivos de su tristeza. No acostumbrada al dolor, pero dotada de una alma capaz de recibirlo en toda su plenitud, Carlota había padecido tanto aquella noche con sus cavilaciones e inquietudes, que sentía una necesidad de pedir consuelo y compasión. Por otra parte, aunque Teresa con su sequedad genial[97] recibiese sus confianzas por lo común con muestras de poco interés, Carlota había adquirido el hábito de hacérselas, y reprochábala su corazón, como una falta, la reserva que en aquella ocasión había tenido con su amiga. Así pues, abrazada de su cuello y llenos los ojos de lágrimas, refirióle con candor y exactitud todas las quejas que formaba de Enrique. Teresa la escuchaba con atención, y luego que hubo concluido:

—¡Pobre Carlota! —la dijo—, ¡cómo te forjas tú misma motivos de inquietud!

—¡Pues qué! —exclamó con ansiedad de temor y de esperanza— ¿piensas tú que soy injusta?

—Lo eres indudablemente —repuso Teresa.

—¿Piensas que me ama lo mismo que antes?

[97]Characteristic.

125

—¿Y por qué no te amaría más cada día, querida Carlota? ¡Eres tan buena, tan hermosa!

—¿Me adulas, Teresa? —preguntó Carlota, que a las primeras palabras de su amiga había levantado su linda cabeza, enjugando sus lágrimas y conteniendo sus sollozos, para oírla mejor.

—No ciertamente, eres amada y mereces serlo. ¿Por qué interpretas en tu daño lo que puede ser, y es indudablemente, efecto de ese mismo amor del cual dudas? ¿Es acaso extraño que Enrique esté triste y de mal humor, cuando acostumbrado a verte diariamente por espacio de tres meses, y con la esperanza de verte en breve sin cesar, se halla, sin embargo, al presente forzado por enojosos asuntos de comercio, a dejarte con frecuencia y a pasar semanas enteras lejos de ti? Esa frialdad de que te quejas es una aprensión tuya, y además, ¿quieres que un hombre abrumado de negocios esté tan entregado como tú a su ternura? ¿Quieres que no haga otra cosa que suspirar de amor a tus pies? ¡Oh!, eres injusta, no lo dudes Carlota: Enrique no merece las sospechas de tu suspicaz ternura.

Escuchaba estas palabras Carlota con inexpresable alegría. Es tan fácil persuadirnos de[98] aquello que deseamos, y tan dulce esta persuasión, que la apasionada joven no necesitó más que aquellas pocas palabras de Teresa, para disipar todas sus inquietudes; y si aún no se mostró convencida fue por el placer de que su amiga le repitiese que era injusta y que Enrique la amaba. ¡Cuánto bien hacían a su corazón aquellas palabras! ¡Cómo se aplaudía de haber confiado a Teresa sus penas, reconviniéndose de no haberlo hecho antes! Teresa le parecía aquella noche adorable, elocuente, sublime. Persuadíase con placer que era mil veces más justa, más sensata que ella, y lloró entonces haber ofendido a su amante con infundados recelos.

—He sido ciertamente muy injusta —dijo entre sonrisas y lágrimas—; pero merezco perdón. ¡Le amo tanto! Una palabra, una mirada de Enrique es para mi corazón la vida o la muerte, la felicidad o la desesperación. Tú no comprendes esto, Teresa, porque nunca has amado.

[98]The 'de' is omitted in first edition.

126

Teresa se sonrió tristemente.

—Estás tan poco acostumbrada a padecer —la dijo después—, que el menor contratiempo hallando indefenso tu corazón, se posesiona y le oprime. ¡Oh, Carlota! aun cuando la desgracia que sin razón has temido llegase a realizare, ¿deberías abandonarte así cobardemente al dolor? Si Enrique fuese mudable, pérfido, ¿no tendrías bastante orgullo y fortaleza, para despreciarle, juzgando poco digna de tus lágrimas la pérdida de un corazón inconstante?

Carlota desenlazó sus brazos de los de Teresa con un movimiento convulsivo, y pintóse en sus ojos un triste sobresalto.

—¡Qué! ¿Intentas acaso prepararme? ¿Me has engañado al asegurarme que me amaba? ¿Has conocido tú también su mudanza? ¿La sabes? Dímelo, ¡oh, en nombre del cielo, dímelo, cruel!

—No, pobre niña —exclamó Teresa—, ¡no! No he conocido otra cosa sino que serás desgraciada, no obstante tu hermosura y tus gracias, no obstante el amor de tu esposo y de cuantos te conocen. Serás desgraciada si no moderas esa sensibilidad, pronta siempre a alarmarse.

—Sí —respondió Carlota, con un hondo suspiro, mientras se sentaba tristemente y con aire pensativo sobre su cama—. Sí, seré desgraciada; no sé qué voz secreta me lo dice sin cesar; pero al menos la desgracia contra la cual quieres prepararme, no será la que yo llore más largo tiempo. Si Enrique fuese pérfido, ingrato …, entonces todo habría concluido …; yo no sería ya desgraciada. No son los más temibles aquellos males a los que hay la certeza de no poder sobrevivir.

Concluyendo estas palabras dejóse caer con abatimiento sobre la almohada y Teresa fijó los ojos en ella con profunda emoción. Miraba con cierta sorpresa, y con la más tierna piedad, impreso el dolor en aquella frente tan joven y tan pura, en la que ni el tiempo ni las pasiones habían grabado hasta entonces su dolorosa huella, y reconveníase por haber turbado un momento su deliciosa serenidad. Desgracia para aquellos, decía interiormente, que derraman la primera gota de hiel en un alma dichosa. ¿Quiénes son los que surcado el rostro por las arrugas que les han impreso los años o los dolores, se acercan atrevidos a la juventud confiada y feliz, para arrebatarle sus ilusiones inocentes y brillantes? Seres fríos y duros, almas sin compasión que pretenden hacer un bien cuando anticipan el momento fatal del desengaño: cuando ofrecen una triste realidad al que despojan de sus dulces quimeras. Hombres crueles, que hielan la sonrisa en los labios inocentes, que rasgan el velo brillante que cubre a los ojos inexpertos, y que al decir —esta es la verdad—, destruyen en un momento la felicidad de toda una existencia.

¡Oh vosotros, los que ya lo habéis visto todo, los que todo lo habéis comprendido y juzgado, vosotros los que ya conocéis la vida y os adelantáis a su último término, guiados por la prudencia y acompañados por la desconfianza!, respetad esas frentes puras, en las que el desengaño no ha estampado su sello; respetad esas almas llenas de confianza y de fe, esas almas ricas de esperanzas y poderosas por su juventud ...: dejadles sus errores ... menos mal les harán que esa fatal previsión que queréis darles.

Teresa haciendo estas reflexiones se había inclinado hacia su prima y la apretaba en sus brazos con no usada ternura. Carlota recibía sus caricias sin devolverlas —tan preocupada estaba— hasta que Teresa renovando la conversación procuró tranquilizarla repitiéndola, con acento de convicción, que Enrique la amaba, que la amaría siempre y que le ultrajaba en dudar un momento de su sinceridad y constancia.

Luego que la vio menos agitada rogóla procurase dormir y ella misma aparentó necesidad de reposo. Imposible fue, sin embargo, a Carlota dormirse en algún tiempo: bien que sosegada de sus temores, sentíase sobradamente conmovida, y ya Teresa dormía al parecer profundamente, hacía más de media hora, cuando ella aún daba vueltas en su cama sin poder sosegar. Por fin, después de esta agitación, el deseado sueño descendió a sus ojos, y Carlota se quedó dormida al mismo tiempo que el reloj sonaba distintamente las doce.

FIN DE LA PRIMERA PARTE

Segunda parte

Capítulo I

—Escúchame que no seré largo; la historia de un corazón apasionado es siempre muy sencilla.

ALFREDO DE VIGNY[99] *Cinq-Mars. Una conspiración*

Era una de aquellas hermosas noches de los trópicos: el firmamento relucía recamado de estrellas, la brisa susurraba entre los inmensos cañaverales, y un sin número de cocuyos resaltaban entre el verde oscuro de los árboles y volaban sobre la tierra, abiertos sus senos brillantes como un foco de luz. Sólo interrumpía el silencio solemne de la media noche el murmullo melancólico que formaban las corrientes del Tínima, que se deslizaba a espaldas de los cañaverales entre azules y blancas piedras, para regar las flores silvestres que adornaban sus márgenes solitarias.

En aquella hora una mujer sola, vestida de blanco, atravesaba con paso rápido y cauteloso los grandes cañaverales de Bellavista, y se adelantaba guiada por el ruido de las aguas, hacia las orillas del río. Al ligero rumor de sus pisadas, que en el silencio de la noche se percibía claramente, levantóse de improviso de entre las piedras del río, la figura de un hombre de aventajada talla, y se oyó distintamente esta exclamación, proferida al mismo tiempo por los dos individuos que mutuamente se reconocían:

—¡Teresa!

—¡Sab!

El mulato la tomó por la mano y haciéndola sentar sobre las piedras de que acababa de levantarse, postróse de rodillas delante de ella.

—¡Bendita seáis Teresa! Habéis venido como un ángel de salvación a dar la vida a un infeliz que os imploraba; pero yo

---

[99]Alfred de Vigny (1797–1863), French Romantic poet. This historical novel was serialized in the Spanish *El Corresponsal* (December 1841), as *Sab* went to press.

también puedo daros en cambio esperanza y consuelo: nuestros destinos se tocan y una misma será la ventura de ambos.

—No te comprendo, Sab —contestó Teresa—; he venido a este sitio porque me has dicho que dependía de ello tu felicidad, y acaso la de otros: respecto a la mía, no la deseo ni la espero ya sobre la tierra.

—Sin embargo, al hacer mi dicha haréis también la vuestra —la interrumpió el mulato—; un acaso singular ha enlazado nuestros destinos. ¡Teresa! vos amáis a Enrique y yo adoro a Carlota: vos podéis ser la esposa de ese hombre, y yo quedaré contento con tal que no lo sea Carlota. ¿Me entendéis ahora?

—Sab —repuso con melancólica sonrisa la doncella—, tú deliras seguramente: ¿yo puedo ser, dices tú, la esposa de Enrique?

—Sí, vos podéis serlo, y soy yo quien puede daros los medios para conseguirlo.

Teresa le miró con temor y lástima: sin duda creyó que estaba loco.

—Pobre Sab —dijo ella desviándose involuntariamente—, cálmate en nombre del cielo; no estás en tu juicio cuando crees …

—Escuchadme —interrumpió con viveza Sab, sin darla tiempo de concluir la frase que había comenzado—. ¡Escuchadme! Aquí en presencia del cielo y de esta magnífica naturaleza, voy a descubriros mi corazón todo entero. Una sola cosa exijo de vos: prometedme que no saldrá de vuestros labios una sola palabra de cuantas esta noche me escucharéis …

—Te lo prometo.

—¡Teresa! —prosiguió él, sentándose a sus pies—, vos sabéis que este desventurado se atreve a amar a aquella cuya huella no es digno de besar, pero lo que no podéis saber es cuán inmensa, cuán pura es esta pasión insensata. ¡Dios mismo no desdeñaría un culto semejante!

Yo he mecido la cuna de Carlota: sobre mis rodillas aprendió a pronunciar —te amo— y a mí dirigieron por primera vez sus angélicos labios esta divina palabra. Vos lo sabéis Teresa; junto a ella he pasado los días de mi niñez y los primeros de mi juventud: dichoso con verla, con oírla, con adorarla, no pensaba en mi esclavitud y en mi oprobio, y me consideraba superior a un monarca cuando ella me decía: «te amo».

El mulato, cuya voz fue sofocada por la conmoción, guardó un instante de silencio, y Teresa le dijo:

—Ya lo sé, Sab; sé que te has criado junto a Carlota; sé que tu corazón no se ha entregado voluntariamente a una pasión insensata, y que sólo debe culparse a aquellos que te expusieron a los peligros de semejante intimidad.

—¡Los peligros! —repitió tristemente el mulato—; ellos no los preveían, porque no sospecharon nunca que el pobre esclavo tuviera un corazón de hombre: ellos no creyeron que Carlota fuese a mis ojos sino un objeto de veneración y de culto. En efecto, cuando yo consideraba aquella niña tan pura, tan bella, que junto a mí constantemente, me dirigía una mirada inefable, parecíame que era el ángel custodio que el cielo me había destinado, y que su misión sobre la tierra era conducir y salvar mi alma. Los primeros sonidos de aquella voz argentina y pura; aquellos sonidos que aún parecían un eco de la eterna melodía del cielo, no me fueron desconocidos: imaginaba haberlos oído en otra parte, en otro mundo anterior, y que el alma que les exhalaba se había comunicado con la mía por los mismos sonidos, antes de que una y otra descendieran a la tierra. Así la amaba yo, la adoraba desde el primer momento en que la vi recién nacida, mecida sobre las rodillas de su madre.

Luego la niña creció a mi vista y la hechicera criatura convirtióse en la más hermosa de las vírgenes. Yo no osaba ya recibir una mirada de sus ojos, ni una sonrisa de sus labios: trémulo delante de ella un sudor frío cubría mi frente, mientras circulaba por mis venas ardiente lava que me consumía. Durmiendo aún la veía niña y ángel descansar junto a mí, o elevarse lentamente hacia los cielos de donde había venido, animándome a seguirla con la sonrisa divina y la mirada inefable que tantas veces me había dirigido. Pero cuando despertaba era la mujer y no el ángel la que veían mis ojos y amaba mi corazón. La mujer más bella, más adorable que pudo hacer palpitar jamás el corazón de un hombre: era Carlota con su tez de azucena, sus grandes ojos que han robado su fuego al sol de Cuba; ¡Carlota con su talle de palma, su cuello de cisne, su frente de 15 años …! y al contemplarla tan hermosa pensaba que era imposible verla sin amarla; que entre tantos como la ofrecerían un corazón encontraría ella uno que hiciese palpitar el suyo, y que para él serían únicamente todos los latidos de aquel hermoso seno, todas las miradas de aquellos ojos divinos y las sonrisas de aquellos labios de miel.

¡Teresa! —añadió bajando la voz que había sido hasta entonces llena, sonora y clara, y que fue luego tomando gradualmente un acento más triste y sombrío—. ¡Teresa!, ¡entonces recordé también que era vástago de una raza envilecida! ¡entonces recordé que era mulato y esclavo …! Entonces mi corazón abrasado de amor y de celos, palpitó también por primera vez de indignación, y maldije a la naturaleza que me condenó a una existencia de nulidad y oprobio; pero yo era injusto, Teresa, porque la naturaleza no ha sido menos nuestra madre que la vuestra. ¿Rehúsa el sol su luz a las regiones en que habita el negro salvaje? ¿Sécanse los arroyos para no apagar su sed? ¿No tienen para él conciertos las aves, ni perfumes las flores? … Pero la sociedad de los hombres no ha imitado la equidad de la madre común, que en vano les ha dicho: ¡sois hermanos! ¡Imbécil sociedad, que nos ha reducido a la necesidad de aborrecerla, y fundar nuestra dicha en su total ruina!

Calló un momento, y Teresa vio brillar sus ojos con un fuego siniestro.

—¡Sab! —dijo entonces con trémula voz—, ¿me habrás llamado a este sitio para descubrirme algún proyecto de conjuración de los negros? ¿Qué peligro nos amenaza? ¿Serás tú uno de los …?

—No —la interrumpió él con amarga sonrisa—, tranquilizaos, Teresa, ningún peligro os amenaza; los esclavos arrastran pacientemente su cadena: acaso sólo necesitan para romperla, oír una voz que les grite: ¡Sois hombres! pero esa voz no será la mía, podéis creerlo—. Teresa alargó su mano a Sab, con alguna emoción; él fijó en ella sus ojos y prosiguió con tristeza más tranquila:

—Era puro mi amor como el primer rayo del sol en un día de primavera, puro como el objeto que le inspiraba, pero ya era para mí un tormento insoportable. Cuando Carlota se presentaba en el paseo o en el templo y yo iba en su seguimiento, observaba todos los ojos fijarse sobre ella y seguía con ansiedad la dirección de los suyos. Si un momento los paraba en algún blanco y gentil caballero, yo suspenso, convulso, quería penetrar a su corazón, sorprender en él un secreto de amor y morir. Si la veía en casa melancólica y pensativa dejar caer el libro que leía, o el pañuelo que bordaba; si revelaba el movimiento desigual de su pecho una secreta emoción; mil dolores desgarraban el mío, y me decía con furor: ella siente la necesidad de amar: ella amará, y no será a mí.

No pude sufrir mucho tiempo aquel estado de agonía: conocí la necesidad de huir de Carlota y ocultar en la soledad mi amor, mis celos y mi desesperación. Vos lo sabéis, Teresa, solicité venir a este ingenio y hace dos años que me he sepultado en él, volviendo a ver raras veces aquella casa en que pasé días de tanta felicidad y de tanta amargura, y aquel objeto adorable, que ha sido mi único amor sobre la tierra: pero lo que no podéis saber, ni yo podré deciros, es cuánto he padecido en estos dos años de voluntaria ausencia. ¡Preguntádselo a esos montes, a este río, a estas peñas! Sobre ellas he derramado mis lágrimas que el río arrastraba en su corriente. ¡Oh Teresa!, preguntádselo también a este cielo que ostenta sobre nosotros sus bóvedas eternas: él sabe cuántas veces le rogué me descargase del peso de una existencia que no le había pedido, ni podía agradecerle: pero siempre había un muro de bronce interpuesto entre él y yo, y el eco de las montañas me volvía los lamentos de dolor, que el cielo no se dignaba acoger.

Una gruesa y ardiente lágrima se desprendió de los ojos de Sab, cayendo sobre la mano de Teresa, que aún retenía en las suyas; y otra lágrima cayó también al mismo tiempo y resbaló por la frente del mulato: esta lágrima era de Teresa, que inclinada hacia él, le fijaba una mirada de simpatía y compasión.

—¡Pobre mujer! —dijo él—, ¡vos también habéis padecido! Lo sé: los hombres al ver vuestro aspecto frío y vuestro rostro siempre sereno, han creído que ocultabais un corazón insensible, y han dicho acaso: ¡Qué feliz es! — pero yo, Teresa, yo os he hecho justicia; porque conozco que para ahogar el llanto y disfrazar bajo una frente serena el dolor que despedaza el corazón, es preciso haber sufrido mucho.

Siguió a estas palabras un nuevo intervalo de silencio y luego prosiguió:

—Bajo un cielo de fuego, con un corazón de fuego, y condenado a no ser jamás amado, he visto pasar muchos días de mi estéril y triste juventud. En vano quería apartar a Carlota de mi imaginación, y apagar la llama insana que me consumía: en todas partes encontraba la misma imagen, a todas llevaba el mismo pensamiento. Si en las auroras de la primavera quería respirar el aire puro de los campos y despertar con toda la naturaleza a la luz primera de un nuevo día, a Carlota veía en la aurora y en el campo: la brisa era su aliento, la luz su mirar, su sonrisa el cielo. De amor me hablaban las aves que cantaban en los bosques, de amor el arroyo que murmuraba a mis pies, y de amor el gran principio de la vida que anima al universo.

Si cansado del trabajo venía a la caída del sol a reposar mis miembros a orillas de este río, aquí también me aguardaban las mismas ilusiones: porque aquella hora de la tarde, cuando el sinsonte canta girando en torno de su nido, cuando la oscuridad va robando por grados la luz y el color a los campos, aquella hora, Teresa, es la hora de la melancolía y de los recuerdos. Todos los objetos inspiran una indefinible ternura, y al suspiro de la brisa se mezcla involuntariamente el suspiro del corazón. Entonces veía yo a Carlota aérea y pura vagar por las nubes que doraba el sol en sus últimos rayos, y creía beber en los aromas de la noche al aliento de su boca. ¡Oh, cuántas veces, en mi ciego delirio, he tendido los brazos a aquel fantasma hechicero y le he pedido una palabra de amor, aun cuando a esta palabra hubiese de desplomarse el cielo sobre mi cabeza, o hundirse la tierra debajo de mis plantas!

¡Vientos abrasadores del Sur!, ¡cuando habéis acudido a mis desesperados clamores, trayendo en vuestras alas las tempestades del cielo, también vosotros me habéis visto salir a recibiros, y mezclar mis gritos a los bramidos del huracán y mis lágrimas a las aguas de la tormenta! ¡He implorado al rayo y le he atraído en vano sobre mi cabeza: junto a mí ha caído, tronchada por él, la altiva palma, reina de los campos, y ha quedado en pie el hijo del infortunio! ¡Y ha pasado la tempestad de la naturaleza y no ha pasado nunca la de su corazón!

—¡Oh Sab, pobre Sab!, ¡cuánto has padecido! —exclamó conmovida Teresa—, ¡cuán digno es de mejor suerte un corazón que sabe amar como el tuyo!

—Soy muy desgraciado, es verdad —respondióla con voz sombría—; vos no lo sabéis todo; no sabéis que ha habido momentos en que la desesperación ha podido hacerme criminal. Sí, vos no sabéis qué culpables deseos he formado, qué sueños de cruel felicidad han salido de mi cabeza abrasada … arrebatar a Carlota de los brazos de su padre, arrancarla de esa sociedad que se interpone entre los dos, huir a los desiertos llevando en mis brazos a ese ángel de inocencia y de amor … ¡Oh, no es esto todo! He pensado también en armar contra nuestros opresores, los brazos encadenados de sus víctimas; arrojar en medio de ellos el terrible grito de libertad y venganza; bañarme en sangre de blancos; hollar con mis pies sus cadáveres y sus leyes y perecer yo mismo entre sus ruinas, con tal de llevar a Carlota a mi sepulcro: porque la vida o la muerte, el cielo o el infierno …, todo era igual para mí si ella estaba conmigo.

Otro nuevo intervalo de silencio sucedió a estas palabras. Sab parecía haber caído en profundo enajenamiento y Teresa, fijos en él los ojos, sentía en su corazón nuevas y extraordinarias sensaciones. Teresa, que jamás había oído de la boca de un hombre la declaración de una pasión vehemente, hallábase entonces como fascinada por el poder de aquel amor inmenso, incontrastable, cuya fogosa expresión acababa de oír. Había algo de contagioso en las pasiones terribles del hombre con quien se hallaba: acaso el aire que respiraba saliendo encendido de su pecho, se extendía quemando cuanto encontraba. Teresa temblaba, y una sensación muy extraordinaria se apoderó entonces de su corazón: olvidaba el color y la clase de Sab; veía sus ojos llenos del fuego que le devoraba; oía su acento que salía del corazón trémulo, ardiente, penetrante, y acaso no envidió ya tanto a Carlota su hermosura y la felicidad de ser esposa de Enrique, como la gloria de haber inspirado una pasión como aquélla. Parecióle también que ella era capaz de amar del mismo modo y que un corazón como el de Sab era aquel que el suyo necesitaba.

El mulato, que absorto en sus pensamientos apenas atendía a ella, levantó por fin la cabeza y tomó otra vez la palabra, con más tranquilidad.

—En las pocas veces que iba a Puerto-Príncipe, apenas veía a

Carlota, pero interrogaba a todas sus criadas con mal disimulada ansiedad, deseando saber el estado de su corazón y temblando siempre de conseguirlo; pero mis temores quedaban desvanecidos. Belén, su esclava favorita como sabéis, me decía que aunque Carlota era el objeto de mil obsequios y pretensiones, no concedía a ningún hombre la más ligera preferencia: solía añadir que su joven ama repugnaba el matrimonio y no escuchaba sin llorar, la menor insinuación que respecto a esto le dirigía su padre. Tantas veces me fueron repetidas estas dulces palabras que mis inquietudes se disipaban por fin poco a poco y ... ¿osaré confesarlo, Teresa? sólo a vos, a vos únicamente podía hacer la penosa confesión de mi insensato orgullo. ¡Me atreví a formar absurdas suposiciones! Osé creer que aquella mujer cuya alma era tan pura, tan apasionada, no encontraría en ningún hombre el alma que fuese digna de la suya: me persuadí que un secreto instinto, revelándole que no existía en todo el universo más que una que fuese capaz de amarla y comprenderla, la había también instruido de que se encerraba en el cuerpo de un ser degradado, proscripto por la sociedad, envilecido por los hombres ... y Carlota, condenada a no amar sobre la tierra, guardaba su alma virgen para el cielo: ¡para aquella otra vida donde el amor es eterno y la felicidad inmensa! donde hay igualdad y justicia, y donde las almas que en la tierra fueron separadas por los hombres se reunirán en el seno de Dios por toda la eternidad.

¡Oh, delirio de un corazón abrasado! ¡A ti debo los únicos momentos de felicidad que después de cuatro años haya experimentado!

Una de las veces que estuve en la ciudad, no pude ver a Carlota aunque permanecí tres días con este objeto. Belén me dijo que la señorita apenas salía de su cuarto; que se hallaba ligeramente indispuesta y muy triste, y rehusaba recibir hasta vuestras visitas, Teresa, y las de sus parientas. Según me ha confesado después, nadie ignoraba en la casa el motivo de su tristeza: su mano había sido rehusada a Enrique Otway: pero entonces nadie me comunicó estas noticias. A pesar de lo impenetrable que yo creía mi secreto Belén lo había adivinado, y según me ha dicho después, ella rogó a las esclavas no hablar en mi presencia de los amores de la señorita.

Inquieto con lo que se me decía de su poca salud y no logrando verla, pasaba las noches pegado a la ventana de su cuarto que da sobre el patio, y allí me encontraba la aurora, contento si en el silencio de la noche había podido percibir un suspiro, un movimiento de Carlota.

La última noche que pasé en la ciudad, estando más atento que nunca al más leve rumor que se sentía en aquella habitación querida, ya muy avanzada la noche creí oír andar a Carlota, y poco después aproximarse a la ventana contra la cual estaba apoyado: redoblé entonces mi atención y oí distintamente su dulce voz. Sabiendo que dormía sola causóme admiración y poniendo toda mi alma en el oído, para entender lo que decía, conocí en breve que estaba leyendo. Era sin duda el libro de los evangelios el que ocupaba su atención, pues después de haber leído algunos minutos en voz baja, que no permitía oír distintamente las palabras, profirió por fin más alto: —«Venid a mí los que estéis cargados y fatigados, y yo os aliviaré.»* Después de estas tiernas y consoladoras palabras, que repitió dos veces, dejé de oír la argentina voz y sólo pude percibir algunos suspiros. Trémulo, conmovido hasta lo más profundo del alma, repetía yo interiormente las palabras de consuelo que había oído, y parecíame ¡insensato! que a mí habían sido dirigidas. Súbitamente sentí descorrer el cerrojo de la ventana, y apenas tuve tiempo de ocultarme detrás del rosal que la da sombra, cuando apareció Carlota. A pesar de ser la noche una de las más frescas del mes de noviembre, no tenía abrigo ninguno en la cabeza, cuyos hermosos cabellos flotaban en multitud de rizos sobre su pecho y espalda. Su traje era una bata blanquísima, y la palidez de su rostro y el brillo de sus ojos humedecidos, daban a toda su figura algo de aéreo y sobrenatural. La luna en su plenitud colgaba del azul mate del firmamento, como una lámpara circular, y rielaban sus rayos entonces sobre la frente virginal de aquella melancólica hermosura.

Yo me arrastré por tierra hasta colocarme otra vez junto a la ventana, y de pecho contra el suelo mis ojos y mi corazón se fijaron

*Evangelio de San Mateo, capítulo 12.[100]

[100]As Scott (1993: 153) notes, the correct reference is Matthew 11: 28.

138

en Carlota. También ella parecía agitada, y un minuto después la vi caer de rodillas junto a la reja: entonces estábamos tan cerca que pude besar un canto de la cinta que ceñía la bata a su cintura, y que colgaba fuera de la reja, mientras apoyaba en ella sus dos hermosos brazos y su cabeza de ángel. Permaneció un momento en esta postura, durante el cual yo sentía mi corazón que me ahogaba, y abría mis secos labios para recoger ávidamente el aire que ella respiraba. Luego levantó lentamente la cabeza y sus ojos, llenos de lágrimas, tomaron naturalmente la dirección del cielo. ¡Paréceme verla aún! Sus manos desprendiéndose de la reja se elevaron también y la luz de la luna, que bañaba su frente, parecía formar en torno suyo una aureola celestial. ¡Jamás se ha ofrecido a las miradas de los hombres tan divina hermosura! Nada había de terrestre y mortal en aquella figura: era un ángel que iba a volar al cielo abierto ya para recibirle, y estuve próximo a gritarle: ¡Detente! ¡aguárdame! ¡dejaré sobre la tierra esta vil corteza y mi alma te seguirá!.

La voz de Carlota, que sonó en mis oídos más dulce, más aérea que la voz de los querubines, ahogó en mis labios esta imprudente exclamación: "¡Oh tú, decía ella; tú, que has dicho—: venid a mí todos los que estéis fatigados y yo os aliviaré:— recibe mi alma que se dirige a ti, para que la descargues del dolor que la oprime!" Yo uní mis preces a las suyas, Teresa, y en lo íntimo de mi corazón repetí con ella: "Recibe mi alma que se dirige a ti." Yo creía sin duda que ambos íbamos a morir en aquel momento y a presentarnos juntos ante el Dios de amor y de misericordia. Un sentimiento confuso de felicidad vaga, indefinible, celestial, llenó mi alma, elevándola a un éxtasis sublime de amor divino y de amor humano; a un éxtasis inexplicable en el que Dios y Carlota se confundían en mi alma.[101]

Sacóme de él el ruido estrepitoso de un cerrojo: busqué a Carlota y ya no la vi: la ventana estaba cerrada, y el cielo y el ángel habían desaparecido. ¡Volví a encontrar solamente al miserable esclavo, apretando contra la tierra un corazón abrasado de amor, celos y desesperación!

[101]Note the description, as if of a painting of a 'donna angelicata' (Torres-Pou 1993: 63).

Capítulo II

«¿Qué haré? ¿qué medio hallaré
donde no ha de hallarse medio?
Mas si el morir es remedio,
remedio en morir tendré.»

LOPE DE VEGA[102]

—¡Pobre Sab! —exclamó Teresa— ¡cuánto habrás padecido al saber que ese ángel de tus ilusiones quería entregarse a un mortal!

—¡Indigno de ella! —añadió con tristeza el mulato—. Sí, Teresa, cien veces más indigno que yo, no obstante su tez de nieve y su cabellera de oro. Si no lo fuese, si ese hombre mereciese el amor de Carlota, creedme, el corazón que se encierra en este pecho sería bastante generoso para no aborrecerle. ¡Hazla feliz!, le diría yo, y moriría de celos bendiciendo a aquel hombre. Pero no, él no es digno de ella: ella no puede ser dichosa con Enrique Otway … ¡ved aquí el motivo de mi desesperación! Carlota en brazos de un hombre era un dolor … ¡un dolor terrible!, pero yo hubiera hallado en mi alma fuerzas para soportarlo. Mas Carlota entregada a un miserable … ¡oh, Dios! ¡Dios terrible! … ¡esto es demasiado!, había aceptado el cáliz con resignación y tú quisiste emponzoñar su hiel.

No volví a la ciudad hasta el mes anterior al pasado. Hacía ya cerca de dos que estaba decidido el casamiento de Carlota, pero nada se me dijo de él y no habiendo estado sino tres días en la ciudad, siempre ocupado en asuntos de mi amo, no vi nunca a Otway y volví a Bellavista sin sospechar que se preparaba la señorita de B… a un lazo indisoluble. Ni mi amo, ni Belén, ni vos, señora, … nadie me dijo que Carlota sería en breve la esposa de un extranjero. ¡El destino quiso que recibiese el golpe de la mano aborrecida!

---

[102]Félix Lope de Vega Carpio (1562–1635). Spanish Golden Age dramatist and poet. The lines are taken from the play *Al pasar del arroyo*, Jornada III, and are spoken by Lisarda.

140

Sab refirió entonces su primer encuentro con Enrique y, como si el recuerdo de aquella tarde fatal fuese de un peso mayor que todos sus otros dolores, quedó después de dicha relación sumido en un profundo abatimiento.

—Sab —díjole Teresa con acento conmovido—, yo te compadezco, tú lo conoces, pero ¡ah! ¿qué puedo hacer por ti? …

—Mucho —respondió levantando su frente, animada súbitamente de una expresión enérgica—, mucho, Teresa: vos podéis impedir que caiga Carlota en los brazos de ese inglés, y supuesto que vos le amáis sed su esposa.

—¡Yo! ¿qué estás diciendo, pobre joven? ¡Yo puedo ser la esposa del amante de Carlota!

—¡Su amante! —repitió él con sardónica sonrisa—. Os engañáis, señora, Enrique Otway no ama a Carlota.

—¡No la ama! ¡Y por qué, pues, ha solicitado su mano?

—Porque entonces la señorita de B… era rica —respondió el mulato con acento de íntima convicción—, porque todavía no había perdido su padre el pleito que le despoja de una gran parte de su fortuna; porque aún no había sido desheredada por su tío; ¿me entendéis ahora, Teresa?

—Te entiendo —dijo ella— y te creo injusto.

—No —repuso Sab—, no escucho ni a mis celos ni a mi aborrecimiento al juzgar a ese extranjero. Yo he sido la sombra que por espacio de muchos días ha seguido constantemente sus pasos; yo el que ha estudiado a todas horas su conducta, sus miradas, sus pensamientos …; yo quien ha sorprendido las palabras que se le escapaban cuando se creía solo y aun las que profería en sus ensueños, cuando dormía: yo quien ha ganado a sus esclavos para saber de ellos las conversaciones que se suscitaban entre padre e hijo, conversaciones que rara vez se escapan a un doméstico interior, cuando quiere oírlas. ¡No era preciso tanto, sin embargo! Desde la primera vez que examiné a ese extranjero, conocí que el alma que se encerraba en tan hermoso cuerpo era huésped mezquino de un soberbio alojamiento.

—Sab —dijo Teresa—, me dejas atónita: luego tú crees …

El mulato no la dejó concluir.

—Creo —respondió— que Enrique está arrepentido del

compromiso que lo liga a una mujer que no es ya más que un partido adocenado: creo que el padre no consentirá gustoso en esa unión, sobre todo si se presenta a su hijo una boda más ventajosa, y creo, Teresa, que vos sois ese partido que el joven y el viejo aceptarán sin vacilar.

Teresa creyó que soñaba.

—¡Yo! —repitió por tres veces.

—Vos misma —respondió el mulato—. Jorge Otway preferirá una dote en dinero contante (yo mismo se lo he oído decir), a todas las tierras que puede llevar a su hijo la señorita de B... y vos podéis ofrecer a Enrique con vuestra mano una dote de cuarenta mil duros en onzas de oro.

—¡Sab! —exclamó con amargura la doncella—, no te está bien ciertamente burlarte de una infeliz que te ha compadecido, llorando tus desgracias, aunque no llora las suyas.

—No me burlo de vos, señora —respondió él con solemnidad—. Decidme: ¿no tenéis un billete de la lotería? Le tenéis, yo lo sé: he visto en vuestro escritorio dos billetes que guardáis: el uno tiene vuestro nombre y el otro el de Carlota, ambos escritos por vuestra mano. Ella, demasiado ocupada de su amor, apenas se acuerda de esos billetes, pero vos los conserváis cuidadosamente, porque sin duda pensáis, «siendo rica, sería hermosa, sería feliz ..., siendo rica ninguna mujer deja de ser amada».

—¡Y bien! —exclamó Teresa con ansiedad—, es verdad ..., tengo un billete de la lotería ...

—Yo tengo otro.

—¡Y bien!

—La fortuna puede dar a uno de los dos cuarenta mil duros.

—Y esperas ...

—Que ellos sean la dote que llevéis a Enrique. Ved aquí mi billete —añadió sacando de su cinturón un papel—, es el número 8014 y 8014 ha obtenido cuarenta mil duros. Tomad este billete y rasgad el vuestro. Cuando dentro de algunas horas venga yo de Puerto-Príncipe, el señor de B... recibirá la lista de los números premiados, y Enrique sabrá que sois más rica que Carlota. Ya veis que no os he engañado cuando os dije que había para vuestro amor una esperanza, ya veis que aún podéis ser dichosa. ¿Consentís en ello, Teresa?

142

Teresa no respondió: una sola palabra no salió de sus labios, pero no eran necesarias las palabras. Sus ojos habían tomado súbitamente aquella enérgica expresión que tan rara vez los animaba. Sab la miró y no exigió otra contestación: bajó la cabeza avergonzado y un largo intervalo de silencio reinó entre los dos. Sab lo rompió por fin con voz turbada.

—Perdonadme, Teresa —la dijo—, ya lo sé ... nunca compraréis con oro un corazón envilecido, ni legaréis la posesión del vuestro a un hombre mezquino. Enrique es tan indigno de vos como de ella; ¡lo conozco! Pero, Teresa, vos podéis aparentar algunos días que os halláis dispuesta a otorgarle vuestra dote y vuestra mano, y cuando vencido por el atractivo del oro, que es su Dios, caiga el miserable a vuestros pies, cuando conozca Carlota la bajeza del hombre a quien ha entregado su alma, entonces abrúmenle vuestros desprecios y los suyos, entonces alejad de vos a ese hombre indigno de miraros. ¿Consentís, Teresa? Yo os lo pido de rodillas, en nombre de vuestra amiga, de la hija de vuestros bienhechores ... ¡de esa Carlota fascinada que merece vuestra compasión! No consintáis en que caiga en los brazos de un miserable ese ángel de inocencia y de ternura ... no lo consintáis, Teresa.

—En este corazón alimentado de amargura por tantos años —respondió ella—, no se ha sofocado sin embargo el sentimiento sagrado de la gratitud: no, Sab, no he olvidado a la angélica mujer que protegió a la desvalida huérfana, ni soy ingrata a las bondades de mi digno bienhechor, que es padre de Carlota. ¡De Carlota, a quien yo he envidiado en la amargura de mi corazón, pero cuya felicidad que me hace padecer, sería un deber mío comprar a costa de toda mi sangre! Pero ¡ay! ... ¿es la felicidad la que quieres darla? ... ¡triste felicidad la que se funde sobre las ruinas de todas las ilusiones! Tú te engañas, pobre joven, o yo conozco mejor que tú el alma de Carlota. Aquella alma tierna y apasionada se ha entregado toda entera: su amor es su existencia, quitarle el uno es quitarle la otra. Enrique vil, interesado, no sería ya, es verdad, el ídolo de un corazón tan puro y tan generoso: ¿pero cómo arrancar ese ídolo indigno sin despedazar aquel noble corazón?

Sab cayó a sus pies como herido de un rayo.

—¡Pues qué! —gritó con voz ahogada— ¿ama tanto Carlota a ese hombre?

—Tanto —respondió Teresa—, que acaso no sobrevivirá a la pérdida de su amor. ¡Sab! —prosiguió con voz llena y firme—, si es cierto que amas a Carlota con ese amor santo, inmenso, que me has pintado; si tu corazón es verdaderamente capaz de sentirlo, desecha para siempre un pensamiento inspirado únicamente por los celos y el egoísmo. ¡Bárbaro! … ¿quién te da el derecho de arrancarla sus ilusiones, de privarla de los momentos de felicidad que ellas pueden proporcionarla? ¿qué habrás logrado cuando la despiertes de ese sueño de amor, que es su única existencia? ¿qué le darás en cambio de las esperanzas que le robes? ¡Oh, desgraciado el hombre que anticipa a otro el terrible día del desengaño!

Detúvose un momento y viendo que Sab la escuchaba inmóvil añadió con más dulzura:

—Tu corazón es noble y generoso, si las pasiones le extravían un momento él debe volver más recto y grande. Al presente eres libre y rico: la suerte, justa esta vez, te ha dado los medios de elevar tu destino a la altura de tu alma. El bienhechor de Martina tiene oro para repartir entre los desgraciados, y la dicha de la virtud le aguarda a él mismo, al término de la senda que le abre la providencia.

Sab miró a Teresa con ojos extraviados y como si saliese de un penoso sueño.

—¡Dónde estoy! —exclamó—. ¿Qué hacéis aquí? ¿a qué habéis venido?

—A consolarte —respondió conmovida la doncella—. ¡Sab! querido Sab … vuelve en ti.

—¡Querido! —repitió él con despedazante sonrisa—: ¡querido! … no, nunca lo he sido, nunca podré serlo … ¿veis esta frente, señora? ¿qué os dice ella? ¿no notáis este color opaco y siniestro? … es la marca de mi raza maldecida[103] … Es el sello del oprobio y del infortunio. Y sin embargo —añadió apretando convulsivamente contra su pecho las manos de Teresa—, sin embargo había

---

[103] 'Maldita', cursed.

en este corazón un germen fecundo de grandes sentimientos. Si mi destino no los hubiera sofocado, si la abyección del hombre físico no se hubiera opuesto constantemente al desarrollo del hombre moral, acaso hubiera yo sido grande y virtuoso. Esclavo, he debido pensar como esclavo, porque el hombre sin dignidad ni derechos, no puede conservar sentimientos nobles. ¡Teresa! debéis despreciarme... ¿Por qué estáis aquí todavía?... Huid, señora, y dejadme morir.

—¡No! —exclamó ella inclinando su cabeza sobre la del mulato, arrodillado a sus pies—, no me apartaré de ti sin que me jures respetar tu vida.

Un sudor frío corría por la frente de Sab, y la opresión de su corazón embargaba su voz: sin embargo, a los dulces acentos de Teresa levantó a ella sus ojos, llenos de gratitud.

—¡Cuán buena sois! —la dijo—, pero, ¿quién soy yo para que os interéseis por mi vida? ... ¡Mi vida! ¿sabéis vos lo que es mi vida? ... ¿a quién es necesaria? ... Yo no tengo padre ni madre ... soy solo en el mundo: nadie llorará mi muerte. No tengo tampoco una patria que defender, —porque los esclavos no tienen patria; — no tengo deberes que cumplir, —porque los deberes del esclavo son los deberes de la bestia de carga, que anda mientras puede y se echa cuando ya no puede más. —Si al menos los hombres blancos, que desechan de sus sociedades al que nació teñida la tez de un color diferente, le dejasen tranquilo en sus bosques, allá tendría patria y amores ... porque amaría a una mujer de su color, salvaje como él, y que como él no hubiera visto jamás otros climas ni otros hombres, ni conocido la ambición, ni admirado los talentos. Pero ¡ah! al negro se rehúsa lo que es concedido a las bestias feroces, a quienes le igualan; porque a ellas se les deja vivir entre los montes donde nacieron y al negro se le arranca de los suyos. Esclavo envilecido, legará por herencia a sus hijos esclavitud y envileci- miento, y esos hijos desgraciados pedirán en vano la vida selvática de sus padres. Para mayor tormento serán condenados a ver hombres como ellos, para los cuales la fortuna y la ambición abren mil caminos de gloria y de poder; mientras que ellos no pueden tener ambición, no pueden esperar un porvenir. En vano sentirán en su cabeza una fuerza pensadora, en vano en su pecho un corazón

145

que palpite. ¡El poder y la voluntad! En vano un instinto, una convicción que les grite, levantaos y marchad;— porque para ellos todos los caminos están cerrados, todas las esperanzas destruidas. ¡Teresa! esa es mi suerte. Superior a mi clase por mi naturaleza, inferior a las otras por mi destino, estoy solo en el mundo.

—Deja estos países, déjalos —exclamó con energía Teresa—, ¡pobre joven! busca otro cielo, otro clima, otra existencia … busca también otro amor …; una esposa digna de tu corazón.

—¡Amor! ¡esposa! —repitió tristemente Sab—, no, señora, no hay tampoco amor y ni esposa para mí: ¿no os lo he dicho ya? Una maldición terrible pesa sobre mi existencia y está impresa en mi frente. Ninguna mujer puede amarme, ninguna querrá unir su suerte a la del pobre mulato, seguir sus pasos y consolar sus dolores.

Teresa se puso en pie. A la trémula luz de las estrellas pudo Sab ver brillar su frente altiva y pálida. El fuego del entusiasmo centelleaba en sus ojos y toda su figura tenía algo de inspirado. Estaba hermosa en aquel momento: hermosa con aquella hermosura que proviene del alma, y que el alma conoce mejor que los ojos. Sab la miraba asombrado. Tendió ella sus dos manos hacia él y levantando los ojos al cielo.

—¡Yo! —exclamó—, yo soy esa mujer que me confío a ti: ambos somos huérfanos y desgraciados … aislados estamos los dos sobre la tierra y necesitamos igualmente compasión, amor y felicidad. Déjame, pues, seguirte a remotos climas, al seno de los desiertos … ¡Yo seré tu amiga, tu compañera, tu hermana!

Ella cesó de hablar y aún parecía escucharla el mulato. Asombrado e inmóvil fijaba en ella los ojos, y parecía preguntarle si no le engañaba y era capaz de cumplir lo que prometía. ¿Pero debía dudarlo? Las miradas de Teresa y la mano que apretaba la suya eran bastante a convencerle. Sab besó sus pies, y en el exceso de su emoción sólo pudo exclamar:

—¡Sois un ángel, Teresa!

Un torrente de lágrimas brotó en seguida de sus ojos; y sentado junto a Teresa, estrechando sus manos contra su pecho, sintióse aliviado del peso enorme que le oprimía, y sus miradas se levantaron al cielo, para darle gracias de aquel momento de calma y consuelo que le había concedido. Luego besó con efusión las manos de Teresa.

—¡Sublime e incomparable mujer! —la dijo—, Dios sabrá premiarte el bien que me has hecho. Tu compasión me da un momento de dulzura que casi se asemeja a la felicidad. ¡Yo te bendigo, Teresa!

Y tornando a besar sus manos añadió:

—El mundo no te ha conocido, pero yo que te conozco debo adorarte y bendecirte. ¡Tú me seguirías! … ¡tú me prodigarías consuelos cuando ella suspirase de placer en brazos de un amante! … ¡oh! ¡eres una mujer sublime, Teresa! No, no legaré a un corazón como el tuyo mi corazón destrozado … toda mi alma no bastaría a pagar un suspiro de compasión que la tuya me consagrase. ¡Yo soy indigno de ti! Mi amor, este amor insensato que me devora, principió con mi vida y sólo con ella puede terminar: los tormentos que me causa forman mi existencia: nada tengo fuera de él, nada sería si dejase de amar. Y tú, mujer generosa, no conoces tú misma a lo que te obligas, no prevés los tormentos que te preparas. El entusiasmo dicta y ejecuta grandes sacrificios, pero pesan después con toda su gravedad sobre el alma destrozada. Yo te absuelvo del cumplimiento de tu generosa e imprudente promesa. ¡Dios, sólo Dios es digno de tu grande alma! En cuanto a mí, ya he amado, ya he vivido … ¡cuántos mueren sin poder decir otro tanto! ¡cuántas almas salen de este mundo sin haber hallado un objeto en el cual pudiesen emplear sus facultades de amar! El cielo puso a Carlota sobre la tierra, para que yo gozase en su plenitud la ventura suprema de amar con entusiasmo: no importa que haya amado solo: ¡mi llama ha sido pura, inmensa, inextinguible! No importa que haya padecido, pues he amado a Carlota: ¡a Carlota que es un ángel! ¡a Carlota, digno objeto de todo mi culto! Ella ha sido más desventurada que yo: mi amor engrandece mi corazón y ella … ¡ah, ella ha profanado el suyo! Pero vos tenéis razón, Teresa, sería una barbarie decirle —ese ídolo de tu amor es un miserable incapaz de comprenderte y amarte. ¡No, nunca!, quédese con sus ilusiones, que yo respetaré con religiosa veneración … ¡Cásese con Enrique, y sea feliz!

Calló por un momento, luego volviendo a agarrar convulsivamente las manos de Teresa, que permanecía trémula y conmovida a su lado, exclamó con nueva y más dolorosa agitación:

—¿Pero lo será? ... ¿podrá serlo cuando después de algunos días de error y entusiasmo vea rasgarse el velo de sus ilusiones, y se halle unida a un hombre que habrá de despreciar? ... ¿Concebís todo lo que hay de horrible en la unión del alma de Carlota y el alma de Enrique? Tanto valdría ligar al águila con la serpiente, o a un vivo con un cadáver. ¡Y ella habrá de jurar a ese hombre amor y obediencia!, ¡le entregará su corazón, su porvenir, su destino entero! ..., ¡ella se hará un deber de respetarle! ¡Y él ..., él la tomará por mujer, como a un género de mercancía, por cálculo, por conveniencia ..., haciendo una especulación vergonzosa del lazo más santo, del empeño más solemne!, ¡a ella, que le dará su alma, y él será su marido, el poseedor de Carlota, el padre de sus hijos! ... ¡Oh, no, no, Teresa! Hay un infierno en este pensamiento ... lo veis, no puedo soportarlo ... ¡imposible!

Y era así, pues corría de su frente un helado sudor, y sus ojos desencajados expresaban el extravío de su razón. Teresa le hablaba con ternura, ¡pero en vano!, un vértigo se había apoderado de él.

Parecíale que temblaba la tierra bajo sus pies y que en torno suyo giraban en desorden el río, los árboles y las rocas. Sofocábale la atmósfera y sentía un dolor violento, un dolor material como si le despedazase el corazón con dos garras de hierro, y descargasen sobre su cabeza una enorme mole de plomo.

¡Carlota esposa de Enrique! ¡Ella prodigándole sus caricias! ¡Ella envileciendo su puro corazón, sus castos atractivos con el grosero amor de un miserable! Este era su único pensamiento, y este pensamiento pesaba sobre su alma y sobre cada uno de sus miembros. No sabía dónde estaba, ni oía a Teresa, ni se acordaba de nada de cuanto había pasado, excepto de aquella idea clavada en su mente y en su corazón. Hubo un momento en que, espantado él mismo de lo que sufría, dudó resistiese a tanto la organización[104] humana, y pasó por su imaginación un pensamiento confuso y extravagante. Ocurrióle que había muerto, y que su alma sufría aquellos tormentos inconcebibles que la ira de Dios ha preparado a

---

[104]Servera (1997: 223) suggests 'organismo', whole body.

los réprobos. Porque hay dolores cuya espantosa profundidad no puede medir la vista del hombre: el cuerpo se aniquila delante de ellos y sólo el alma, porque es infinita, puede surfrirlos y comprenderlos.

El desventurado Sab en aquel momento quiso levantarse, acaso para huir del pensamiento horrible que le volvía loco; pero sus tentativas fueron vanas. Su cuerpo parecía de plomo y, como sucede en una pesadilla, sus esfuerzos agotando sus fuerzas, no acertaban a moverle de aquella peña infernal en que parecía clavado. Gritos inarticulados, que nada tenían del humano acento, salieron entonces de su pecho, y Teresa le vio girar en torno suyo miradas dementes, y fijarlas por fin en ella con espantosa inmovilidad. El corazón de Teresa se partía también de dolor al aspecto de aquel desventurado, y ella lloraba sobre su cabeza atormentada, dirigiéndole palabras de consuelo. Sab pareció por fin escucharla, porque buscó con su mano trémula la de la doncella y asiéndola la apretó sobre su seno, alzando hacia ella sus ojos encendidos luego haciendo un último y violento esfuerzo para levantarse, cayó a los pies de Teresa, como si todos los músculos de su cuerpo se hubiesen quebrantado.

Inclinada sobre él y sosteniéndole la cabeza sobre sus rodillas, mirábale la pobre mujer y sentía agitarse su corazón. «¡Desventurado joven! —pensaba ella— ¿quién se acordará de tu color al verte amar tanto y sufrir tanto?» Luego pasó rápidamente por su mente un pensamiento, y se preguntó a sí misma qué hubiera podido ser el hombre dotado de pasiones tan ardientes y profundas, si bárbaras preocupaciones no le hubiesen cerrado todos los caminos de una noble ambición. Pero aquella alma poderosa obligada a devorar sus inmensos tesoros, se había entregado a la única pasión que hasta entonces había probado, y aquella pasión única la había subyugado. «No —pensaba Teresa—, no debías haber nacido esclavo …, el corazón que sabe amar así no es un corazón vulgar.»

Al volver en sí el mulato miróla y la reconoció:

—Señora —la dijo con desfallecida voz—, ¿estáis aquí todavía? ¿No me habéis abandonado como a un alma cobarde, que se aniquila delante la desventura a que debiera estar tan preparada?

149

—No —respondió ella con emoción—, estoy aquí para compadecerte y consolarte. ¡Sab!, has sufrido mucho esta noche.

—¡Esta noche! ¡ah¡ No … no ha sido solamente esta noche: lo que he padecido a vuestra vista una vez, eso he padecido otras mil, sin que una palabra de consuelo cayese, como una gota de rocío, sobre mi corazón abrasado: y ahora vos lloráis, Teresa ¡bendígate Dios! ¡No, no es esta noche la más desgraciada para mí, Teresa! … Acercaos, que sienta yo otra vez caer en mi frente vuestro llanto. A no ser por vos yo hubiera pasado por la senda de la vida, como por un desierto, solo con mi amor y mi desventura, sin encontrar una mirada de simpatía ni una palabra de compasión.

Guardaron ambos un momento de silencio durante el cual Teresa lloraba, y Sab sentado a sus pies parecía sumergido en profundo desaliento. Por fin, Teresa enjugó sus lágrimas, y reuniendo todas sus fuerzas señaló con la mano al mulato el punto del horizonte en que aparecían ya las nubes ligeramente iluminadas.

—¡Es preciso separarnos! —le dijo—. Sab toma tu billete, él te da riquezas … ¡puedas también encontrar algún día reposo y felicidad!

—Cuando tomé ese billete —respondió él—, y quise probar la suerte, Martina, la pobre vieja que me llama su hijo, estaba en la miseria: al presente goza comodidades y el oro me es inútil.

—¡Y qué! ¿No hay otros infelices?

—No hay en la tierra mayor infeliz que yo, Teresa, no puedo compadecer sino a mí mismo … Sí, yo me compadezco, porque lo conozco, no hay ya en mi corazón sino un solo deseo, una sola esperanza … ¡la muerte!

—Sab, no te abandones así a la desesperación: acaso el cielo se dispone a ahorrarte el tormento de ver a Carlota esposa de Enrique. Si el viejo Otway es tan codicioso como crees, si su hijo no ama sino débilmente a Carlota, ya saben que no es tan rica como suponían y ese enlace no se verificará.

—Pero vos me habéis dicho —exclamó con tristeza Sab—, que ella no sobrevivirá a su amor … vos lo habéis dicho, vos lo sabéis … pero lo que no sabéis es que yo que os ofrezco el oro, para comprar la mano de ese hombre, no os perdonaría nunca si lo hubieseis aceptado: ni a él, ni a mí mismo me perdonaría. Vos no sabéis que la sangre sacada de sus venas gota a gota, y mi propia sangre no me parecería suficiente venganza, ni mil vidas inmoladas por mi mano pagarían una sola lágrima de Carlota. ¡Carlota despreciada! ¡despreciada por esos viles mercaderes! ¡Carlota que haría el orgullo de un rey! ... No, Teresa, no me lo digáis otra vez ..., vos no podéis comprender las contradicciones de un corazón tan atormentado.

Teresa se puso en pie y escuchó por un momento.

—Adiós, Sab ... —dijo luego—, paréceme que los esclavos están ya levantados y que se aproximan a los cañaverales: adiós, no dudes nunca que tienes en Teresa una amiga, una hermana.

Ella aguardó en vano unos minutos una contestación del mulato. Apoyada la frente sobre una peña, inmóvil y silencioso, parecía sumido en profunda y tétrica meditación. Luego de repente brillaron sus ojos con la expresión que revela una determinación violenta y decidida, y alzóse del suelo grande, resignado, heroico.

Los negros se acercaban: Sab sólo tuvo tiempo de decir en voz baja algunas palabras a Teresa, palabras que debieron sorprenderla pues exclamó al momento:

—¡Es posible! ... ¿y tú?

—¡Moriré! —contestó él haciéndole con la mano un ademán para que se alejase. En efecto, Teresa se ocultó entre los cañaverales al mismo tiempo que los esclavos llegaban al trabajo. Uno solamente, más perezoso que los otros, o sintiéndose con sed, dejó su azada y se adelantó hacia el río. Un fuerte tropezón que dio por poco le hace caer en tierra.

—Es un castigo de Dios, José —le gritaron sus compañeros—, por lo holgazán que eres.

José no respondía sino que estaba estático en el sitio de que acababa de levantarse, los ojos fijos en el suelo con aire de pasmo.

—¿Qué es eso, José? —gritó uno de los negros—, ¿te habrás clavado en el suelo?

José los llamó hacia él, no con la voz sino con aquellos gestos llenos de expresión que se notan en la fisonomía de los negros. Los más curiosos corrieron a su lado y al momento los que quedaron oyeron una sola palabra repetida a la vez por muchas voces:

—¡El mayoral!

Sab estaba sin sentido junto al río: los esclavos le levantaron y le condujeron en hombros al ingenio.

Cuando dos horas después se levantó D. Carlos de B... oyó galopar un caballo que se alejaba.

—¿Quién se marcha ahora? —preguntó a uno de los esclavos.

—Es el mayoral, mi amo, que se va a la ciudad.

—¡Cómo tan tarde!, son las siete y yo le había encargado marcharse al amanecer.

—Es verdad, mi amo —respondió el esclavo—, pero el mayoral estaba tan malo ...

—¡Estaba malo! ..., ¿qué tenía pues?

—¿El mayoral, mi amo?... yo no lo sé, pero tenía la cara caliente como un tizón de fuego, y luego echó sangre, mucha sangre por la boca.

—¡Sangre por la boca! ¡Cómo!, ¡sangre por la boca y se ha marchado así! —exclamó don Carlos.

José, que pasaba cargado con un haz de caña, se detuvo al oírle y echó una mirada de reconvención sobre el otro negro. José era el esclavo más adicto a Sab, y Sab le quería porque era congo,[105] como su madre.

—No haga caso su merced de lo que dice ese mentecato. El mayoral está bueno, sólo que echó un poco de sangre por la nariz, y me dijo que a las tres de la tarde tendría su merced las cartas del correo.

—Vaya, eso es otra cosa —dijo el señor de B...—, este bruto me había asustado.

El negro se alejó murmurando:

—¡Bruto! Yo soy bruto porque digo la verdad.

[105]From the Congo, the area of the River Congo (now River Zaire), central west Africa.

Capítulo III

«Echábase de ver en su traza que había corrido mucho, y que debía ser en gran manera interesante su mensaje.»

LARRA *El doncel de D. Enrique el Doliente*[106]

El buque consignado a Jorge Otway había anclado en el puerto de Guanaja el día antes de la llegada de Enrique, y a las pocas horas hubiera podido éste volverse a Puerto-Príncipe con el cargamento, pero no lo hizo así. El cargamento fue enviado a su padre con un hombre de su confianza, y aunque nada le detenía en Guanaja, Enrique permaneció allí, sin poder explicarse a sí mismo el objeto de esta determinación. Cuando sienten la necesidad de tomar una resolución decisiva los espíritus débiles descansan, en cierto modo, retardándola; y un día, una hora les parece un porvenir durante el cual esperan algún acontecimiento poderoso a decidirlos. Enrique veía ya positivamente destruidas sus últimas esperanzas: sabía sin ningún género de duda el verdadero estado de la fortuna de D. Carlos, y conocía sobradamente a su padre para esperar que consintiese en su unión con Carlota. Al volver a la ciudad seríale forzoso confesar a Jorge la certeza que había adquirido del poco valor de las fincas que el señor de B… poseía en Cubitas, y la declaración que el mismo D. Carlos le había hecho de los considerables atrasos de su caudal. Su casamiento estaba fijado para dentro de un mes, y el joven veía que era llegado el momento de tomar una resolución y comenzar a proceder consecuente a ella. ¿Y cuál sería esta resolución? Momentos hubo en que la idea de renunciar a Carlota le pareció tan cruel, que si no hubiera tenido un padre codicioso, si hubiese sido libre en su elección, acaso la habría dado su mano con preferencia a la más rica heredera de todas las islas: pero aun en estos momentos de exaltación amorosa

---

[106]Mariano José de Larra (1809–37). Romantic writer who committed suicide, perhaps while *Sab* was being written. *El doncel* was his only historical novel.

Enrique no pensó ni remotamente en contrariar la enérgica voluntad de su padre, y ni aun siquiera intentar persuadirle. Según las ideas en que había sido educado, nada era más razonable que la oposición de su padre a un enlace que ya no le convenía, y Enrique se reprochaba como una debilidad culpable el amor que le hacía repugnar la voluntad paterna.

—Esto es un hecho —decía él hablando consigo mismo—, esa mujer me ha trastornado el juicio, y es una felicidad que mi padre sea inflexible, pues si tuviese yo libertad de seguir mis propias inspiraciones es muy probable que cometiera la locura de casarme con la hija de un criollo arruinado.

Y, sin embargo de raciocinar de este modo, hallábase confuso y casi avergonzado al pensar que Carlota iba a conocerle por fin como un hombre interesado, y quizás a aborrecerle o despreciarle. ¿De qué modo podría él sustraerse de un compromiso tan público y solemne sin dar a conocer el motivo de su mudanza? ¿Y cómo dejar de aparecer a los ojos de su querida, de su querida tan generosa, tan desinteresada, sin el aspecto odioso que su codicia debía darle?

Agitado con estos pensamientos, paseábase a orillas del mar la tarde del segundo día de su llegada a Guanaja, y buscaba modo de decidirse a sí mismo a volver al siguiente a Puerto-Príncipe.

—Iré —decía—, iré sin ver a Carlota, sin detenerme en Bellavista, diré a mi padre la verdad de todo y le suplicaré se revista de prudencia y de discreción, para que al romper mis compromisos no hiera demasiado el orgullo ni la sensibilidad de Carlota: le diré que busque, que invente un pretexto plausible, que disfrace en lo posible la verdadera causa de este rompimiento, y luego le pediré permiso para marcharme a la Habana, a Filadelfia, a Jamaica … a cualquier parte. Viajaré cuatro o seis meses para distraerme de esta pasión, que me torna débil como un niño.

Pero apenas había tomado esta resolución, parecía que algún mal espíritu ponía delante de sus ojos a Carlota más bella, más tierna que nunca, y la veía desolada reconvenirle por su abandono, echarle en cara su avaricia y acaso despreciarle en su corazón. Luego (y este último cuadro le afectaba más vivamente), luego la veía consolada de su perfidia con el amor ardiente y desinteresado

154

de un apasionado criollo, y le juzgaba dichoso y a ella también dichosa. Entonces sentía que la sangre se agolpaba a su cabeza y a su corazón, y que le ahogaba. Porque los celos son a veces más omnipotentes que el mismo amor, y el hombre menos capaz de sentir en su sublimidad esta noble pasión, es acaso susceptible de conocer los celos en toda su terrible violencia. El hombre, egoísta por naturaleza, se irrita de ver gozar a otro la felicidad que él mismo ha despreciado, y muchas veces cesando de amar se cree todavía con el derecho de ser amado. Las almas grandes, como las débiles, los elevados y los bajos caracteres son susceptibles de celos, pero ¡cuán diverso aparece el mismo sentimiento! ¡Cómo las pasiones se amoldan, por decirlo así, al corazón que dominan! Sab sucumbiendo a los celos devorados por largo tiempo en el secreto de su alma, Sab sintiendo quebrantarse su corazón a la espantosa idea de un rival indigno y feliz, sólo llora que sus tormentos no compren la felicidad de Carlota. Enrique no puede sufrir esa felicidad de la mujer que abandona, y el pensamiento de que un amante más digno goce un bien que él ha despreciado le saca de su habitual serenidad para hacerle probar un cáliz de amargura y de furor.

La tarde era cálida y calmosa. Estábase a mediados de junio y ya empezaba la atmósfera a tomar aquel aspecto amenazante que caracteriza el verano de las Antillas. Después de la gran tempestad que se sintiera algunos días antes, el tiempo había quedado fresco y hermoso, pero desde su llegada a Guanaja, Enrique había notado los signos que presagian las tempestades, casi diarias en aquellos países desde junio hasta septiembre. En la tarde a que nos referimos la calma era tan profunda que el mar aparecía terso y bruñido como un espejo, y no se percibía ni un soplo, ni un movimiento. La ribera estaba desierta: no se notaba nada de aquel bullicio y de aquella actividad que parece indispensable en un puerto de mar. Dos goletas y algunas otras embarcaciones más pequeñas ancladas en el puerto, yacían tristes e inmóviles, sin que la canción o los gritos de un marinero viniesen a dar vida a aquella inmensa soledad. Solamente algunas grullas aparecían por intervalos en la playa, para recoger silenciosamente los mariscos que la poblaban.

Enrique se había sentado tristemente en una peña, y fijos sus ojos en el mar dejaba vagar su pensamiento. ¿Qué hará ahora Carlota?, decía interiormente, ¿esa alma tan apasionada sentirá un presentimiento que la anuncie que en este momento su Enrique piensa en el modo de abandonarla, o bien confiada y alegre se gozará formando dulces proyectos de felicidad en nuestra próxima unión? Y luego, he aquí este puerto pobre y silencioso, pensaba él, cuando yo vuelva a ser tan rico como era, en vez de estos miserables barquichuelos esta bahía se verá adornada con elegantes buques, que traigan a mis almacenes las producciones de la industria de toda Europa. Sí, porque si yo fuese poseedor de una fortuna mediana sería centuplicada en mis manos antes de veinte años, y luego ya no sería un triste traficante en una ciudad mediterránea, sería un opulento negociante de New york o Filadelfia, y mi nombre sería conocido por los comerciantes de ambos hemisferios. Y entonces ¿qué me importaría que Carlota de B… tuviese un marido y me olvidase por él? Ella llenaría su destino como yo el mío.

Enrique, como todo hombre que siente halagada su pasión dominante por una esperanza, aunque sea remota e incierta, sintióse fuerte en aquel momento contra toda oposición que pudiera presentarse al logro de su deseos. Amor, celos, todo desapareció entonces, o todo sucumbió a un poder superior: porque la ambición de riquezas, lo mismo que todas las ambiciones, es una pasión fuerte y enérgica. El avaro sediento de oro huella con sus pies sus afectos, su propia ventura, si se le presentan en el camino que sigue para alcanzarlo, así como la ambición más noble, la de gloria, lo sacrifica todo para correr en pos del fantasma engañoso que oculta bajo una corona de luz una frente de ceniza. ¡Oh! ambos son igualmente insensatos, el que acumula oro para comprar un sepulcro, y el que sacrifica su juventud a un porvenir que no alcanza, y expira con la esperanza de que su nombre pasando de año en año y de siglo en siglo, llegue a perderse más tarde que él en el insondable abismo del eterno olvido. Pero no digáis al sediento de oro que no le dará la felicidad, ni al sediento de gloria que ella le conducirá al infortunio: ellos se levantarán para deciros: «no importa, mi alma la necesita.»

—Carlota —decía Enrique fijando sus ojos en el anillo que brillaba en su mano, prenda de amor que le otorgara su querida—, yo no podré amar a otra mujer tanto como a ti, ninguna podrá hacerme tan feliz como tú me hubieras hecho: pero el destino nos separa. Es preciso que yo sea rico, y tú no puedes hacerme rico, Carlota.

Se puso en pie entonces, decidido a volverse a la ciudad al día siguiente, y echó una mirada orgullosa en contorno suyo, como hombre que acaba de triunfar de un enemigo poderoso. Detúvose empero esta mirada quedando fija por algún tiempo, y su cabeza en la actitud de quien pone toda su atención en escuchar alguna cosa. Y era que Enrique percibió, primero confusamente y luego con más distinción,[107] la carrera de un caballo, que se aproximaba evidentemente al sitio donde se encontraba. Parece que un instinto del corazón, le advirtiera que algo de muy interesante para él se le acercaba en aquel momento, pues anduvo algunos pasos como para encontrar más presto a aquel que se le aproximaba. De repente, se paró: había ya descubierto al caballo y al hombre que le montaba: era tan violenta la carrera de aquél, que el jinete, aunque haciendo visibles esfuerzos, no pudo contenerle, como al parecer deseaba: el caballo pasó como una saeta, y sólo se detuvo, poco a poco y como a su pesar, a muchos pasos de distancia del sitio en que se hallaba Enrique. Pudo ver, sin embargo, éste que el jinete echaba pie a tierra y el caballo cubierto de espuma vacilaba, cayendo por fin a sus pies: el hombre se inclinó sobre él, y parecióle a Enrique que hablaba al pobre animal, el cual levantando lentamente la cabeza miró aún una vez a su amo, como si quisiera responderle, y dejándola caer al momento se estremeció en todo su cuerpo por dos o tres veces, y en seguida quedóse inmóvil. El hombre permaneció inclinado, y Enrique que se acercaba pudo percibir dos hondos y ahogados gemidos. Detúvose, sin poder defenderse de una cierta conmoción, y como el hombre inclinado levantase al mismo tiempo la cabeza, pudo conocer al mulato.

—¡Sab! —exclamó: y al instante el mulato se puso en pie y se adelantó hacia él.

[107]More clearly.

Enrique le consideró un momento. El sudor empapaba su cabeza y corría por su rostro en gruesas gotas: sus ojos tenían un brillo extraordinario, y su color parecía más oscuro que lo era[108] naturalmente. En toda su fisonomía se notaba aquella especie de vivacidad triste y extraña que presta comúnmente la fiebre.

—Sab —dijo Enrique—, ¿qué novedad ocurre? Cuando me separé de tu amo no me dijo que vendrías a Guanaja: sin duda te conduce algún motivo extraordinario y exigente, pues parece has hecho un viaje muy apresurado.

—Ya lo ve su merced —contestó el mulato señalando su caballo—. ¡Está reventado, muerto! … Hace poco más de cuatro horas que salí de Bellavista.

—¡Poco más de cuatro horas! —exclamó Enrique—, ¡diez leguas en cuatro horas reventando tu jaco tan querido! … Sin duda es muy exigente el motivo.

—Esta carta informará a su merced —respondió Sab alargándole un papel y dejándose caer quebrantado junto a su caballo. Enrique rompió el sello con mano mal segura, y mientras leía, el mulato tenía fijos en él los ojos, sonriendo con amargura al ver la notable turbación que se pintaba en el rostro del inglés. La carta era del señor de B… y decía así:

«Son las dos de la tarde Enrique, y aún no hace una hora ha venido Sab de la ciudad trayéndome la correspondencia de la Habana del correo pasado, que no recibí a su debido tiempo, por no sé que fatalidad maldecida. Esperaba carta de mi hijo y en vez de ella he recibido una del director del colegio, en la que me participa que la tisis que parecía amenazar a mi hijo, hace tantos años que ya habíamos cesado de temerla, se ha declarado súbitamente con extraordinaria violencia. Eugenio se hallaba tan malo a la salida del correo que los médicos le daban pocos días de vida. El hijo de mis entrañas mostrábase resignado a la muerte cuya proximidad conocía, pero atormentado por el deseo de verme una sola vez antes de dejarme para siempre. Ya conocerás, Enrique, la fuerza que semejante deseo debe tener en el corazón de un padre. Mañana mismo salgo para la Habana y no sé si podré volver; no sé si me será posible resistir a este golpe después de tantos otros, y si podré

[108]Correctly, 'más oscuro de lo que era'.

158

sobrevivir a mi hijo. Como quiera que sea, quiero al marcharme dejar con su esposo a Carlota. Mis orgullosos parientes me han renunciado y yo no puedo dejar solas a mis hijas. Por tanto, no salgo hoy mismo para la Habana porque quiero presenciar antes tu enlace con Carlota. Sab marcha inmediatamente con toda la prontitud posible a llevarte esta carta, y tú no debes dilatar ni un minuto tu regreso a Puerto-Príncipe, para donde salgo con mi familia dentro de dos horas. A tu llegada todo estará dispuesto para que puedas casarte en mi casa inmediatamente, y un minuto después partiré dejándote entregada mi familia, mis adoradas hijas, que acaso no tendrán otro apoyo, ni otro padre que tú.

Ven sin dilación, hijo mío, a recibir el precioso depósito que quiere confiarte.

Carlos de B.»

Enrique temblaba y una palidez lívida había sucedido, mientras leía esta carta, al bello color de rosa que teñía comúnmente sus mejillas. El mulato, siempre fija en él su mirada penetrante.

—Y bien —le dijo—, ¿qué determináis?

Enrique tartamudeó algunas palabras, de las cuales Sab sólo pudo comprender:

—¡Imposible!, no puedo sin orden de mi padre dejar a Guanaja.

Sab calló, pero su mirada siempre fija en el inglés parecía devorarle. Enrique lleno de turbación y desconcierto, apenas pudo leer la posdata que seguía a las últimas líneas de la carta de don Carlos, y que el mulato le indicó con un gesto expresivo. La posdata, decía:

«La suerte, por una cruel irrisión, ha querido compensar el golpe mortal dado en mi corazón con la pérdida de mi hijo, otorgando fortuna a mi hija mayor. Carlota ha sacado el premio de cuarenta mil duros en la última lotería: Enrique, tú que no pierdes un hijo, puedes dar gracias al cielo por este favor.»

Al concluir de leer Enrique estas palabras, Sab volvió a preguntarle:

—¿Y bien, señor, qué determina su merced?

—Marchar inmediatamente a Puerto-Príncipe —contestó el joven con resolución.

—Ya lo sabía yo —dijo el mulato con sonrisa sardónica, y apartó de Enrique su mirada, que expresaba en aquel momento un profundo desprecio.

—Ven, vamos a marchar ahora mismo.

—Su merced marchará solo —respondió Sab volviendo a sentarse junto a su caballóo, estoy rendido de cansancio.

—Tienes razón, pobre Sab, yo no puedo perder un minuto, pero tú quédate hasta mañana.

—Sí —dijo Sab—, apresúrese su merced: yo tengo necesidad de reposar un momento.

Enrique se alejó, Sab le siguió con los ojos hasta que le perdió de vista, y luego dejóse caer sobre el cadáver del pobre animal tendido a su lado.

—Ya no existes —dijo con triste voz—, ya no existes mi pobre amigo: has muerto cumpliendo con tu deber, como yo moriré cumpliendo el mío. ¡Pero es terrible este deber!, ¡es terrible! Mi corazón está reventado como tú, mi pobre amigo, pero tú no sufres ya y yo sufro todavía. ¡Esto es hecho! —añadió enseguida, levantando su cabeza abatida y echando una mirada extraviada en torno suyo—, esto es hecho; ya no hay remedio … ¡No hay esperanza! ¡Algunas horas más y ella será suya! ¡suya para siempre! ¡para siempre! El cielo para él en esta vida, y para mí el infierno: porque el infierno está aquí, en mi corazón, y en mi cabeza.

Levantóse y tendió su mirada en la extensión del mar que estaba delante de él. Entonces se estremeció todo, y como si quisiera apartar de sí un objeto importuno extendió las manos con fuerza, desviando los ojos al mismo tiempo. ¡La muerte! Era una terrible tentación para el desventurado, y aquel mar se abría delante de él como para ofrecerle una tumba en sus abismos profundos. ¡Mucho debió costarle resistir a esta terrible invitación! Levantó al cielo su mirada y con ella parecía ofrecer a Dios aquel último sacrificio, con ella parecía decirle: «Yo acepté el cáliz que me has mandado apurar, y no quiero arrojarlo mientras tú no me le pidas. Pero ya está vacío, rómpele tú, Dios de justicia.»

El cielo oyó sin duda sus votos y Dios tendió sobre él una mirada de misericordia, pues en aquel momento sintió el infeliz quebrantarse todo su cuerpo, y helar su corazón el frío de la muerte. Una voz interior pareció gritarle: «Pocas horas de sufrimiento te restan, y tu misión sobre la tierra está ya terminada.»

Sab aceptó aquel vaticinio, miró al cielo con gratitud, dejó caer la cabeza sobre el cadáver de su caballo y le bañó con un caño de sangre que brotó de su boca.

Un pescador que venía a tender sus redes a orillas del mar, pasando un minuto después por aquel sitio, vio el extraño espectáculo de un hombre y un caballo, tendidos y sangre en derredor. Creyó que acababa de descubrir un asesinato, y su primer movimiento fue huir: pero un gemido que oyó exhalar al que creía cadáver le obligó a acercarse. Registró en vano todo su cuerpo buscando la herida de que saliese aquella sangre; y con no poca admiración le halló ileso. Entonces le tomó en brazos para transportarle a su casa que estaba cerca, y mientras se ocupaba en levantarle con piadoso cuidado, el moribundo hizo un violento esfuerzo para soltarse de sus brazos, y con pasmo indecible le vio el pescador ponerse en pie, como un espectro pálido y cubierto de sangre.

—¡Un caballo!, ¡dadme un caballo en nombre del cielo! Buen hombre —exclamó Sab—, aún no estoy tan malo que no pueda andar siete leguas con el fresco de la noche: dadme un caballo.

—Si me pidierais una barca podría serviros —respondió todavía sobrecogido el pescador—, pero un caballo, no le tengo. Sin embargo, aquí cerca vive el tío Juan, mi compadre, que podrá prestaros el suyo.

—Bien, llevadme donde está ese hombre.

El pescador presentó su brazo a Sab, que se apoyó en él porque estaba trémulo; echó una lenta y última mirada sobre el cadáver de su caballo y se dejó conducir por el pescador a la casa del tío Juan.

Capítulo IV

... Por sus miembros todos
que abandona la vida, un sudor frío
vaga, y triste temblor.

QUINTANA[109]

Era la una de la noche y todo yacía en silencio y reposo en la aldea de Cubitas: los labriegos de la tierra roja descansaban durmiendo de los trabajos del día, y solamente algunos perros, únicos transeúntes de las desiertas calles, interrumpían por intervalos con sus ladridos el silencio de aquella hora de calma. Sin embargo, el viajero que por acaso atravesase entonces la aldea, notaría en aquella oscuridad y reposo general la señal evidente de que un individuo, por lo menos, no gozaba las dulzuras del sueño. La ventana principal de una de las casuchas de menos mísera apariencia, estaba abierta, y la claridad que salía por ella probaba haber luz en la habitación a que pertenecía. De rato en rato esta luz parecía mudar de asiento y el observador hubiera fácilmente adivinado que una persona despierta, en aquella pieza, variaba la posición. Sin embargo, el silencio era tan profundo dentro de la casa alumbrada como fuera de ella, sin que pudiera percibirse ni el ligero rumor de las pisadas.

Nosotros nos permitiremos penetrar dentro y descubrir quiénes eran las personas que velaban solas, en aquella hora de reposo general. En un pequeño catre de lienzo, entre sábanas gruesas pero limpias, aparecía la cara enjuta y cadavérica de una criatura, al parecer de pocos años, pues el bulto de su cuerpo apenas se distinguía en el catre. La inmovilidad de aquel cuerpo era tan completa que se le hubiera creído muerto, a no ser por el aliento que se le oía exhalar con trabajo por sus labios blancos y

[109]Manuel José Quintana (1772–1857), neo-classical liberal writer, deputy in the 1812 Cortes de Cádiz, and imprisoned by Fernando VII. Corresponded with Avellaneda.

162

entreabiertos. Junto al lecho, sentada en una silla de madera, estaba una mujer anciana de color cobrizo, fijos sus ojos en la lívida cara del enfermo, y cruzados los brazos sobre el pecho con muestras de triste resignación. Un perro estaba echado a sus pies.

De rato en rato levantábase esta mujer y con pasos ligeros se acercaba a una mesilla de cedro colocada cerca de la ventana, abierta sin duda para refrescar la habitación en la cual, por su pequeñez hacía un calor excesivo, y tomaba de ella un vaso y una palmatoria de metal en la que ardía una vela de sebo: volvíase enseguida poco a poco junto al lecho del enfermo, colocando la luz en la silla que había ocupado, examinaba atentamente su rostro y humedecía sus labios con el licor contenido en el vaso. El perro la seguía cada vez que se levantaba para esta operación, y cuando colocaba otra vez en la mesa la palmatoria y el vaso, y volvía a sentarse en su silla junto a la cama, el animal tornaba también a echarse tranquilamente a sus pies, sin que en todo esto se interrumpiese el silencio. Sin embargo, sobre las dos de la madrugada serían cuando se abrió con cautela una puerta por medio de la cual se comunicaba aquella habitación con la sala principal de la casa, y un hombre de edad avanzada entró por ella en puntillas hasta colocarse junto a la vieja, a cuyo oído aproximó su boca diciéndole en voz muy baja:

—¿Cómo va el enfermo, Martina?

—Ya lo veis —respondió ésta señalando con su mano afilada el rostro del niño—, no verá el día, aunque son ya las dos de la madrugada.

—¡Cómo!, ¿tan pronto creéis que …?

—Sí —dijo Martina moviendo tristemente la cabeza—. Sí, mayoral, muy pronto.

—Pues bien —repuso el recién llegado—, id a descansar un rato, Martina, y yo quedaré velándole. Hace cuatro noches que no cerráis los ojos: id a descansar y yo quedaré en vuestro lugar.

—Gracias, mayoral, vos no podéis pasar malas noches, porque tenéis harto trabajo durante el día, y don Carlos de B… os ha puesto aquí para atender a sus intereses, y no para cuidar mis enfermos. Volveos a vuestra casa y dejadme. ¿Qué importa una noche más sin descanso? Mañana —añadió con triste sonrisa—, mañana ya no tendrá necesidad de mí el pobre Luis, y podré descansar.

—Haré lo que queráis, Martina —respondió el mayoral de la estancia encogiéndose de hombros—, pero ya sabéis que estoy en la habitación inmediata para si algo se os ofreciere.

—Os doy las gracias, mayoral.

El anciano se volvía de puntillas, cuando al pasar la puerta detúvose, y puso atención al galope de un caballo que se oía distintamente en el silencio de la noche. El perro se alarmó también, pues se levantó derechas las orejas y el oído atento.

—¿Oís Martina? —dijo en voz baja el mayoral.

—¡Y bien!, ¿qué os asusta? Es alguno que pasa a caballo —respondió la vieja.

—Es que no pasa: que o yo me engaño mucho o el caballo se ha detenido delante de nuestra puerta.

En acabando estas palabras dos golpes sonaron sucesivamente en la puerta principal de la sala contigua al cuarto de Martina. El perro empezó a ladrar, y el mayoral exclamó:

—Es aquí, es aquí, ¿no lo decía yo? ¿Pero a estas horas quién puede venir a molestarnos? A menos que no sea algún enviado del amo, y para que venga a estas horas preciso es que haya acontecido alguna cosa bien extraordinaria …

—Id, a abrir la puerta —le interrumpió Martina—, he conocido a Sab en los dos golpes … ¡oíd, oíd! … ya los repite: es Sab, mayoral, corred y abridle la puerta. ¡Leal!, silencio que es Sab.

El mayoral obedeció, y sea que el ruido de los cerrojos que descorría para dejar libre la entrada, y los ladridos del perro asustasen al enfermo, sea que en aquel momento su agonía comenzase a hacerse más dolorosa, se estremeció todo y extendió sus bracitos descarnados. Sab se presentó en la habitación y detúvose inmóvil delante del lecho del moribundo.

—Hijo mío —le dijo Martina—, ya lo ves … Acércate, el cielo te ha traído sin duda para recordarme que aún tengo un hijo. Tú solo quedarás en el mundo para consolar los últimos días de esta pobre mujer.

Sab se puso de rodillas junto a la cama y besó la mano de Martina, mientras el perro saltaba en torno suyo acariciándole, y

Luis hacía penosos esfuerzos para levantar la cabeza.

—Mírale, hijo mío —dijo Martina—, tu presencia le ha reanimado; háblale, sin duda te oye todavía.

Sab se inclinó hacia el moribundo y le llamó por su nombre: Luis entreabrió los ojos aunque sin dirigirlos a Sab, y alargó sus manecitas transparentes como para asir alguna cosa. Las tomó Sab entre las suyas, e inclinando el rostro sobre el niño dejó caer sobre él una gruesa y ardiente lágrima.

—¿Me conoces? —le dijo—. Soy yo, tu hermano.

Luis dirigió su mirada vidriada hacia el paraje de que partía la voz, y apretó débilmente las manos de Sab; en seguida volvió el rostro al lado opuesto y quedóse en su primera inmovilidad, solamente que su respiración se hizo más trabajosa, formando aquel sonido gutural y seco, que es el estertor de la agonía.

—Es preciso que descanséis, madre mía —dijo Sab a Martina—, vuestro semblante me dice que habéis pasado muchas noches de vigilia.

—¡Cuatro! —exclamó el mayoral de la estancia—. Cuatro noches hace que no cierra los ojos, y no porque yo haya dejado de decirla …

El mulato interrumpió al anciano, y tomando la mano de Martina:

—Esta noche descansaréis —la dijo—, porque yo estoy aquí, yo velaré a mi hermano.

—Sí, y tú recibirás su último aliento —respondió la india con amarga resignación—, porque Luis no vivirá dos horas. ¡Bien! ¡Bien! —añadió poniéndose en pie e inclinándose sobre la cama del niño—. Yo le dejo, porque ya … ya no puedo servirle de nada al infeliz.

—Os engañáis, madre mía —díjola el mulato, mientras ayudado del mayoral disponía una cama para Martina—, Luis no está tan solo como creéis, aún me conoce.

—Sab, hijo mío, yo te dejo a su lado y me retiro tranquila; pero no quieras alucinarme:[110] harto sé que está agonizando. Pero por eso mismo le dejo … he visto ya en igual trance a mi hijo, a mi nuera, y a dos de mis nietos, y he recibido sus últimos suspiros, pero con todo me siento débil junto a esta pobre criatura. Es el

[110]Deceive me.

último, Sab, es mi último pariente, el último lazo que me une a la vida, y me siento débil en este momento.

Sab tomó la mano de la vieja y la apretó entre las suyas. Martina dejó caer la cabeza sobre su hombro y añadió con voz enternecida:

—Soy injusta, ¡lo conozco! Aún tengo un hijo: ¡Tú!, tú me restas aún.

—¡Eh!, no es ahora tiempo de llorar y hacemos llorar a todos — dijo el mayoral de la estancia acabando de arreglar la cama para Martina—. Venid a acostaros y dejaos ahora de esas reflexiones: mañana hablaréis largamente con Sab y le diréis todas esas cosas: lo que importa al presente es que durmáis un rato.

Martina se inclinó y estampó un beso en la frente ya helada de su nieto, dejándose conducir en seguida por Sab a la cama que se le había preparado. El joven la colocó cuidadosamente y la cubrió él mismo con una manta. Luego se volvió al mayoral de la estancia y le dijo con voz que revelaba su agitación:

—Mañana temprano necesito un hombre de confianza, para llevar una carta a Puerto-Príncipe a casa de mis amos, y os encargo procurármelo.

—Yo mismo iré si lo permitís —respondió el anciano—. Pero decidme, Sab, ¿ocurre alguna novedad en la ciudad? Vuestra venida a estas horas y esa carta …

Sab no le dejó concluir.

—Ninguna novedad ocurre que pueda importaros, mayoral: mañana a las seis saldréis a llevar una carta a la señorita Teresa, sobrina de mi amo, y a poneros a las órdenes de éste, al que diréis el motivo de mi detención en Cubitas. Va a emprender un viaje y acaso necesite un hombre de confianza que le acompañe. Yo debía ser ese hombre pero vos iréis en mi lugar.

—¡Oh! yo os aseguro, Sab, que aunque viejo soy tan capaz como vos …

—Lo creo —interrumpió el mulato con alguna impaciencia—. Ahora, mayoral, iros a dormir: buenas noches. Dadme solamente un pedazo de papel y un tintero. Hasta mañana.

El viejo obedeció: había en el acento de aquel mulato un no sé qué de autoridad y grandeza que siempre le había subyugado.

Cuando Sab quedó solo, se puso de rodillas junto al lecho de

Martina, que incorporándose sobre su almohada y fijándole una mirada penetrante, y profundamente triste, le dijo:

—Conmigo, Sab, no tendrás reserva: yo exijo que me digas el motivo de tu venida y el de ese viaje que dices debe emprender D. Carlos.

El joven abrazó las rodillas de Martina inclinando la cabeza sobre ellas en silencio.

—¡Sab! —exclamó la anciana bajando la suya sobre aquella cabeza querida y oprimiéndola entre sus manos—, tu cabeza arde … el sudor cubre tu frente … tú tienes calentura, hijo mío.

—Tranquilizaos —la dijo esforzándose a sonreír—, es la agitación del viaje: estoy bueno, procurad descansar … mañana lo sabréis todo, madre mía.

—No, no —gritó Martina con ansiedad—, déjame coger esa luz y alumbrar tu rostro … ¡Dios mío!, ¡qué mudanza! … Tus ojos están hundidos y brillan con el fuego de la fiebre. ¡Hijo mío!, ¡hijo mío!, ¿qué tienes?

Y se puso de rodillas delante de él.

—¡Por compasión! —exclamó el mulato, levantándola con una especie de furor—. Callad, callad Martina … tranquilizaos si no queréis verme morir de dolor a vuestros pies.

Martina se dejó llevar otra vez al lecho y se esforzó la pobre mujer en parecer tranquila.

—Siéntate aquí, a mi cabecera, hijo mío: yo no te importunaré más: callaré como el sepulcro … Pero ven, hijo mío, que yo te oiga, que oiga tu voz, que vea tus facciones, que sienta latir tu corazón junto al mío. ¡Oh, Sab!, piensa que ya nada me queda en el mundo sino tú … que eres mi único hijo, el único apoyo de esta larga y destrozada existencia.

Sab la abrazó estrechamente y regó su frente con dos gruesas y ardientes lágrimas.

—Sí, madre mía —la dijo—, descansad sobre mi pecho: mi voz arrullará vuestro sueño. Yo os hablaré de Dios, y de los ángeles entre los cuales va a habitar nuestro querido Luis. Yo os hablaré del eterno descanso de los desgraciados y de las consoladoras promesas del evangelio. Descansad en mis brazos: ¿estáis bien así?

Martina agobiada de fatigas y de penas dejóse colocar por Sab y pareció sucumbir a aquella especie de letargo que sigue a las grandes agitaciones.

—Habla —repetía ella—, habla hijo mío, yo te escucho.

Sab sólo murmuraba algunas palabras inconexas: en aquel momento también el infeliz sufría horriblemente. Pero Martina descansando en su pecho se sentía más tranquila, y se durmió por fin cuando Sab comenzaba a hablarle de la resurrección de los justos. Sintiéndola dormida, colocó suavemente su cabeza sobre la almohada: imprimió un largo y silencioso beso en su frente y cayó de rodillas delante de la mesa, en la que el mayoral le había dejado el papel y el tintero.

Entonces aquel humilde recinto presentó un cuadro dramático. Entre el sueño de la vejez, y la tranquila muerte de la inocencia, aquella vida juvenil despedazada por los dolores era un espectáculo terrible. Al lado de Luis, frágil criatura que se doblaba sin resistencia, débil caña que cedía sin ruido, echábase de ver aquella fuerza caída, aquel hombre lleno de vigor sucumbiendo como la encina a las tempestades del cielo.

Parecía que su alma a medida que abandonaba su cuerpo se trasladaba toda a su semblante. ¡Ay, aquella terrible agonía no tuvo más testigos que el sueño y la muerte! Nadie pudo ver aquella alma apasionada que se revelaba en su hora suprema.

Pero Sab escribía y aquella carta fue todo lo que quedó de él.

Pasó desconocido el mártir sublime del amor, pero aquella carta le sobrevivió y le conquistó el solo premio que sin esperarlo deseaba: ¡una lágrima de Carlota!

Sab escribía con mano mal segura y que fue poniéndose más y más trémula. Dejó por un instante la pluma y sacó de su pecho un objeto que contempló largo rato con melancólica atención. Era el brazalete de Carlota que Teresa le había regalado por mano de Luis en aquella misma habitación cinco días antes.

—¡Hela aquí! —murmuró fijando sus ojos en el retrato—. ¡Tan bella! ¡tan pura! ¡para él! ¡toda para él! …

Sus dedos crispados dejaron caer el brazalete y un momento después volvió a escribir. Pero era claro que sus fuerzas se debilitaban rápidamente. Sin embargo, escribió sin descanso más de una hora, interrumpiéndose únicamente para acercarse algunas veces a la cama de Luis y humedecer sus labios, como lo había hecho Martina. Ésta continuaba sumida en una especie de letargo y de vez en cuando se la veía agitarse y tender los brazos exclamando:

—¡Sab!, no tengo otro hijo que tú.

El mulato la escuchaba y su mano temblaba más en aquellos momentos: pero seguía escribiendo. La claridad del día penetraba ya por la ventana cuando concluyó su carta.

Puso dentro de ella el brazalete, cerróla, quiso rotularla,[111] pero su mano no obedecía ya al impulso de su voluntad, y violentas convulsiones le asaltaron en el momento.

Hubo entonces un instante en que el exceso de sus dolores le comunicó un vigor pasajero y probó a ponerse en pie por medio de un largo y penoso esfuerzo, pero volvió a caer como herido de una parálisis, y sus dientes rechinaron unos contra otros al apretarse convulsivamente.

Sin embargo, consiguió arrastrarse trabajosamente hasta la cama de Luis, y su mirada delirante y ardiente se encontró allí con la mirada vidriada e inmóvil del moribundo. Sab quiso dirigirle un último adiós pero se detuvo espantado del sonido de su propia voz, que le pareció un eco del sepulcro.

Entonces pasaron por su mente multitud de ideas y multitud de dolores. Pensó que iba a morir también, y que en aquel mismo instante que él sufría una dolorosa agonía, Enrique y Carlota pronunciaban sus juramentos de amor. Luego ya no pensó nada: confundiéronse sus ideas, entorpecióse su imaginación, turbóse su memoria; quebrantóse su cuerpo y cayó sobre la cama de Luis, bañándola con espesos borbotones de sangre que salían de su boca.

El mayoral de la estancia había consultado al sol, su reloj infalible, y no dudó fuesen ya las cinco. Dejó, pues, preparado su caballo a la puerta de la casa, y acercándose poco a poco a la habitación de Martina, y tocando ligeramente la puerta, para no despertar a la anciana si por ventura dormía, llamó repetidas veces a Sab. Pero Sab no respondía. En vano fue levantando progresivamente la voz y golpeando con mayor fuerza la puerta,

[111]Correctly, 'roturarla'.

aplicando en seguida el oído con silenciosa atención. Reinaba un silencio profundo dentro de aquella sala, y alarmado el mayoral descargó dos terribles golpes sobre la puerta. Entonces ladró el perro y despertó Martina, y echó en torno suyo una mirada de terror. ¡No vio a Sab! Precipitóse con un grito hacia el lecho de su nieto. Allí estaban los dos … Luis muerto, Sab agonizando.

Martina cayó desmayada a los pies de la cama, y el mayoral, echando abajo la puerta, entró a tiempo de recoger el último suspiro del mulato.

Sab expiró a las seis de la mañana: en esa misma hora Enrique y Carlota recibían la bendición nupcial.

Capítulo V

> Esta es la vida, Garcés,
> Uno muere, otro se casa,
> Unos lloran, Otros ríen ...
> ¡Triste condición humana!
> GARCÍA GUTIÉRREZ[112] *El Paje*

Reinaba la mayor agitación en la casa del señor de B... que verificado el casamiento de su hija había partido para el puerto de Nuevitas,[113] en el cual debía embarcarse para la Habana.

Jorge, que había estado presente a la celebración del matrimonio y partida de D. Carlos, volvióse a su casa dejando ya instalado a Enrique en la de su esposa. La inquietud que inspiraba a ésta la situación de su hermano, las dolorosas sensaciones que en ella había producido la primera separación de un padre tiernamente querido, y su repentino matrimonio verificado bajo tan tristes auspicios, teníanla en cierta manera enajenada, e insensible, en aquellos primeros momentos, a la ternura oficiosa que su marido la prodigaba.

Rodeábanla llorando sus hermanitas sin que ella acertase a dirigirles una palabra de consuelo. Unicamente Teresa conservaba su presencia de espíritu, y al mismo tiempo que daba órdenes a las esclavas restableciendo en la casa la tranquilidad, momentáneamente alterada, cuidaba de las niñas y aun de la misma Carlota. Instábala con cariño para que se acostase algunas horas, temiendo que tantas agitaciones y una noche de vigilia alterasen su salud delicada, y vencida por fin de sus ruegos ya iba Carlota a complacerla cuando llegó el mayoral de las estancias de Cubitas

---

[112]Antonio García Gutiérrez (1813–84), Spanish Romantic dramatist. Later Director of the National Library, Spain. Author of *El trovador* and *Simón Bocanegra*.

[113]Nuevitas is to the west of Guanaja. It was the major port serving Puerto Príncipe since 1791. According to Cruz (1983: 247–8), the journey by ship from Nuevitas to Havana took two or three days. It took much longer by land. The town was modernized in 1819, when the action in the novel takes place.

anunciando la muerte de Sab. Esta desgracia, dijo, era efecto sin duda de alguna gran caída, pues según decía Martina, que era un oráculo para el buen labriego, Sab tenía reventados todos los vasos del pecho.

Esta noticia, que algunos días antes hubiera sido dolorosísima a Carlota, apenas pareció afectarla en un momento en que tanto había sufrido. Acababa de separarse de un padre, su hermano expiraba tal vez en aquel momento, y la pérdida del pobre mulato era bien pequeña al lado de estas pérdidas.

Enrique manifestó con más viveza su pesar y su sorpresa.

—¡Pobre muchacho! —dijo—, estas muertes repentinas me aterran.

Luego, como si se le presentase una idea luminosa añadió:

—Martina tiene razón: una caída del caballo ha sido indudablemente la causa de su muerte. ¡Pobre Sab! Ahora recuerdo lo pálido, lo demudado que estaba ayer cuando llegó a Guanaja. Yo lo atribuí al cansancio del viaje tan precipitado: reventó su jaco negro.

—Aquí traigo una carta sin sobrescrito —dijo el mayoral—, pero que creo es para la señora.

—¡Para Carlota!, ¿y de quién es esa carta, buen hombre?

—Del pobre difunto, señor —respondió el mayoral presentándola—. Creo que agonizando la escribió, pues me pidió el papel y la tinta a las tres de la madrugada, y a las seis el desgraciado rindió su alma al criador.[114] Pero parece que el asunto era de importancia, y luego, como yo debía venir para acompañar al amo a la Habana … pero ya lo veo, he llegado tarde y mi venida sólo habrá servido para traer esta carta.

En el breve tiempo que duró este discurso del mayoral, al que nadie atendía, pasó una escena muy viva en aquella sala. Enrique, que se había apoderado de la carta que decían ser para su esposa, rompió la cubierta apresuradamente, y al abrir la carta cayó en tierra el brazalete que levantó sorprendido.

—¡Un brazalete! … Carlota …, este brazalete …

—Es mío —dijo Teresa adelantándose con serenidad—. Es un

[114]'Creador', creator.

172

regalo de Carlota que yo estimo en tanto que sólo he podido cederlo a la persona a quien he creído en este mundo más digna de mi afecto y estimación. Ahora que vuelve a mis manos quiero conservarle hasta el sepulcro. Dádmele, pues, Enrique, y esa carta que también es para mí.

Enrique estaba estupefacto y miraba a Teresa y luego a Carlota, como si quisiese leer en sus rostros la aclaración de aquel enigma. Pero el semblante de Teresa estaba pálido y sereno, y en la hermosa fisonomía de Carlota sólo se veía en aquel momento la cándida expresión de la sorpresa.

—Tened la bondad de darme esa carta y ese brazalete, Enrique —repitió con firmeza Teresa—, y conducid a Carlota a su aposento: tiene necesidad de descanso.

Enrique echó una mirada sobre la carta, cuya primera línea leyó, y en seguida la alargó con el brazalete a Teresa, diciéndole con una sonrisa maliciosa:

—Efectivamente, para vos es, Teresa, pero yo ignoraba que tuvieseis correspondencia con el mulato, y que os devolviese él una prenda que, según decís, sólo podíais ceder al hombre a quien quisieseis y estimaseis más.

—Pues si lo ignorabais, Enrique —respondió ella con dignidad—, ya lo sabéis.

Luego abrazó a Carlota rogándola nuevamente fuese a descansar algunas horas con sus hermanitas, cuyos rostros infantiles estaban descoloridos con la mala noche.

Carlota tomó en sus brazos una después de otra a las cuatro niñas.

—Sí —las dijo—, venid a descansar, pobres criaturas, que en toda la noche habéis velado y llorado conmigo. Y tú, Teresa —añadió fijando en su amiga una mirada de indulgencia y compasión—, descansa también, querida mía, porque también padeces.

Se levantó entonces y sostenida por Enrique y rodeada de sus hermanas, como de un coro de ángeles, retiróse a su aposento, después de estampar un beso en la frente pálida y resignada de su amiga.

Para obligar a acostarse a sus hermanitas, que no querían

apartarse de ella un momento, echóse vestida sobre la cama, y en torno suyo se colocaron las cuatro niñas, que no tardaron en dormirse.

Enrique cerró la cortina recomendando a su joven esposa procurase también dormir, mientras él se ocupaba en arreglar algunos papeles de los que el señor de B... le había encargado.

—Sí —dijo Carlota—, guardaré silencio para no despertar a estas pobres niñas, pero no salgas del aposento, Enrique, porque te lo confieso, tengo miedo. Esta muerte de Sab tan repentina me ha causado una fuerte impresión.

¡Oh querido mío!, ¡qué tristes auspicios para nuestra unión! ... ¡muertes, despedidas! ... no me dejes sola, Enrique, paréceme que veo a la muerte levantarse amenazando todas las cabezas queridas, y que si dejo de verte un momento no volveré a verte más.

—Tranquilízate, vida mía —contestó su marido—, aquí estaré velando tu sueño. Pero no temas mi muerte porque no se muere uno cuando es tan feliz como yo lo soy. Duerme tranquila, Carlota, para que vuelvan las rosas a tus mejillas: ¿no sabes que quiero verte hermosa el día de nuestra boda?

—¡El día de nuestra boda! —murmuró ella—. ¡Qué triste ha sido este día!

Pero Enrique se había puesto ya en el escritorio de D. Carlos, donde se ocupaba en leer y arreglar papeles, y Carlota, sin esperanza de descanso, pero deseando no interrumpir el de sus hermanas, cerró los ojos y aparentó dormir. Cerca de una hora pudo mantenerse en la misma posición, pero no le fue posible permanecer más tiempo, y sacando con cuidado uno de sus brazos, sobre el cual descansaba la cabeza de la más joven de sus hermanas, echóse poco a poco fuera del lecho.

—¿Ya estás despierta? —dijo Enrique llegándose a sostenerla—, ¿no quieres descansar una hora más, vida mía?

—No puedo —contestó ella—, porque he estado pensando, Enrique, que en la perturbación del primer momento de sorpresa y pesar, no me he acordado de que se atendiese al buen hombre que nos ha traído la noticia de la muerte de nuestro pobre Sab: y ciertamente debía haber dado orden para que se le diese para refrescar: el buen viejo se ha apresurado, con la mejor voluntad del mundo, a traernos la desagradable noticia. También es preciso que se vuelva inmediatamente a Cubitas, y que lleve algún dinero a Martina para el entierro de ese infeliz. ¡Y Teresa, Enrique, la pobre Teresa! … la he dejado en un momento … debo hablarla, saber qué misterio se encierra en esa carta y ese brazalete que ha recibido.

—Fácil es de adivinar —dijo Enrique sonriendo—, Teresa amaba al mulato.

—¡Amarle!, ¡amarle! —repitió Carlota con tono de duda—. Se me había ocurrido esa sospecha, pero … ¡amarle! … ¡oh, no es posible!.

—Las mujeres, querida mía, ¡tenéis caprichos tan inconcebibles y gustos tan extraordinarios!

—¡Amarle! —repitió Carlota— ¡a él! ¡a un esclavo! … Luego, Teresa es tan fría … ¡tan poco susceptible de amor!

—Acaso nos hemos engañado juzgando su corazón por su semblante, querida mía.

—No, Enrique, yo no he juzgado su corazón por su semblante: sé que su corazón es noble, bueno, capaz de los más grandes sentimientos; pero el amor, Enrique, el amor es para los corazones tiernos, apasionados … como el tuyo, como el mío.

—Es para todos los corazones, vida mía, y Teresa tiene un corazón.

—Ven, pues, vamos a verla Enrique, y si es verdad que amó a ese infeliz, compasión merece y no vituperio. El era mulato, es verdad, y nació esclavo: pero tenía también un bello corazón, Enrique, y su alma era tan noble, tan elevada como la tuya, como todas las almas nobles y elevadas.

Al oír estas palabras la mirada de Enrique, que había estado amorosamente clavada en los bellos ojos de su mujer, vaciló un tanto, y como si su conciencia le hiciese penosa una comparación que sabía bien no era merecida, se apresuró a contestar:

—Ven, pues, Carlota, vamos a ver a tu prima; no creo que después de lo que dijo, al pedirme el brazalete, quiera negar sus amores con Sab.

—Yo no trataré tampoco de arrancarla su secreto, pero si llora lloraré con ella —contestó Carlota, apoyándose en el brazo de su marido, y hablando así salieron ambos del aposento y llegaron a la puerta del de Teresa, que estaba abierta. Enrique se detuvo a la entrada y Carlota se adelantó llamando a su amiga. Pero no estaba en el aposento. Carlota hizo venir a Belén y preguntó por Teresa.

—¡Pues qué! —respondió admirada la esclava—. ¿No advirtió a su merced que iba a salir? Hace más de media hora que se marchó.

—¿Dónde?, ¿con quién?

—Dónde no dijo, pero presumo que a la iglesia porque se puso su vestido negro y se cubrió la cabeza con su mantilla. La acompañó el mayoral que vino de Cubitas.

—¿Oyes, Enrique? —dijo Carlota sentándose tristemente en una silla que estaba delante de la mesa de Teresa.

—¡Y bien! ¿Por qué te asustas, Carlota?

—¿Por qué? Porque Teresa no acostumbra salir a esta hora con un hombre que apenas conoce y a pie, sin decírmelo … ¡Esto es extraordinario!

Carlota en aquel momento notó un papel escrito sobre la mesa en que se había apoyado, y conociendo la letra de Teresa lo leyó con apresuramiento. En seguida se lo alargó a su marido, deshaciéndose en lágrimas, y Enrique lo leyó en alta voz. Decía así:

«Pobre, huérfana y sin atractivos ni nacimiento,[115] hace muchos años que miré el claustro como el único destino a que puedo aspirar en este mundo, y hoy me arrastra hacia ese santo asilo un impulso irresistible del corazón.

«No te dejara en el día de la aflicción si me creyese necesaria o siquiera útil, pero tú tienes ya un esposo, Carlota, a quien amas y que ha jurado hoy a Dios y a los hombres amarte, protegerte, y hacerte feliz. Con él te dejo, deseándote un porvenir de amor y de ventura. Tu destino se ha fijado y yo quiero fijar el mío.

«Por evitarme las reflexiones que me harías, para apartarme de esta resolución en la que estoy irrevocablemente fijada, dejo tu casa sin despedirme de ti sino por estas líneas, y me marcho al convento de las Ursulinas[116] de donde no saldré jamás. Mi

[115]She is not a legitimate child, that is, born into a good family.
[116]In 1818 a monastery was founded in Puerto Príncipe by the Ursulines (the oldest teaching order of women in the Roman Catholic Church). The nuns moved in to the building in 1819 (Cruz 1983: 248). The girls of local wealthy families attended classes (sewing etc.) there.

176

patrimonio, aunque corto, cubre la dote que necesito para ser admitida, y dentro de un año espero que me será permitido pronunciar mis votos.

Adiós, Carlota, adiós, Enrique … amaos y sed felices.»

Teresa

—¡Oh, Enrique! —exclamó Carlota—. ¡ya lo ves!, todo se reúne para afligirme, para hacer triste y sombrío este día de nuestra unión: ¡este día que tan dichoso debía ser!

—Ya no debe quedarte duda —dijo Enrique—, del amor de tu prima por Sab. Su muerte es la que le inspira esta resolución repentina de hacerse religiosa. A la verdad que tu amiga tiene altas inclinaciones.

—No la condenes, Enrique, ten indulgencia con todas las debilidades del corazón. ¡Pobre Teresa, harto desgraciada es! Pero ¿no podía esperar y remitir el cumplimiento de su resolución para otro día? ¿Por qué ha tenido la crueldad de añadir un disgusto a tantos como hoy he experimentado? Me deja la ingrata el mismo día que ha partido mi padre, sola … abandonada.

—¡Sola! ¡Abandonada, Carlota! —repitió Enrique ciñéndola con sus brazos—, cuando estás con tu esposo que te adora, cuando yo estoy aquí, a tu lado, apretándote contra mi corazón. ¡Querida mía! Sensible es la pérdida de un hermano, aunque sea de un hermano que no ves hace tres años, y cuya débil y enfermiza constitución estaba ya de largo tiempo preparando para este golpe; sensible la separación de un padre, aunque esta separación será tan corta; sensible la muerte de un mulato que fue para tu familia un esclavo fiel; y sensible también que una loca amiga enamorada de él se quiera hacer monja, aunque se conozca que es lo mejor que puede hacer. Pero ¿es todo esto motivo suficiente para desconsolarte en estos términos, y amargarme el día más feliz de mi vida? ¿No es esto una injusticia, Carlota, una ingratitud para con tu Enrique?

En vez de dicha ¿has de darme dolor, lágrimas en vez de caricias? ¡Ah! tú me amabas hace cuatro días … hoy … hoy no me amas.

—¡No te amo! —exclama ella con enajenamiento de pesar y

ternura—. ¡Que no te amo, dices! Ah, no te amo, te idolatro. Tú eres mi consuelo, mi esperanza, mi apoyo … porque eres ya mi esposo, Enrique, y este día será un día de ventura por más contrariedades que el destino arroje sobre él. Acaso era necesario este contrapeso para que mi razón no sucumbiese al exceso de tal felicidad.

¡Porque yo te amo, Enrique!

—Pues bien, pruébamelo, vida mía, no llores más; pruébamelo con una sonrisa, con una mirada de placer … hazme dichoso con tu dicha, Carlota …

—Sí, sí, yo soy dichosa —le interrumpió ella con una especie de delirio—. Mi padre, mi hermano, Teresa, Sab … ¿qué son todos al lado de tu amor? Yo no tengo ahora a nadie más que a ti … pero tú lo eres todo para el corazón de tu Carlota. Mira, no sientas que llore: son lágrimas de placer, lágrimas muy dulces las que vierto en tu pecho. ¡Porque soy tuya!, ¡porque te amo!, ¡porque soy feliz!

—Carlota, vida mía … dímelo otra vez, ¿qué nos importa todo lo demás amándonos así? —exclamó Enrique transportado.

—Tienes razón —añadió ella—, amándonos así el cielo mismo no tiene poder bastante para hacernos desgraciados.

—¡Carlota, ya eres mía!

—¡Tuya para siempre!

—¡Cuán dichoso soy!

—¡Y yo, Enrique, y yo! …

¡Y lo eran en efecto! Aquel era el primer día de su unión, y el primer día de una unión pura y santa, aquel día en que se hace del más vivo y ardiente de los afectos el más solemne de los deberes, es indudablemente un día supremo. Debe haber en este día una plenitud de ventura que no pertenece a esta tierra, ni a esta vida, y que el cielo no concede sino por un día, para hacer comprender con ella la felicidad que reserva en la eternidad de su gloria a las almas predestinadas. Porque la bienaventuranza del cielo no es otra cosa que el eterno amor.

Una horrible tempestad bramaba sobre la tierra. Eran las tres de la tarde y el firmamento, cubierto de un opaco velo, anunciaba una tarde espantosa.

En aquella hora D. Carlos, desafiando la tormenta, corría al embarcadero de Nuevitas, pensando que un momento de dilación podía impedirle hallar vivo a su hijo: En aquella hora Teresa, de rodillas delante de un crucifijo, en una estrecha celda, imploraba la misericordia de Dios en favor de los que ya no existían: En aquella hora enterraban en Cubitas dos cadáveres, de un hombre y de un niño; y una vieja lloraba sobre un lecho manchado de sangre, y un perro aullaba a sus pies. Y en aquella hora Carlota y Enrique eran felices, porque se amaban, porque se habían casado aquel día, y se repetían sin cesar con la voz y con las miradas:

—¡Ya soy tuya!

—¡Ya eres mía!

Tales contrastes los vemos cada día en el mundo. ¡Placer y dolor! Pero el placer es un desterrado del cielo, que no se detiene en ninguna parte: El dolor es un hijo del infierno, que no abandona su presa sino cuando la ha despedazado.

Conclusión

Si á ciascun l'interno affanno,
Si leggesse in fronte scritto,
Quanti mai, che invidia fanno,
Ci farebbero pietá.

Metastasio[117]

Si la frente del hombre anunciase
El interno pesar con que lidia,
Cuantos hay, que nos causan envidia,
Y excitarnos debieran piedad.

Era la tarde del día 16 de junio de 18…: cumplían[118] en este día cinco años de los acontecimientos con que termina el capítulo precedente, y notábase alguna agitación en lo interior del convento de las Ursulinas de Puerto-Príncipe. Sin duda algo extraordinario producía esta agitación, extraña en la vida monótona y triste de las religiosas. Pero, ¿qué cosa nueva o extraña puede acontecer dentro de los muros de un convento? ¡La muerte! Este es el acontecimiento notable que forma época para las solitarias reclusas de un claustro: la muerte de alguna de ellas; la muerte que únicamente vuelve a abrir para la infeliz monja las puertas de hierro de aquel vasto sepulcro, que la arroja a otro sepulcro más estrecho.

En el día de que hablamos era también la muerte la que motivaba el movimiento que se advertía en el convento. Sor Teresa estaba en las últimas horas de su vida, sucumbiendo a una consunción[119] que padecía hacía tres años, y todas las religiosas se consternaban a la proximidad de una muerte que ya se tenía prevista.

Sor Teresa era amada generalmente. Aunque fría y adusta, su

---

[117]Pietro Metastasio (1698–1782). Italian poet and author of tragedies, librettist for Mozart and Handel.
[118]More correctly, 'se cumplían'.
[119]Probably tuberculosis (Cruz 1983: 248)

severa virtud, su elevado carácter, la sublime resignación con que había soportado su larga enfermedad, y mil pequeños servicios que en diversas circunstancias había prestado a cada una de sus compañeras, con la inalterable aunque fría bondad que la caracterizaba, la habían granjeado el afecto de todas, que sentían sinceramente perderla; aunque acaso algunas de ellas gozaban una especie de satisfacción en que un acontecimiento, cualquiera que fuese, diese alguna variedad y movimiento a su triste congregación.

Eran las seis de la tarde y las monjas comenzaban a impacientarse de que no hubiese llegado todavía la señora de Otway, a la que se había despachado un correo a su ingenio de Bellavista, donde se hallaba, informándola de la gravedad del mal de su prima y del deseo que manifestaba de verla antes de morir. Esta dilación enfadaba a las buenas religiosas porque, decían ellas, era una ingratitud de la señora de Otway estar tan perezosa en correr al lado de la moribunda que tanto la amaba, y a la que mostraba tan tierna correspondencia.

En efecto, muchas veces, principalmente en aquellos dos años últimos, las religiosas habían murmurado en secreto las largas visitas de Carlota a su prima, quizás por el enojo que les causaba no poder satisfacer su curiosidad oyendo lo que hablaban las dos amigas en aquellas conferencias, que tenían en frecuentes ocasiones en la celda de sor Teresa. Era un escándalo, decían ellas, aquellas conversaciones a solas infringiendo las reglas del instituto, y sólo las permitía la abadesa por ser la señora de Otway parienta suya, y acaso más aún por los frecuentes regalos que hacía al convento.

Si hubieran podido las pobres religiosas satisfacer su curiosidad oyendo aquellas conversaciones, acaso se hubieran retirado de aquella celda más satisfechas de su suerte y menos envidiosas de la de Carlota: porque habrían oído que la mujer hermosa, rica y lisonjeada, la que tenía esposo y placeres venía a buscar consuelos en la pobre monja muerta para el mundo. Hubieran visto que la mujer que creían dichosa lloraba, y que la monja era feliz.

En efecto, Teresa había alcanzado aquella felicidad tranquila y solemne que da la virtud. Su alma altiva y fuerte había dominado su destino y sus pasiones, y su elevado carácter, firme y decidido,

181

la había permitido alcanzar esa alta resignación que es tan difícil a las almas apasionadas como a los caracteres débiles. Su pasión por Enrique, aquella pasión concentrada y profunda, única que se hubiera posesionado en toda su vida de aquel corazón soberbio, se había apagado bajo el cilicio, a la sombra de las frías paredes del claustro: su ambición, teniendo por único objeto la virtud, había sido para ella un móvil útil y santo, y a pesar de sus males físicos y de sus combates interiores, coronóse del triunfo aquella noble ambición.

Carlota, por el contrario, era desgraciada y lo era tanto más cuanto que todos la creían feliz. Joven, rica, bella, esposa del hombre de su elección, del cual era querida, estimada generalmente, ¿cómo hubiera podido hacer comprender que envidiaba la suerte de una pobre monja? Obligada, pues, a callar delante de los hombres, sólo podía llorar libremente dentro de los muros del convento de las Ursulinas, en el seno de una religiosa que había alcanzado la felicidad del alma aprendiendo a sufrir el infortunio.

¿Pero por qué lloraba Carlota? ¿Cuál era su dolor? No todos los hombres le comprenderían porque muy pocos serían capaces de sentirle. Carlota era una pobre alma poética arrojada entre mil existencias positivas. Dotada de una imaginación fértil y activa, ignorante de la vida, en la edad en que la existencia no es más que sensaciones, se veía obligada a vivir de cálculo, de reflexión y de conveniencia. Aquella atmósfera mercantil y especuladora, aquellos cuidados incesantes de los intereses materiales marchitaban las bellas ilusiones de su joven corazón. ¡Pobre y delicada flor!, ¡tú habías nacido para embalsamar los jardines, bella, inútil y acariciada tímidamente por las auras del cielo!

Mientras fue soltera, Carlota había gozado las ventajas de las riquezas sin conocer su precio: ignoraba el trabajo que costaba el adquirirlas. Casada, aprendía cada día, a costa de mil pequeñas y prosaicas mortificaciones, cómo se llega a la opulencia. Sin embargo, de nada carecía Carlota, comodidades, recreaciones y aun lujo, todo lo tenía. Los dos ingleses sostenían su casa bajo un pie brillante.[120] Pero aquellas bellas apariencias, y aun las ventajas reales de la vida, estaban fundadas y sostenidas por la incesante

[120]On a brilliant footing, on a brilliant scale.

182

actividad, por la perenne especulación y por un fatigante desvelo. Carlota no podía desaprobar con justicia la conducta de su marido, ni debía quejarse de su suerte, pero a pesar suyo se sentía oprimida por todo lo que tenía de serio y material aquella vida del comercio. Mientras vivió su padre, hombre dulce, indolente como ella, y con el cual podía ser impunemente pueril, fantástica y apasionada, pudo estar también menos en contacto con su nuevo destino, y sólo tuvo que llorar por ver a su esposo más ocupado de su fortuna que de su amor, y por los frecuentes viajes que el interés de su comercio le obligaba a hacer, ya a la Habana, ya a los Estados- Unidos de la América del Norte. Mas ella quedaba entonces al lado de su padre que la adoraba, y cuya debilitada salud exigía mil cuidados que ocupaban su existencia.

Pero D. Carlos sólo sobrevivió dos años a su hijo, y su muerte, que privó a Carlota de un indulgente amigo y de un tierno consolador, fue acompañada de circunstancias que rasgaron de una vez el velo de sus ilusiones, y que envenenaron para siempre su vida.

Durante las últimas semanas de la vida del pobre caballero, Jorge no se apartaba un instante de la cabecera de su lecho, velándole las noches en que Carlota descansaba. Agradecía ella esta asistencia con todo el calor de su corazón sensible y noble, incapaz de penetrar sus viles motivos; pero al descubrirlos su indignación fue tanto más viva cuanto mayor había sido su confianza.

Débil de carácter D. Carlos, y más débil aún después de dos años de enfermedad, que habían enflaquecido a la vez su cuerpo y su espíritu, fue una blanda cera entre las manos de hierro del astuto y codicioso inglés, que logró hacerle dictar un testamento en el cual dejaba a Carlota todo el tercio y quinto de sus bienes. Ignoró Carlota esta injusticia hasta que muerto su padre se la enteró de sus últimas disposiciones, en las cuales vio la prueba inequívoca de la avaricia y bajeza de su suegro. Explicóse franca y enérgicamente con Enrique, declarando su resolución de no aprovecharse de aquel abuso cometido, devolviendo a sus hermanas, injustamente despojadas, aquellos bienes arrancados a la debilidad por la codicia.

183

Carlota se había persuadido de que su marido pensaría lo mismo que ella, pero Enrique encontró absurda la demanda de su mujer y la trató como fantasía de una niña que no conoce aún sus propios intereses. Aquel testamento era legal y Enrique no concebía los escrúpulos delicados de Carlota, ni por qué le llamaba injusto y nulo.

Todas las súplicas, las lágrimas, las protestaciones de Carlota sólo sirvieron para malquistarla con su suegro, sin que Enrique la escuchase jamás de otro modo que como a un niño caprichoso, que pide un imposible. La acariciaba, la prodigaba tiernas palabras y concluía por reírse de su indignación.

Carlota luchó inútilmente por espacio de muchos meses, después guardó silencio y pareció resignarse. Para ella todo había acabado. Vio a su marido tal cual era: comenzó a comprender la vida. Sus sueños se disiparon, su amor huyó con su felicidad. Entonces tocó toda la desnudez, toda la pequeñez de las realidades, comprendió lo erróneo de todos los entusiasmos, y su alma que tenía necesidad, sin embargo, de entusiasmos y de ilusiones, se halló sola en medio de aquellos dos hombres pegados a la tierra y alimentados de positivismo.[121] Entonces fue desgraciada, entonces las secretas y largas conferencias con la religiosa ursulina fueron más frecuentes. Su único placer era llorar en el seno de su amiga sus ilusiones perdidas y su libertad encadenada; y cuando no estaba con Teresa huía de la sociedad de su marido y de su suegro. Muchas veces se iba a Bellavista y pasaba allí meses enteros en una absoluta soledad, o sin otra compañía que sus hermanas, que eran, sin embargo, demasiado jóvenes para poder consolarla. En Bellavista respiraba más libremente: sentía su pobre corazón necesidad de entregarse, y ella le abría al cielo, al aire libre del campo, a los árboles y a las flores.

Así en el día en que comienza este último capítulo de nuestra historia, hallábase fuera de la ciudad, mientras las monjas la esperaban con impaciencia y Teresa agonizaba. Había ya cumplido ésta con todos sus deberes de católica, pero parecía escuchar con distracción las bellas cosas que le decía el religioso que la auxiliaba y profería por momentos el nombre de Carlota.

Por fin llegó ésta. Un carruaje se detuvo delante de la puerta del

[121]Materialism.

convento y la señora de Otway, pálida y asustada, se precipitó en la celda de la moribunda.

Teresa pareció reanimarse a la vista de su amiga y con voz débil pero clara pidió las dejasen solas.

Carlota se puso de rodillas junto al lecho, a cuya cabecera ardían dos velas de cera, alumbrando una calavera y un crucifijo de plata. Teresa se incorporó un poco sobre sus almohadas y le tendió la mano.

—Yo muero —dijo después de un instante de silencio—, y nada poseo, nada puedo legar a la compañera de mi juventud. Pero acaso pueda dejarle un extraño consuelo, un triste pero poderoso auxilio contra el mal que marchita sus años más hermosos.

Carlota, tú estás cansada de la vida, y detestas al mundo y a los hombres … sin embargo, tú has sido una mujer feliz, Carlota; tú has sido amada con aquel amor que ha sido el sueño de tu corazón, y que hubiera hecho la gloria de mi vida si yo le hubiese inspirado. Tú has poseído sin conocerla una de esas almas grandes, ardientes, nacidas para los sublimes sacrificios, una de aquellas almas excepcionales que pasan como exhalaciones de Dios sobre la tierra. Y bien, Carlota: ¿te cansa la existencia material?, ¿necesitas la poesía del dolor?, ¿anhelas un objeto de culto? … Desata de mi cuello este cordón negro … en él está una pequeña llave: abre con ella ese cofrecito de concha … ¡Bien! ¿No ves dentro de él un papel ajado por mis lágrimas? … Toma ese papel, Carlota, y consérvale como yo le he conservado.

No recibí del cielo una rica imaginación, ni una alma poética y exaltada: no he vivido, como tú, en la atmósfera de mis ilusiones. Para mí la vida real se presentó siempre desnuda, y la triste experiencia del infortunio me hizo comprender y adivinar muchos horribles secretos del corazón humano: sin embargo de eso, Carlota, muero creyendo en el amor y en la virtud, y a ese papel debo esta dulce creencia que me ha preservado del más cruel de los males: el desaliento.

La voz de Teresa se extinguió por un momento: pidió a su prima un vaso de agua y después le reveló con más firmeza el noble sacrificio del mulato.

—El te dio el oro —la dijo— que decidió a Enrique a llamarte su esposa, pero no desprecies a tu marido, Carlota; él es lo que son la mayor parte de los hombres, ¡y cuántos existirán peores! ...

Quiera el cielo que no vuelvas algún día los ojos con dolor hacia el país en que has nacido, donde aún se señalan los vicios, se aborrecen las bajezas y se desconocen los crímenes: donde aún existen en la oscuridad, virtudes primitivas. Los hombres son malos, Carlota, pero no debes aborrecerlos ni desalentarte en tu camino. Es útil conocerlos y no pedirles más que aquello que pueden dar: es útil perder esas ilusiones que acaso no existen ya sino en el corazón de una hija de Cuba. Porque hemos sido felices, Carlota, en nacer en un suelo virgen, bajo un cielo magnífico, en no vivir en el seno de una naturaleza raquítica, sino rodeadas de todas las grandes obras de Dios, que nos han enseñado a conocerle y amarle.

Acaso tu destino te aleje algún día de esta tierra en que tuviste tu cuna y en donde yo tendré mi sepulcro: acaso en el ambiente corrompido de las ciudades del viejo hemisferio, buscarás en vano una brisa que refresque tu alma, un recuerdo de tu primera juventud, un vestigio de tus ilusiones: acaso no hallarás nada grande y bello en que descansar tu corazón fatigado. Entonces tendrás ese papel: ese papel es toda un alma: es una vida, una muerte: todas las ilusiones resumidas, todos los dolores compendiados ... el aroma de un corazón que se moría sin marchitarse. Las lágrimas que te arranque ese papel no serán venenosas, los pensamientos que te inspire no serán mezquinos. Mientras leas ese papel creerás como yo en el amor y en la virtud, y cuando el ruido de los vivos fatigue tu alma, refúgiate en la memoria de los muertos.

Teresa imprimió un beso en la frente de su amiga. Carlota la estrechó entre sus brazos ... pero, ¡ay!, ¡sólo abrazaba ya un cadáver!

A la melancólica luz de las velas, que alumbraban la calavera y el crucifijo, Carlota de rodillas, pálida y trémula, leyó junto al cadáver de Teresa la carta de Sab. Luego ... ¿para qué decir lo que sintió luego? Esa carta nosotros, los que referimos esta historia, la hemos visto: nosotros la conservamos fielmente en la memoria. Hela aquí.

186

CARTA DE SAB A TERESA

Teresa: la hora de mi descanso se acerca: mi tarea sobre la tierra va a terminar. Cuando dejo este mundo, en el que tanto he padecido y amado, solamente de vos quiero despedirme.

He venido a morir cerca de mi madre y de mi hermano: pensé que su presencia, —la presencia de estos dos seres que me han amado—, dulcificaría mi agonía: pero me engañaba. Dios me guardaba aquí mi última prueba, mi postrer martirio.

Ella duerme, la pobre anciana, y la muerte la rodea: ella duerme junto a dos moribundos: ¡sus dos hijos que van a abandonarla! Os lo confieso: al ver hace un momento su frente calva, surcada por los años y por los dolores, reposar fatigada sobre mi pecho, y cuando su voz —aquella voz que me ha dado el dulce nombre de hijo—, me decía: *Sólo tú me quedas en el mundo,*— en aquel momento he deseado la vida y he llevado convulsivamente las manos sobre mi corazón, para arrancar de él el dolor que me mata.

¡Ah!, sí: la muerte era mi único deseo, mi única esperanza, y al sentir su mano fría apretar mi corazón, he gozado una alegría feroz y he levantado a Dios mi corazón para decirle:— «Yo reconozco tu misericordia.»

Pero al aspecto de esta anciana, que duerme arrullada por el estertor de un moribundo junto al cadavérico cuerpo de su último nieto, y que aun durmiendo me tiende los brazos y me dice —sólo tú me quedas en el mundo—, sufro un nuevo género de combate, una terrible lucha. Siento el deseo de vivir y la necesidad de morir. Sí, por ti quisiera vivir, pobre anciana, que te has compadecido del huérfano y que le has dicho —yo seré tu madre:— por ti que no te has avergonzado de amar al siervo, y que le has dicho —levanta tu frente, hijo de la esclava, las cadenas que aprisionan las manos no deben oprimir el alma.— Por ti quisiera vivir, para cerrar tus ojos y enterrar tu cadáver, y llorar sobre tu sepultura: y el abandono en que te dejo hace amarga para mí mi hora solemne y deseada.

Y bien ¡Dios mío! yo acepto esta nueva prueba y agoto, sin hacer un gesto de repugnancia; la última gota de hiel que has arrojado en el cáliz amargo de mi vida.

Yo muero, Teresa, y quiero despedirme de vos. ¿No os lo he dicho ya? Creo que sí.

Quiero despedirme de vos y daros gracias por vuestra amistad, y por haberme enseñado la generosidad, la abnegación y el heroísmo. Teresa, vos sois una mujer sublime, yo he querido imitaros: pero ¿puede la paloma tomar el vuelo del águila? Vos os levantáis grande y fuerte, ennoblecida por los sacrificios, y yo caigo quebrantado. Así cuando precipita el huracán su carro de fuego sobre los campos, la ceiba se queda erguida, iluminada su cabeza vencedora por la aureola con que la ciñe su enemigo; mientras que el arbusto, que ha querido en vano defenderse como ella, sólo queda para atestiguar el poder que le ha vencido. El sol sale y la ceiba le saluda diciéndole: —veme aquí—, pero el arbusto sólo presenta sus hojas esparcidas y sus ramas destrozadas.

Y, sin embargo, vos sois una débil mujer: ¿cuál es esa fuerza que os sostiene y que yo pido en vano a mi corazón de hombre? ¿Es la virtud quien os la da? ... Yo he pensado mucho en esto: he invocado en mis noches de vigilia ese gran nombre —¡la virtud!—. Pero ¿qué es la virtud? ¿en qué consiste? ... Yo he deseado comprenderlo, pero en vano he preguntado la verdad a los hombres. Me acuerdo que cuando mi amo me enviaba a confesar mis culpas a los pies de un sacerdote, yo preguntaba al ministro de Dios qué haría para alcanzar la virtud. La virtud del esclavo, me respondía, es obedecer y callar, servir con humildad y resignación a sus legítimos dueños, y no juzgarlos nunca.

Esta explicación no me satisfacía. ¡Y qué!, pensaba yo: ¿la virtud puede ser relativa?, ¿la virtud no es una misma para todos los hombres? ¿El gran jefe de esta gran familia humana, habrá establecido diferentes leyes para los que nacen con la tez negra y la tez blanca? ¿No tienen todos las mismas necesidades, las mismas pasiones, los mismos defectos? ¿Por qué pues tendrán los unos el derecho de esclavizar y los otros la obligación de obedecer? Dios, cuya mano suprema ha repartido sus beneficios con equidad sobre todos los países del globo, que hace salir al sol para toda su gran familia dispersa sobre la tierra, que ha escrito el gran dogma de la igualdad sobre la tumba, ¿Dios podrá sancionar los códigos inicuos en los que el hombre funda sus derechos para comprar y vender al hombre, y sus intérpretes en la tierra dirán al esclavo; —tu deber es sufrir: la virtud del esclavo es olvidarse de que es hombre, renegar de los beneficios que Dios le dispensó, abdicar la dignidad con que le ha revestido, y besar la mano que le imprime el sello de la infamia? No, los hombres mienten: la virtud no existe en ellos.

Muchas veces, Teresa, he meditado en la soledad de los campos y en el silencio de la noche, en esta gran palabra: ¡la virtud! Pero la virtud es para mí como la providencia: una necesidad desconocida, un poder misterioso que concibo pero que no conozco. Entre los hombres la he buscado en vano. He visto siempre que el fuerte oprimía al débil, que el sabio engañaba al ignorante, y que el rico despreciaba al pobre. No he podido encontrar entre los hombres la gran armonía que Dios ha establecido en la naturaleza.

Nunca he podido comprender estas cosas, Teresa, por más que se las he preguntado al sol, y a la luna, y a las estrellas, y a los vientos bramadores del huracán, y a las suaves brisas de la noche. Las densas nubes de mi ignorancia cubrían a pesar mío los destellos de mi inteligencia, y al preguntaros ahora si debéis a la virtud vuestra fortaleza se me ocurre una nueva duda, y me pregunto a mí mismo si la virtud no es la fortaleza, y si la fortaleza no es el orgullo.[122] Porque el orgullo es lo más bello, lo más grande que yo conozco, y la única fuente de donde he visto nacer las acciones nobles y brillantes de los hombres. Decídmelo, Teresa, esa grandeza y abnegación de vuestra alma ¿no es más que orgullo? ... ¡Y bien!, ¿qué importa? Cualquiera que sea el nombre del sentimiento que dicta las nobles acciones es preciso respetarle. Pero ¿de qué carezco que no puedo igualarme con vos? ¿Es la falta de orgullo? ... ¿es que ese gran sentimiento no puede existir en el alma del hombre que ha sido esclavo? ... Sin embargo, aunque esclavo yo he amado todo lo bello y lo grande, y he sentido que mi alma se elevaba sobre mi destino. ¡Oh! sí, yo he tenido un grande y hermoso orgullo: el esclavo ha dejado volar libre su pensamiento, y su pensamiento subía más allá de las nubes en que se forma el rayo. ¿Cuál es pues la diferencia que existe entre vuestra organización moral y la mía? Yo os la diré, os diré lo que pienso. Es que

[122]Self-respect.

en mí hay una facultad inmensa de amar: es que vos tenéis el valor de la resistencia y yo la energía de la actividad: es que a vos os sostiene la razón y a mí me devora el sentimiento. Vuestro corazón es del más puro oro, el mío es de fuego.

Había nacido con un tesoro de entusiasmos. Cuando en mis primeros años de juventud Carlota leía en alta voz delante de mí los romances, novelas e historias que más le agradaban, yo la escuchaba sin respirar, y una multitud de ideas se despertaban en mí, y un mundo nuevo se desenvolvía delante de mis ojos. Yo encontraba muy bello el destino de aquellos hombres que combatían y morían por su patria. Como un caballo belicoso que oye el sonido del clarín me agitaba con un ardor salvaje a los grandes nombres de patria y libertad: mi corazón se dilataba, hinchábase mi nariz, mi mano buscaba maquinal y convulsivamente una espada, y la dulce voz de Carlota apenas bastaba para arrancarme de mi enajenamiento. A par de esta voz querida yo creía escuchar músicas marciales, gritos de triunfos y cantos de victorias; y mi alma se lanzaba a aquellos hermosos destinos hasta que un súbito y desolante[123] recuerdo venía a decirme al oído: — Eres mulato y esclavo—. Entonces un sombrío furor comprimía mi pecho y la sangre de mi corazón corría como veneno por mis venas hinchadas. ¡Cuántas veces las novelas que leía Carlota referían el insensato amor que un vasallo concebía por su soberana, o un hombre oscuro por alguna ilustre y orgullosa señora! … Entonces escuchaba yo con una violenta palpitación, y mis ojos devoraban el libro: pero ¡ay!, aquel vasallo o aquel plebeyo eran libres, y sus rostros no tenían la señal de reprobación. La gloria les abría las puertas de la fortuna, y el valor y la ambición venían en auxilio del amor. ¿Pero qué podía el esclavo a quien el destino no abría ninguna senda, a quien el mundo no concedía ningún derecho? Su color era el sello de una fatalidad eterna, una sentencia de muerte moral.

Un día Carlota leyó un drama en el cual encontré por fin a una noble doncella que amaba a un africano, y me sentí transportado de placer y orgullo cuando oí a aquel hombre decir: —*No es un*

---

[123]'Desolador', desolating.

baldón el nombre de africano, y el color de mi rostro no paraliza mi brazo.[124] ¡Oh, sensible y desventurada doncella! ¡Cuánto te amaba yo! ¡Oh, Otelo, qué ardientes simpatías encontrabas en mi corazón! ¡Pero tú también eras libre! Tú saliste de la Libia ardiente y brillante como su sol: tú no te alimentaste jamás con el pan de la servidumbre, ni se dobló tu soberbia frente delante de un dueño. Tu amada no vio en tus manos triunfantes la señal de los hierros, y cuando le referías tus trabajos y hazañas, ningún recuerdo de humillación hizo palidecer tu semblante. ¡Teresa!, el amor se apoderó bien pronto exclusivamente de mi corazón: pero no le debilitó, no. Yo hubiera conquistado a Carlota a precio de mil heroísmos. Si el destino me hubiese abierto una senda cualquiera, me habría lanzado en ella … la tribuna o el campo de batalla, la pluma o la espada, la acción o el pensamiento … todo me era igual: para todo hallaba en mí la actitud[125] y la voluntad … ¡sólo me faltaba el poder! Era mulato y esclavo.

¡Cuántas veces, como el Paria, he soñado con las grandes ciudades ricas y populosas, con las sociedades cultas, con esos inmensos talleres de civilización en que el hombre de genio encuentra tantos destinos! Mi imaginación se remontaba en alas de fuego hacia el mundo de la inteligencia:—¡Quitadme estos hierros!, gritaba en mi delirio: ¡quitadme esta marca de infamia!, yo me elevaré sobre vosotros, hombres orgullosos: yo conquistaré para mi amada un nombre, un destino, un trono.

No he conocido más cielo que el de Cuba: mis ojos no han visto las grandes ciudades con palacios de mármol, ni he respirado el perfume de la gloria: pero acá en mi mente se desarrollaba, a la manera de un magnífico panorama, un mundo de opulencia y de grandeza, y en mis insomnios devorantes pasaban delante de mí coronas de laurel y mantos de púrpura. A veces veía a Carlota como una visión celeste, y la oía gritarme: —¡Levántate y marcha!— Y yo me levantaba, pero volvía a caer al eco terrible de una voz siniestra que me repetía: ¡Eres mulato y esclavo!

[124]From *Othello*, but possibly from the French translation by Jean François Ducis (1733–1816) as these lines are not in the English original or Spanish translation (Cruz 1983: 249). In her youth, Avellaneda had acted in Ducis's *Abufar*.
[125]Cruz and Servera correct to 'aptitud'.

191

Pero todas estas visiones han ido desapareciendo, y una imagen única ha reinado en mi alma. Todos mis entusiasmos se han resumido en uno sólo, ¡el amor! Un amor inmenso que me ha devorado. El amor es la más bella y pura de las pasiones del hombre, y yo la he sentido en toda su omnipotencia. En esta hora suprema, en que víctima suya me inmolo en el altar del dolor, paréceme que mi destino no ha sido innoble ni vulgar. Una gran pasión llena y ennoblece una existencia. El amor y el dolor elevan el alma, y Dios se revela a los mártires de todo culto puro y noble.

En este momento, Teresa, yo le veo grande en su misericordia y me arrojo confiado en su seno paternal. Los hombres le habían disfrazado a mis ojos, ahora yo le conozco, le veo, y le adoro. Él acepta el culto solitario de mi alma … él sabe cuánto he amado y padecido: esas blancas estrellas, que velan sobre la tierra y oyen en el silencio de la noche los gemidos del corazón, le han dicho mis lamentos y mis votos. ¡Él los ha escuchado! Yo muero sin haber mancillado mi vida: ¡yo muero abrasado en el santo fuego del amor! No podré hacer valer delante de su trono eterno las virtudes de la paciencia y de la humildad, pero he poseído el valor, la franqueza y la sinceridad: Estas cualidades son buenas para la fuerza y la libertad, y en el esclavo han sido inútiles a los otros y peligrosas para él, pero han sido involuntarias.

Los hombres dirán que yo he sido infeliz por mi culpa; porque he soñado los bienes que no estaban en mi esfera, porque he querido mirar al sol, como el águila, no siendo sino un pájaro de la noche; y tendrán razón delante de su tribunal pero no en el de mi conciencia: ella respondería.

Si el pájaro de la noche no tiene ojos bastante fuertes para soportar la luz del sol, tiene el instinto de su debilidad, y ningún impulso interior más fuerte que su voluntad, le ha lanzado a la región a que no nació destinado. ¿Es culpa mía si Dios me ha dotado de un corazón y de un alma? ¿Si me ha concedido el amor de lo bello, el anhelo de lo justo, la ambición de lo grande? Y si ha sido su voluntad que yo sufriese esta terrible lucha entre mi naturaleza y mi destino, si me dio los ojos y las alas del águila para encerrarme en el oscuro albergue del ave de la noche, ¿podrá pedirme cuenta de mis dolores?, ¿podrá decirme:— ¿Por qué no aniquilaste el alma que te di?, ¿por qué no fuiste más fuerte que yo, y te hiciste otro y dejaste de ser lo que yo te hice?

Pero si no es Dios, Teresa, si son los hombres los que me han formado este destino, si ellos han cortado las alas que Dios concedió a mi alma, si ellos han levantado un muro de errores y preocupaciones entre mí y el destino que la providencia me había señalado, si ellos han hecho inútiles los dones de Dios, si ellos me han dicho ¿eres fuerte?, pues sé débil: ¿eres altivo?, pues sé humilde: ¿tienes sed de grandes virtudes?, pues devora tu impotencia en la humillación: ¿tienes inmensas facultades de amar?, pues sofócalas, porque no debes amar a ningún objeto bello y puro y digno de inspirarte amor: ¿sientes la noble ambición de ser útil a tus semejantes y de emplear en el bien general y en tu gloria las facultades que te oprimen?, pues dóblate bajo su peso y desconócelas, y resígnate a vivir inútil y despreciado, como la planta estéril o como el animal inmundo ... Si son los hombres los que me han impuesto este horrible destino, ellos son los que deben temer al presentarse delante de Dios: porque tienen que dar una cuenta terrible, porque han contraído una responsabilidad inmensa.

¿Saben ellos lo que pude haber sido? ... ¿Por qué han inventado estos asesinatos morales aquellos que castigan con severas penas al que quita a otro hombre la vida?, ¿por qué establecen grandezas y prerrogativas hereditarias?, ¿tienen ellos el poder de hacer hereditarias las virtudes y los talentos?, ¿por qué se rechazará al hombre que sale de la oscuridad, diciéndole— vuelve a la nada, hombre sin herencia, y consúmete en tu cieno, y si tienes las virtudes y los talentos que faltan a tus sueños, ahógales, porque te son inútiles?

¡Teresa!, qué multitud de pensamientos me oprime ... La muerte que hiela ya mis manos aún no ha llegado a mi cabeza y a mi corazón. Sin embargo, mis ojos se ofuscan ... paréceme que pasan fantasmas delante de mí. ¿No veis? Es ella, es Carlota,[126] con su anillo nupcial y su corona de virgen... ¡pero la sigue una tropa escuálida y odiosa! ... son el desengaño, el tedio, el arrepentimiento ... y más atrás ese monstruo de voz sepulcral y cabeza de

---

[126]Note the switch from a denunciation of colonial slavery to the subjection of women, a crucial moment in Sab's peroration (Kirkpatrick 1990: 127).

hierro ... ¡lo irremediable! ¡Oh, las mujeres!, ¡pobres y ciegas víctimas!. Como los esclavos, ellas arrastran pacientemente su cadena y bajan la cabeza bajo el yugo de las leyes humanas. Sin otra guía que su corazón ignorante y crédulo eligen un dueño para toda la vida. El esclavo al menos puede cambiar de amo, puede esperar que juntando oro comprará algún día su libertad: pero la mujer, cuando levanta sus manos enflaquecidas y su frente ultrajada, para pedir libertad, oye al monstruo de voz sepulcral que le grita: —En la tumba. ¿No oís una voz, Teresa? Es la de los fuertes que dice a los débiles: Obediencia, humildad, resignación ... esta es la virtud. ¡Oh!, yo te compadezco, Carlota, yo te compadezco aunque tú gozas y yo expiro, aunque tú te adormeces en los brazos del placer y yo en los de la muerte. Tu destino es triste, pobre ángel, pero no te vuelvas nunca contra Dios, ni equivoques con sus santas leyes las leyes de los hombres. Dios no cierra jamás las puertas del arrepentimiento. Dios no acepta los votos imposibles. Dios es el Dios de los débiles como de los fuertes, y jamás pide al hombre más de lo que le ha dado.

¡Oh, qué suplicio! ..., no es la muerte, no son vulgares celos los que me martirizan; sino el pensamiento, el presentimiento del destino de Carlota ... ¡verla profanada, a ella, a Carlota, flor de una aurora que aún no había sido tocada sino por las auras del cielo ...! ¡y el remedio imposible! ... ¡Lo imposible, qué palabra de hierro! ... ¡Y estas son las leyes de los hombres, y Dios calla ... y Dios las sufre! ¡Oh!, adoremos sus juicios inescrutables ... ¿quién puede comprenderlos? ... Pero no, no siempre callarás, ¡Dios de toda justicia! No siempre reinaréis en el mundo error, ignorancia y absurdas preocupaciones: vuestra decrepitud anuncia vuestra ruina. La palabra de salvación resonará por toda la extensión de la tierra: los viejos ídolos caerán de sus inmundos altares y el trono de la justicia se alzará brillante, sobre las ruinas de las viejas socie-dades. Sí, una voz celestial me lo anuncia. En vano, me dice, en vano lucharán los viejos elementos del mundo moral contra el principio regenerador: en vano habrá en la terrible lucha días de oscuridad y horas de desaliento ..., el día de la verdad amanecerá claro y brillante. Dios hizo esperar a su pueblo 40 años la tierra prometida, y los que dudaron de ella fueron castigados con no pisarla jamás: pero sus hijos la vieron. Sí, el sol de la justicia no está lejos. La tierra le espera para rejuvenecer a su luz: los hombres llevarán un sello divino, y el ángel de la poesía radiará sus rayos sobre el nuevo reinado de la inteligencia.

¡Teresa! ¡Teresa! La luz que ha brillado a mis ojos los ha cegado … no veo ya las letras que formo … las visiones han desaparecido … la voz divina ha callado … una oscuridad profunda me rodea … un silencio … ¡no!, lo interrumpe el estertor de un moribundo, y los gemidos que arranca la pesadilla de una vieja que duerme: — Quiero verlos por última vez … ¡pero yo no veo ya! … quiero abrazarlos … ¡mis pies son de plomo! … ¡Oh, la muerte!, la muerte es una cosa fría y pesada como … ¿cómo qué? ¿con qué puede compararse la muerte?

¡Carlota! …, acaso ahora mismo … —muera yo antes.— ¡Dios mío! … mi alma vuela hacia ti … adiós, Teresa … la pluma cae de mi mano … ¡adiós! … yo he amado, yo he vivido …, ya no vivo …, pero aún amo.»

Pocos días después de la muerte de la religiosa, Carlota, cuya delicada salud declinaba visiblemente, manifestó a su marido el deseo de probar si la mejoraban los aires de Cubitas, reputados generalmente por muy saludables.

En efecto, a principios del mes siguiente dejó la ciudad, y acompañada únicamente de Belén y dos de sus más fieles esclavos, trasladóse a Cubitas, donde fue recibida por todos aquellos honrados labriegos con manifestaciones del mayor regocijo.

Su primer cuidado fue preguntar por la vieja Martina al mayoral de la estancia, pero con gran pesar supo que había muerto hacía seis meses.

—La buena vieja —añadió el mayoral—, desde la muerte de Sab y de su último nieto puede decirse que no vivía. Constante-mente enferma, sólo se la veía salir todas las tardes, cerca del anochecer, amarilla y flaca como un cadáver, para ir a su paseo favorito seguida de su perro.

Carlota no tuvo necesidad de preguntar cuál era su paseo favorito, pues un labriego que se hallaba presente añadió inmediatamente:

—Es muy cierto lo que dice mi compadre: todas las noches cuando venía yo de mi estancia, veía dos bultos, uno grande y otro más pequeño, a los dos lados de la cruz de madera que pusimos sobre la sepultura del pobre Sab, y donde también enterramos al nieto de Martina. Aquellos dos bultos no llamaban ya la atención a nadie: todos sabíamos que eran la vieja y el perro. Desde que murió la una, ya no vemos más que un bulto, pero ese está constantemente allí. De día y de noche se ve al pobre Leal tendido al pie de la cruz, y sólo desampara su puesto alguna que otra vez, para venir a recibir de mi compadre algún hueso o piltrafa.

—Eso no es exactamente verdad —repuso el mayoral—, que no pocas veces son buenas presas de vaca, y no piltrafas ni huesos, las que se engulle el tal animalillo. Pero ¿quién ha de tener corazón para negarle un bocado a ese perro tan fiel, que pasa su vida al lado de los huesos de sus amos, y que además está ya viejo y ciego?

La señora de Otway despidió a los dos interlocutores dándoles pruebas de su generosidad, y manifestándose agradecida al mayoral de la que, según decía, había usado con el pobre animalillo que ya no tenía dueño.

Permaneció más de tres meses en Cubitas, pero su salud continuaba en tan mal estado y vivía en un retiro tan absoluto, que nadie volvió a verla en la aldea. Al principio hablábase mucho entre los estancieros de aquella rara dolencia de la señora de Otway, que nadie, ni aun su esclava favorita, acertaba a calificar; y se murmuraba la indiferencia de su marido que la dejaba sola en situación tan delicada. Pero bien pronto la atención de los pocos habitantes de la aldea fue llamada hacia otra parte y se dejó de pensar en Carlota.

Circulaba rápidamente la voz de un acontecimiento maravilloso, cual era que la vieja india, al cabo de medio año de estar enterrada, volvía todas las noches a su paseo habitual, y que se la veía arrodillarse junto a la cruz de madera que señalaba la sepultura de Sab, exactamente a la misma hora en que lo hacía mientras vivió y con el mismo perro por compañero. Este rumor encontró fácil acceso, pues siempre se había creído en Cubitas que Martina no era una criatura como las demás. Los más incrédulos quisieron observar aquella pretendida aparición, y el asombro fue grande y la certeza absoluta cuando estos mismos confirmaron la verdad del hecho; sólo sí que adornado con la extraña circunstancia de que la vieja india al volver a la tierra, se había transformado de una manera singular, pues los que la habían sorprendido en su visita nocturna aseguraban que no era ya vieja, ni flaca, ni de color aceitunado, sino joven, blanca y hermosa cuanto podía conjeturarse, pues siempre tenía cubierto el rostro con una gasa.

El ruido de esta visión ocupaba exclusivamente las noches ociosas de los labriegos y nadie se acordó más de Carlota, hasta el día en que agravándose su dolencia, se vio precisada a volverse a Puerto-Príncipe.

Por una coincidencia singular, aquel mismo día murió Leal y dejó de verse la visión. Los observadores de la visitadora nocturna, cuando fueron aquella vez, sólo encontraron el cadáver del fiel animalito, que por dictamen del mayoral fue sepultado junto a sus amos: honor debido justamente a su prodigiosa lealtad.

Desde entonces nadie ha vuelto sin duda a orar al pie de la tosca cruz de madera, único monumento erigido a la memoria de Sab: pero acaso se acuerde todavía algún sencillo labrador de la tierra roja, del tiempo en que una vieja y un perro venían a visitar aquella humilde sepultura, y de la visión misteriosa que posteriormente se dejó ver todas las noches por espacio de tres meses, en el mismo lugar.

Desearíamos también dar noticias al lector de la hermosa y doliente Carlota, pero aunque hemos procurado indagar cuál es actualmente su suerte, no hemos podido saberlo. Verosímilmente su marido, cuyas riquezas se habían aumentado considerablemente en pocos años, muerto su padre, habrá creído conveniente establecerse en una ciudad marítima y de más consideración que Puerto-Príncipe. Acaso Carlota, como lo había previsto Teresa, existirá actualmente en la populosa Londres. Pero cualquiera que sea su destino, y el país del mundo donde habite, ¿habrá podido olvidar la hija de los trópicos, al esclavo que descansa en una humilde sepultura bajo aquel hermoso cielo?

FIN

Appendices

Appendix 1: Tables of populations

	White	Free Coloured	Slave	Total
1817	239,830	114,058	199,145	553,033
1827	311,051	106,494	286,946	704,491
1846	425,767	149,226	323,759	898,752
1862	793,484	232,433	370,553	1,396,470

Table 1 Permanent population of Cuba 1817–62 (Pérez (1998), *Cuba: Between Reform and Revolution*, p. 86).

District	White	Free Mulatto	Free Black	Mulatto Slaves	Black Slaves	Total
Havana	149,953	17,712	31,479	3,738	185,191	388,073
Puerto Príncipe	30,104	4,374	3,225	511	12,872	51,086
Santiago de Cuba	19,768	12,989	8,955	1,076	48,724	91,514

Table 2 Population in Cuba in 1841 (Sagra (1842), *Historia física, política y natural de la isla de Cuba*, p. 632).

City	Population in 1841
Havana	137, 498
Santiago de Cuba	24, 753
Puerto Príncipe	24, 034
Total Cuban population	
(permanent and temporary)	1, 045, 624

Table 3 Population of the three largest cities in 1841 (Sagra (1842), pp. 625, 627).

Appendix 2: Life and Works of Gertrudis Gómez de Avellaneda – Literary and historical context

1814   Born on 23 March in Puerto Príncipe, Camagüey. Her father, Manuel Gómez de Avellaneda, is an officer in the Spanish Navy. He arrives in Cuba in 1809. Her mother, Francisca de Arteaga y Betancout, belongs to a distinguished Cuban family.

   End of the Spanish War of Independence (Peninsular War), and accession of Ferdinand VII to the Spanish throne.

1820–23   Constitutional government in Spain

1823   Father dies. In November, mother marries Gaspar Escalada, Lieutenant Colonel in Spanish Infantry, posted in Cuba.

1823–33   Return to absolutism and repression in Spain.

1832   Gertrudis plays principal role in Jean-François Ducis´s tragedy *Abufar,* translated by José María Heredia. Relationship with Francisco Loynaz.

   Death of grandfather.

1833   Death of Ferdinand VII. Regency of his wife María Cristina. Start of Carlist Wars.

1834–35   First important works of Spanish Romantic drama are staged in Madrid: Francisco Martínez de la Rosa´s *La conjuración de Venecia* (1834) and the Duque de Rivas´s *Don Alvaro o la Fuerza del sino* (1835).

   Isabel II accedes to the throne, though still a minor.

1836   9 April, the family sails for Europe. Reaches Bordeaux in June. After 18 days, they sail to La Coruña where they stay for two years with Escalada´s family.

   Antonio García Gutiérrez´s *El trovador* opens in Madrid.

   Progressive government in Spain.

1837   Problems with Escalada´s family. Engaged to Franscisco Ricafort, but she is still a minor and her step-father denies her her inheritance.

Mariano José de Larra´s suicide. *Los amantes de Teruel* by Juan Eugenio Hartzenbusch opens in Madrid.

Freedom of press in Spain.

1838   23 March, travels to Vigo and 5 April sails to Seville with her younger brother Manuel, via Lisbon and Cadiz. Visits father´s family in Constantina.

1839   Meets Ignacio de Cepeda. Inititiates correspondence of some twenty years until Cepeda marries. Collaborates in Cadiz journal, *La Aureola*, founded by Manuel Cañete. Signs her poems 'La Peregrina'. Writes her epistolary 'Autobiografía' for Cepeda, not published until 1928.

End of the Carlist Wars.

1840   In June, her play 'Leoncia' opens in the Teatro de Sevilla. Moves to Madrid with Manuel. Presented that autumn in the Liceo Artístico y Literario by José Zorrilla and makes great impression.

José de Espronceda publishes *El diablo mundo*.

1841   *Sab* and *Poesías* published in December in Madrid.

La Condesa de Merlín publishes *Los esclavos en las colonias españoles*, in June in Madrid.

Regency of Liberal General Espartero until 1843.

1842   Publishes *Dos mujeres*.

1843   Isabel II comes of age. Moderate (conservative) government in Spain until 1854.

1844   Publishes serialized novel 'Espatolino', and two plays, 'Alfonso Munio' and 'El Príncipe de Viana' open in Madrid in June and October. Affair with poet Gabriel García Tassara. Daughter, Brenhilde, is born in April and dies in November. Avellaneda abandoned by Tassara.

Conspiración de la Escalera in Cuba.

José Zorrilla's *Don Juan Tenorio* is first staged.

1846   Marries politician Pedro Sabater who, in August, dies after an operation to his throat. She takes refuge in a convent in Bordeaux and writes a 'Devocionario'. Publishes *Guatimozín, último emperador de México*.

1849–55 Twelve of her plays open in Madrid, including: 'Saul' (1849),

'Flavio Recaredo' (1851), 'La hija de las flores' (1852), 'La aventurera' (1853), 'La Sonámbula' (1854), 'La hija del Rey René' (1855). Publishes second edition of *Poesías* (1850)

1849   Slavery abolished in France. Fernán Caballero publishes *La Gaviota* and *Elia*.

1853   Applies for a chair in the Royal Spanish Academy. Unsuccessful.

1854   Cepeda marries.
Liberal Revolution of 1854 in Spain. Return of Espartero until 1856.

1855   Marries Domingo Verdugo, a gentleman of the Court and assistant to Queen Isabel's husband (Francisco de Asís y Borbón).

1858   Her tragedy 'Baltasar' opens in Madrid. Verdugo victim of attempted murder.

1859   Travels to Cuba with husband in the company of the new governor of the island, General Francisco Serrano, and his wife. Gertrudis's mother dies in Madrid.

1860   Her work is celebrated in a homage organized in January by the Liceo, Havana, where she is crowned with a laurel wreath. Sets up her own journal, the *Album cubano de lo bueno y lo bello* in which she publishes her article 'La Mujer'. She publishes three 'leyendas' and writes 'El cacique de Turmequé' . She visits Puerto Príncipe for the first time since she left, and a homage is held in her honour.

1861   Publishes novel *El artista barquero o los cuatro cinco de julio*. She lives in Cárdenas where her husband is governor.

1863   23 October, Verdugo dies in Pinar del Río.
Rosalía de Castro publishes in Vigo *Cantares gallegos*.

1864   Leaves Cuba. Travels with her brother, Manuel, to New York, London and Paris. Returns to Seville.

1865   Slavery abolished in the USA.

1868   Her younger brother Manuel dies.
Concepción Arenal publishes *La mujer del porvenir*.
Liberal Revolution of 1868 and start of six years of progressive government in Spain. Isabel II deposed. Francisco Serrano is Regent.
Start of the ten-year War of Independence in Cuba.

1869	Publishes first volume of her *Obras literarias*, omitting *Sab*, *Leoncia*, and *Dos mujeres*.
1870	Gustavo Adolfo Bécquer publishes *Rimas*. Segismundo Moret's 'Preparatory Law for the Abolition of Slavery in the Spanish Antilles' is passed.
1873	1 February, dies in Madrid, aged 59, just as the first Spanish Republic is declared.
	Slavery abolished in Puerto Rico.
1886	Slavery abolished in Cuba

Total works: 20 plays (tragedies and comedies), 7 novels/novellas, 9 stories/ legends, 4 autobiographies/memoirs, 1 volume of poetry, 2 devotionaries, numerous articles.

Appendix 3: A description of Puerto Príncipe, 1840

The city of Santa Maria de Puerto Principe, the chief town of the central department of the island, is situated in the interior, as far as possible from the sea and from the confines of its jurisdiction, as if its site had been selected on the same principle with that of Madrid, which is supposed to have been chosen for the Spanish capital on account of its being in the very centre of the kingdom. It stands between two rivulets, the Tinima and the Satibonico, which afterwards unite, and form the Rio de San Pedro, falling into the sea at the distance of forty miles in the direction of E.S.E. The population of the city amounted, in 1827, to 49,012 person, 32,996 of whom were white, 6165 free people of colour, and 9851 slaves – a number far exceeding that of any other second-rate town throughout the West Indies. The trade of the place, as may be supposed from its inland position and its want of water carriage, bears no just proportion to the number of its inhabitants. In former times the *Hatos*, *Corrals*, *Realengos* and *Potreros* [land plots] in its neighbourhood, were the chief source from whence the capital of the island obtained its supplies of butcher's meat. At that remote period it was not uncommon for 20,000 calves to be sent in the course of a year from Puerto Principe to the Havana; but the soil in the neighbourhood of the capital having been long ago exhausted for agricultural purposes, by a bad system of husbandry, and the sugar estates, which formerly existed there, having been definitively abandoned, the land has been laid down in pasture, and the markets of the Havana have thus become to a certain extent more independent of distant supplies. [...]

The bay of Nuevitas may be regarded as the harbour of Puerto Principe, although twelve and half leagues distant, as there its produce is shipped, and from thence it receives its foreign supplies. The want of all tolerable means of communication, however, for the carriage of heavy articles, is such to threaten the greater part of the rich soils of the interior with a condemnation of perpetual virginity.

A few years ago a new colony was formed in the bay of Nuevitas, which at the end of twelve years of its commencement, could boast of a growing population, already amounting to 1153; of whom 709 were white, 87 free people of colour, and 357 slaves. By the new colony, as well as by the large population of Puerto Principe, the extreme difficulty of transit, between the coast and the interior, is felt of course most severely; and during the administration of Captain-General Tacon, gave rise to a proposal, which met with some encouragement, but which has not yet been seriously acted on, of constructing a railway, the chief object of which would be to connect Puerto Principe with the sea.

David Turnbull [British Consul in Havana] 1969, *Travels in the West* [1840].

Appendix 4: 'El cántico del esclavo'

Cautivo mísero
Gimo humillado,
Ni aun tristes súplicas
Puedo ecsalar:*
Un amo rígido
Por cualquier culpa,
Mi sangre y lágrimas
Hace brotar.

¡Maldición sobre el fiero homicida
Que el primero humilló a sus iguales!
¡Maldición sobre aquellos mortales
Que cual Dioses pretenden mandar!
¿Quién al hombre le ha dado el derecho
De vender y comprar a los hombres
Y entregando al oprobio sus nombres
Con la infamia su frente sellar?
Amo injusto, mi espalda desnuda,
Si con vara de hierro golpear,
Y en mi amarga aflicción te recreas
Desoyendo mi trémula voz.
¿Corre acaso otra sangre en mis venas?
¿Soy de especie distinta y natural?
¡Es la imagen de Dios, es su hechura
la que ultrajas, oh dueño feroz!
¡Ay qué suerte tan triste es la mía!
Por do quier con vergüenza me escondo
Si me llaman, temblando respondo,
La voz siento en mi labio espirar.
Si me miran, inclino los ojos
Y los clavo humillado en la tierra
Como el reo que un crimen aterra
Ante el juez que le va a sentenciar.
Ni de amor las preciosas caricias
No me es dado gozar ¡o tristeza!
Que jamás la orgullosa belleza
Pudo amar al esclavo infeliz.

*'Exhalar'. A spelling error in the original.

La beldad solo al noble, al valiente,
No escasea sus dulces favores
Como al rey de los astros las flores
No escasean su esencia y matiz.
Ved al hombre que libre se llama
Como eleva a los cielos la frente
Como el digno entusiasmo que siente
Se refleja en su faz varonil.
Al mirarle de cólera ardiendo
Y entre envidias luchando y enojos,
Me parece que insultan sus ojos
A mi estado abatido y servil.
Oigo al punto una voz que me grita
'Eres hombre, eres libre, eres fuerte.
Y a quien nunca temor dio la muerte,
Nunca, nunca en cadenas gimió.
No hai ninguno que deba oprimirnos
Aunque ocupe el dosel de los reyes:
Para hacernos esclavos no hay leyes,
Libres Dios a los hombres crió'.
Fuego volcánico
Mi pecho inflama;
Ya no voy tímido,
Soy un león.
Dueño tiránico,
Libertad dame
O rompo ¡oh pérfido!
Su corazón.

Fernando Corradi [?], *Semanario Pintoresco*, Madrid, 10 June 1838.

Temas de discusión

1. ¿Es *Sab* una novela antiesclavista y/o feminista?
2. Examina los argumentos presentados por Sab en contra de la injusticia en su conversación con Teresa y en su carta a Carlota.
3. Analiza detalladamente la descripción de la fisonomía de Sab en el primer capítulo.
4. ¿Cuál es la función del paisaje cubano? ¿Cómo lo describe la narradora?
5. Comenta las relaciones entre Carlota y Enrique y entre Carlota y Teresa.
6. El viaje a Cubitas, ¿es necesario para el desarrollo de la trama de la novela?
7. ¿Hasta qué punto representa Carlota el papel de la heroína romántica ideal?
8. Compara la familia de Carlota con la de Sab.
9. ¿Se podría convertir la novela en obra de teatro sin dificultad?
10. ¿Cómo capta la novela el interés del lector?

Temas de debate

1. *Sab* es una protesta contra toda servidumbre.
2. Examina la relación entre raza, género y clase.
3. Analiza el tema del mestizaje.
4. ¿Hasta qué punto denuncia la novela el comercio, el mercado, y la riqueza?
5. Comenta el tema de la conquista de América y la resistencia de los pueblos indígenas.
6. 'Teresa es el personaje más subversivo'. ¿Cuál es tu opinión?
7. Examina el papel de la familia patriarcal y el matrimonio.
8. La novela, ¿es tragedia, melodrama o novela sentimental?

Selected vocabulary

The meanings given here are those most useful to the reader in the context of this book.

a palmo, inch by inch
aborrecer, to hate
abrigo, shelter
abrumado, overwhelmed
aceitunado, olive coloured
agobiar, to weigh down; to oppress
agostado, parched
agotado, exhausted
agravio, injustice; offence
agriado, soured
aguileña, aquiline
airoso, elegant; jaunty
alabanza, praise
alazán, sorrel horse
albergue, shelter
aleluya, wood-sorrel
alicaído, downcast; drooping
almidonado, starched
alucinar, delude
alumbrado, illuminated
amalgamar, to blend
amante, loved one
amargo, bitter
amenaza, threat
amoratado, purple; bruised
anhelar, to desire; to long for
antepecho, window ledge
aposento, room
aprensado, oppressed, distressed
apresurar, to hurry
arbusto, bush
argentina, silvery
arrebatar, to seize; to snatch; to be carried away
arroba, a measure of 25 lbs (11.502 kilograms)
arrojar, to throw away; to hurl
arrullar, to lull to sleep; to coo
arzón, saddlebow

ascua, ember
áspero, rough
astronomía (astromelia), crepe myrtle
aura, gentle breeze; vulture
azabache, jet
azada, hoe
azucena, white lily
bajeza, baseness
balbutiar (balbucir), to stammer; to babble
baldón, insult, disgrace
balsamina, gourd with jasmine-like flowers and yellow fruit
batista, cambric; fine cotton
bejuco, creeper
bohío, hut
bramido, roar
brazalete, bracelet
brioso, spirited
bruñido, polished
buhonero, pedlar
bujía, candle
bullicio, bustle
bulto, vague shape; bulk
buque, ship
butaca, armchair
cabestro, halter
cacique, chief
calavera, skull
caldera, boiling pan
calesero, coachman of a chaise or calash (two-wheeled buggy)
cáliz, calyx; chalice
caloroso (caluroso), hot
calvo, bald
cambutera, creeper with pink flowers, morning glory
campanilla, Trailing Campanula, with blue bell-shaped flowers

caña brava, reed
caña, sugar cane; reed
cañaveral, sugar cane plantation; reed bed
cangilón, scooped out rock
cao, bird of the crow family
caoba, mahogany
caprichoso, fanciful; capricious
carcajada, guffaw
carpintero real, ivory-billed woodpecker
casabe, cassava
cascarrón, gruff
castor, beaver
catre, cot
caudal, abundance of wealth
cazador, hunter
ceiba, silk-cotton tree
ceniciento, ashen
ceñido, tight-fitting; encircled
ceniza, ash
cernícalo, kestrel
cerraja, lock
cerro, hill
cetrino, sallow
chanza, joke
choza, shack
cilicio, hair shirt
cimarrón, escaped slave
cincelar, to chisel
cinéreo, ash-grey
clavellina, Dianthus; pinks
clavo, nail
cobrizo, copper coloured
cocuyo, glow-worm
colibrí, hummingbird
consejo, advice
consunción, consumption; tuberculosis
corazón, heart
correa, strap
cotín, thick hemp and cotton cloth
crecido, full-grown
criador (creador), creator
criollo, creole; of Hispanic ancestry born in the Americas
cuervo, crow
cuna, cradle
curujey, parasitic plant, similar to pineapple

cutis, skin
delantal, apron
deliquio, swoon
demoler, to demolish
desaliento, dejection; discouragement
desaliño, dishevelled state
desdeñar, disdain
desechado, discarded; jettisoned
desempeñar, to discharge a duty; to redeem
desengaño, disillusion
desgracia, misfortune
deslizar, to slip; to slide
desmembrado, broken up
despachar, to dispatch
despedazado, broken into pieces
despojar, to strip bare of
desprecio, scorn; contempt
desprendimiento, loosening; generosity
dictado, pronouncement
difunto, deceased
dilatarse, to delay
disfrazar, mask
displicencia, indifference
dosel, canopy
duro, five pesetas or 'peso duro'
empapado, soaked
empero, but
empinado, steep
emponzoñado, poisoned
enajenamiento, expropriation
enajenarse, to get carried away
enjuto, wizened
enlace, marriage; relationship
enlutar, to put into mourning
ensayar, to try
esbelto, slim
escabroso, thorny
escriturado, indentured (slave)
espantar, to frighten
esparramar (desparramar), to scatter
espeluznado, horrifying
espuela, spur
estancia, farm of about 15 to 125 acres; room
estero, matting
estorbar, to obstruct
estremecerse, to shiver; to tremble
estrepitoso, noisy

estrofa, strophe
extranjero, foreigner
fachada, façade
fatuo, foolish
febril, feverish
feraz, fertile
férreo, of iron
finca, medium to large farm
fogoso, fiery
forastero, stranger
frondoso, leafy
fuego fatuo, phosphorescent light
gaje, pay
gallina americana, cross between hen
   and fighting cock
gasa, gauze; crêpe, for mourning
gemido, moan; groan
genio, spirit; disposition
girasol, sunflower
goleta, schooner
golondrina, swallow
gozar, to enjoy
grana, scarlet
granjear, to earn
grato, pleasing
grieta, fissure
grosero, rude
gruta, grotto
guacamaya, macaw
guano, fan palm
guarismo, figure or numeral
hada, fairy; sprite
hechicero, bewitching
hechizo, charm; enchantment
hiel, gall; bitterness
hijo natural, illegitimate child
holgazán, lazy
hollar, trample
huérfano, orphan
huésped, guest
huraño, shy; unsociable
imprimir, to print
indagar, to find out
indispuesto, indisposed
inescrutable, inscrutable
infausto, ill-starred
infortunio, misfortune
ingenio, sugar plantation
inicuo, wicked

instar, to urge
jaco, nag
jagüey, liana that can kill tree
jugo, juice
labranza, cultivation
labriego, farm labourer; peasant
lecho, bed
legua, league, 5,572 metres, 3 miles
lencería, linen goods
libar, to sip
lienzo, linen
lisonjear, to flatter
lisonjero, gratifying
listado, striped
litigio, litigation
loma, hillock
lozanía, lushness; liveliness
luciérnaga, glow-worm
lucir, to shine
malquistar, to incur the dislike of
malva rosa, hollyhock
marfil, ivory
mariposa, butterfly; song-bird
mate, dull; dark
matiz, hue
mayoral, overseer
mechón, wisp of hair
mejilla, cheek
mejora, improvement
melindre, affectation
mezquino, mean
mohín, pout, sulk
mole, mass (of rock)
molienda, milling of sugar cane
mostrador, counter
mudanza, change
muellemente, easily; softly
murciélago, bat
navaja, pen-knife
normanda, from Normandy
nulidad, nothingness
obsequio, gift
ocio, leisure
ondulación, wave; ripple
oprobio, shame
orgullo, pride
otorgar, to grant; to give
pábulo, food
padecer, to suffer

paisano, countryman
paloma (berberisca), (Barbary) dove; pigeon
pan de azúcar, sugar loaf
papagayo, parrot
papelera, desk
paraje, place
páramo, waste land; moor
pardo, brown; brown-grey
parentela, family relations
partido, match
pasionaria, passion flower, passiflora
pavo real, peacock
pedazo, piece
pedregoso, stony
peña, crag
pereza, laziness
peristilo, peristyle
pesar, to weigh; sorrow
peso, a silver 'peso duro' or five pesetas
pícaro, knave
pito, reed; bamboo
plantío, plot
pleito, lawsuit
pocillo, cup for drinking chocolate
pradería, prairie
predilecto, favourite
prieto, black; dark
principeño, from Puerto Príncipe
proferir, to utter
propietario, owner
proseguir, to continue
prosternado, prostrated
pudiente, powerful; well-to-do
quemazón, burning
rabia, anger
ráfaga, gust; flash
rancio, rancid
rasgado, wide; almond-shaped; torn
recamado, embroidered
recobrar, recover
recreo, recreation
rédito, interest
refrigerante, refreshing
regar, irrigate
regocijo, joy; merriment
remitir, to send; to postpone
rendido, exhausted
réprobo, damned

revolotearse, to flutter
rielar, to shimmer
risueño, cheerful; sunny
rizo, curl
rodilla, knee
sabana, savannah; grassy plain
sable, sabre
sazón, season
sempiterno, everlasting
septentrional, northern
sílfida, sylph
sinsonte, mockingbird
soberbio, proud
sobrescrito, address
solaz, solace
sonrosado, rosy
sujeto, person; subject
suspensión, wonderment
tachonado, studded with
talego, thousand silver pesos
talle, waist; figure
tamarinda, tamarind
tapizado, carpeted; covered
taranquela (talanquera, tranquera), large gate
tarima, bunk
tejer, to weave
tejido, cloth
temblar, tremble
teñir, to tint; to colour
tez, complexion
tierno, tender
tinieblas, shadows
tintero, inkpot
tomeguín, small bird of the finch family
torbellino, whirlwind
tornasolado, iridescent
traficante, trader
trastorno, disturbance; upset
travesaño, crossbar
trepador, creeping; climber (plant)
tronera, small window
turbado, worried
tutearse, to use the familiar form of address 'tú'.
ufano, cheerful
umbral, threshold
umbrío, shady
usurero, money-lender

213

vacío, empty; emptiness
vara, yard (2.8 feet.; 0.836 metres)
vaticinio, prediction
venado, stag
ventajoso, advantageous
vereda, side of the path
verificarse, to check
vestigio, trace
viajata (viaje), long journey
vid, vine
vientre, womb
villano, villain; rotter

vitalicio, for life
volante (volanta), buggy with large wheels
yarey, palm with fibres for making hats etc.
yerno, son-in-law
yuca, yucca; cassava, woody trunk
yuruguano, fan palm
zafra, harvest (of sugar cane)
zagal, shepherd boy
zozobra, anxiety
zumbido, buzzing